财务会计类专业精品课程规划教材

经济学原理

（第三版）

● 主编 卢应梅 殷文芳

苏州大学出版社
Soochow University Press

图书在版编目(CIP)数据

经济学原理／卢应梅，殷文芳主编． -- 3 版． -- 苏州：苏州大学出版社，2023.1(2025.1重印)
ISBN 978-7-5672-4225-8

Ⅰ．①经… Ⅱ．①卢… ②殷… Ⅲ．①经济学-教材 Ⅳ．①F0

中国版本图书馆 CIP 数据核字(2022)第 249632 号

经济学原理(第三版)

卢应梅　殷文芳　主编

责任编辑　王　亮

苏州大学出版社出版发行
(地址：苏州市十梓街1号　邮编：215006)
丹阳兴华印务有限公司印装
(地址：丹阳市胡桥镇　邮编：212313)

开本 787 mm×1 092 mm　1/16　印张 13.75　字数 344 千
2023 年 1 月第 3 版　2025 年 1 月第 5 次修订印刷
ISBN 978-7-5672-4225-8　定价：49.00 元

图书若有印装错误，本社负责调换
苏州大学出版社营销部　电话：0512-67481020
苏州大学出版社网址　http://www.sudapress.com
苏州大学出版社邮箱　sdcbs@suda.edu.cn

第三版前言

从上次修订到现在,其间经历了四年的时间。这四年,世界经济、中国经济都发生了深刻的变化,机遇和挑战前所未有,世界正处于百年未有之大变局中,我国紧紧抓住并利用发展的机遇,深化改革开放,加快发展步伐,战胜一系列重大挑战,取得了举世瞩目的建设成就——人均国民收入跨入中等发达国家行列,社会生产力、综合国力迈上一个新台阶,生态文明建设取得了举世瞩目的成就,新时代全面脱贫攻坚目标顺利完成。党的二十大胜利召开标志着我国已经进入了中国式现代化的新发展时期。

实践的发展极大地推动着经济学的繁荣。四年来,相关经济学的理论和实践也在不断创新和发展中,这些创新和发展在党的二十大报告中得到了集中的体现。将这些创新和发展有机地融入本教材是编者的责任,也是对长期使用本教材的广大教师和学生们的回报。

为了使本教材与教育部最新修订的《职业教育专业简介》的要求相吻合,我们将本教材由《经济学认知》更名为《经济学原理》,同时,考虑到教材的连续性和相对稳定性,在整体架构上和基本原理上虽然也有多处修改,但总体上基本保持了原有的风貌,修改主要集中在以下几个方面:

(1) 在深刻领会新时代过去十年的伟大变革和开辟马克思主义中国式时代化新境界的基础上,为努力体现党的二十大的相关精神,体现中国式现代化的新成就,体现经济学最新发展成果,我们更新了陈旧的、不能体现时代要求的案例和内容,将最新的党和国家的发展政策有机融入教材之中。

(2) 首先,基于构建具有中国特色经济学的要求,将原书项目1中的任务1.3与原书项目2的内容合并,并增加了有关社会主义市场经济的相关内容,将项目2的标题改为"商品、货币和市场经济"。其次,根据教学实践和各学校的反馈意见对原书中的项目进行了适当拆分和合并,更好地体现了教材的完整性和体系化。例如,将原书中的项目5和项目6合并,改项目标题为"企业生产、成本和利润";将原"项目10 市场经济困境和增长"拆分为"项目8 市场失灵与政府干预"和"项目10 宏观经济现象"。再次,对"项目12 开放经济"的内容进行了较大幅度的修改,增加了国际贸易基本理论,以适应我国进一步改革开放的需要。最后,根据经济学的体系化要求,将项目9中任务9.3的知识变更到项目11中。

(3) 为了使教材内容尽量与学生今后的学习方向和学习内容保持衔接,为学生以后的继续学习奠定良好的基础,特别是由于"专转本""专升本"在五年制高职中的进一步推广,本教材在原有编写原则的基础上增加了理论性和系统性的要求,尽可能地将经济学的基本体系展现在读者面前。

本次修订由江苏省靖江中等专业学校卢应梅老师、殷文芳老师负责,原书主编也参与了修改并提出了一系列宝贵意见。除此之外,在修订中还听取了广大教师和学生在教学过程中提出的意见和建议,在这里一并表示感谢。

编写和修订教材有相当的难度,是一项持续性、探索性的工作,不足之处在所难免。随着社会经济活动越来越深入人们日常生活的各个方面,高职学生对社会经济现象和经济学基本知识的理解与掌握的意愿也愈加迫切。此次修订将有助于学生进一步丰富经济学知识和转变思维方式,为学生以后从事各专业的学习奠定良好的基础。

欢迎各使用单位和个人提出宝贵意见,以便使教材日益完善。

编 者

2022 年 12 月

前言

本书是为了适应职业教育财经商贸类课程改革和职业院校学生的学习特点,在《会计(会计电算化)专业人才培养方案》和《经济学认知》课程标准的基础上,由江苏联合职业技术学院会计专业建设指导委员会开发编写的精品课程教材。本书在编写过程中,力求按"实践—理论—实践"的思路来构建课程,采用"做中学、学中思、思后悟"的教学原则,以注重培养学生对现实经济现象的认知、对经济热点问题的关注为切入点,使学生初步认识经济基本问题,了解社会经济生活,用经济学的眼光看世界。并在此基础上,培养学生的观察能力、分析问题能力和运用知识的能力。

本书在以下几个方面进行了创新和探索:

一是注重体现职业院校学生的学习特点和年龄特点,注重实用性和操作性的结合,注重经济知识和社会生活的结合,充分体现理论和实践的有机结合,图文并茂,生动形象。

二是以知识认知、实践和运用训练为主线,突出学生的读—研—练—思—用,"学思用一体",强调学生分析问题、解决问题能力的培养;力求符合学生的思维习惯和思维方式,注重培养学生思维的内在逻辑性。

三是在分析职业院校学生未来职业岗位能力需求的基础上选取课程的整体内容;突破传统经济学的知识架构,对相关内容进行大胆的删减和优化整合。强调必需、够用、能用的原则,不刻意追求知识的理论性和系统性,避免深奥的经济结论推导和一些晦涩难懂的内容,强调在内容和结构上通俗易懂,简练实用。

四是课程体系以项目教学目标为引领,从经济现象导入,叙述各项目内容和任务情境的理论知识、技术方法和实践方法技巧,主要采用学习目标、经济现象、知识链接等框架流程,穿插想一想、做一做、找一找、小故事、实例链接等作为课程设计的基本体例。以拓展教学内容,开阔学生视野,提升学习效果,提高学生的职业素质。

本教材由江苏联合职业技术学院金友鹏副院长、江苏省靖江中等专业学校毛越烽担任主编,制定编写大纲、设计教材体例、提出编写方案并统稿、总纂,项目1由泰州机电高等职业技术学校仇娴编写,项目2由连云港财经分院徐秀兰编写,项目3由江苏联合职业技术学院金友鹏编写,项目4、项目12由江苏联合职业技术学院扬州分院温菊萍编写,项目5由常州刘国钧分院刘新勇编写,项目6由江苏省靖江中等专业学校蔡梅编写,项目7、项目9由南京市财经学校陶旻编写,项目8由盐城机电高等职业技术学校姚波编写,项目10、项目11由江苏省靖江中等专业学校毛越烽编写。

  本书是在江苏联合职业技术学院领导的关心、支持和精心指导下立项编写的。在编写过程中得到了江苏联合职业技术学院徐州财经分院科研处处长、学院财务会计专业协作委员会秘书长郑在柏教授,江苏联合职业技术学院教科研处程又鹏及其他各位同仁的大力支持和帮助,在此一并表示感谢。

  本书主要适用于职业教育财经商贸类专业,也可以作为从事经济类工作的营销员、财会人员、外贸人员等专业人员的自学用书。

  由于时间仓促,编写水平有限,书中难免存在不足之处,望广大同仁不吝赐教,在此深表谢意。

编 者

CONTENTS 目录

项目1　认知经济学　　001
任务 1.1　经济活动与经济问题　　001
任务 1.2　经济学体系　　006
任务 1.3　学习经济学的方法和意义　　014

项目2　商品、货币与市场经济　　017
任务 2.1　商品和货币　　017
任务 2.2　市场经济运行流程　　024
任务 2.3　社会主义市场经济　　030

项目3　供求与市场均衡分析　　036
任务 3.1　需求与供给　　036
任务 3.2　弹性　　044
任务 3.3　市场均衡　　052

项目4　消费者行为　　058
任务 4.1　效用　　058
任务 4.2　消费者选择　　063

项目5　企业生产、成本与利润　　070
任务 5.1　生产函数　　070

任务5.2　成本　　084
　　任务5.3　收益　　089

项目6　市场结构　　094
　　任务6.1　完全竞争市场　　094
　　任务6.2　不完全竞争市场　　100

项目7　收入与分配　　108
　　任务7.1　收入与要素价格　　108
　　任务7.2　社会收入分配　　114

项目8　市场失灵与政府干预　　120
　　任务8.1　市场失灵的成因和表现　　120
　　任务8.2　政府干预　　126

项目9　国民收入　　134
　　任务9.1　国民收入指标体系　　134
　　任务9.2　国民收入决定　　143

项目10　宏观经济现象　　153
　　任务10.1　失业与通货膨胀　　153
　　任务10.2　经济周期与经济增长　　163

项目11　宏观经济政策　　169
　　任务11.1　宏观经济政策的理论基础　　169
　　任务11.2　宏观财政政策　　174
　　任务11.3　宏观货币政策　　179

项目12　开放经济　　188
　　任务12.1　国际贸易基础知识　　188
　　任务12.2　对外贸易政策和经济一体化　　195
　　任务12.3　汇率制度及国际收支平衡表　　203

项目 1

认知经济学

认知经济的含义和经济学体系,把握经济活动和经济问题之间的关系。
理解资源的稀缺性与需求的无限性。
理解经济学的一般原理。
掌握经济学的基本研究方法。
能初步用经济学的理念观察社会经济现象。

任务 1.1 经济活动与经济问题

理解资源的稀缺性和欲望的无限性,理解经济的含义。知悉如何进行选择,把握选择的重要性。

无处不在的经济学

提起经济学,很多人首先想到的是金融,是商业贸易,是国家调控和货币政策。经济学并不像平时书本上所强调的那样都是一些专业知识和专业术语,其实,经济学是一门研究国民经济各方面问题的科学,它与生活中各个方面都有比较强的联系,换句话说,生活中处处都有经济学的影子。

比如说,在宏观层面,商品的价格会受到市场供需波动的影响,或者国家会出台政策来刺激消费,如抑制房价,这些都属于经济学的范畴。而在微观层面,经济学的作用也无处不在,一个人大学本科毕业,是继续读研还是工作?读研意味着未来的工资可能会高一些,但往往意味着更大的成本支出。

同样,当一个人逛商场时,会选择在距离第一家商场5 000米的第二家商场购买某件商品,因为第二家商场的价格要比第一家商场低2元。因为2元钱而多走5 000米是否划算呢?单纯从价格来说当然划算,但人们往往会忽略这5 000米带来的其他成本。

许多人觉得钱越来越容易花,但越来越难挣,这里涉及很多经济学问题,比如个人消费习惯、社会就业竞争难度、个人的理财水平、通货膨胀等诸多因素,而这些因素实际上又经常与供需平衡、边际收益等相关。

结婚也与经济学息息相关,有的地方需要支付一大笔娶亲的礼金,这些钱有时甚至会压垮一些低收入家庭,但为什么仍有很多人热衷于用礼金来维持婚姻呢?拓展开来,购买保险,家庭是否决定生二胎,租房还是买房,这些都涉及经济学范畴,或者说都与经济学有很大的关联。

无论是微观经济还是宏观经济,都离不开经济学的知识。很多人都会觉得经济学研究的就是经济,就是钱,但从广义上来说,经济学最终研究的不是钱,而是关于人、关于生活的学问,钱只是其中的一部分而已。比如,人们在出行的时候会选择不同的交通工具。不同的出行方式各有优劣,这些不能完全从经济学的角度进行考量,还需要综合考量其是否便利,是否安全。可以说,所有合理的出行方式都是建立在安全和成本考量基础上的,这不是一个非黑即白的选择模式,而是一种均衡,一种关于边界的均衡,这又是经济学所研究的内容。

(资源来源:王力哲,《经济学思维课》,中国友谊出版公司2020年版)

议一议 学习经济学有助于了解我们所生活的世界:

为什么我们会面临巨大的就业压力?

为什么明星的报酬如此之高?

为什么银行的利率时高时低?

为什么非洲许多国家生活水平如此之低?

为什么一些国家通货膨胀很严重,一些国家物价稳定?

……

一、人类社会的经济活动

人类社会的日常活动是围绕着满足人的需要而进行的。人的需要包括生存和发展的需要,其中最基本的是生存需要。人类社会的需要具有以下基本特征。

(一) 人类要生存和发展,就要消费多种物质资料

物质资料既包括自然界直接提供的物质财富,又包括经过人的劳动所取得的劳动产品;既包括可以直接满足人们需要的生活资料,又包括间接满足人们需要的生产资料。

知识链接

物质世界

物质是构成宇宙万物的实物、场等客观事物,是能量的一种聚集形式。例如空气和水,食物和棉布,煤炭和石油,钢铁和铜、铝,人工合成的各种纤维、塑料,以及各类能量波(如光、热)和场(如电力、磁力、引力),甚至是更高级的形态,如人与人组成的集团、民族、国家等,都是物质。总之,世界上,我们周围所有的客观存在都是物质。

想一想 人的吃、穿、住、行消费了哪些物质资料?

(二) 人类要获得物质资料就要进行生产劳动

人类获得物质资料的途径有两种:无偿获得和有偿获得。无偿获得的物质资料又叫无偿物品,如阳光、空气等,可以无偿地从自然界中取得。有偿获得的物质资料又叫经济物品,它们都是人们通过劳动生产出来的、有价值的、需要付出代价才能得到的。

经济物品需要经过生产、交换、分配才能满足消费需要。因此,人类最主要的活动是经济物品的生产、交换、分配和消费。经济活动即社会物质的生产、分配、交换和消费活动的统称。

议一议 你身边有哪些经济物品供你消费?它们是谁生产的?你是如何得到的?

 知识链接

对经济的理解

经济是指在一定社会中,人类取得(争夺)和利用各种经济物品的一切活动。"economy"一词来源于希腊语"oikonomos",其意思为"管理一个家庭的人"。唯物主义者色诺芬在他的《经济论》中将"家庭"及"管理"两词的结合理解为经济。严复曾将"economy"一词翻译为生计。日本人将其翻译为经济,后由孙中山先生将这一说法引入中国。

值得注意的是,经济一词的具体含义随语言环境的不同而不同,如:① 经济是指财富;② 经济是指人类和社会选择、使用自然界和前人所提供的稀缺资源;③ 经济是指利用稀缺的资源来生产有价值的商品并将它们分配给不同的个人;④ 经济是指人类生活事务;⑤ 经济是指把稀缺资源配置到各种不同和相互竞争的需要上,并使它们得到最大满足;⑥ 经济是指将稀缺的资源有效地配置给相互竞争的用途;⑦ 经济是指个人、企业、政府以及其他组织在社会内进行选择,这些选择决定社会性稀缺性资源的使用;⑧ 经济是指社会管理自己的稀缺资源;⑨ 经济是指我们社会中的个人、厂商、政府和其他组织进行选择,这些选择决定社会资源的利用;⑩ 经济是指在经济活动中确定劳动、资本和土地的价格,以及运用这些价格配置资源;等等。

（三）人类的需要具有无限性

人类社会要生存，就需要生活物品，并且这种需要是无限的。这首先表现为人类的需要或欲望具有多样性。其次，当人们原有需要得到满足后，就会产生新的欲望。此外，人们各种欲望的发展总是超前于生产力的发展。正是这种需要的无限性构成了人类经济活动不断进步的恒久动力。

议一议　为什么人们有了小房子还想要大房子，成了百万富翁还想当千万富翁？

> **知识链接**
>
> **人的欲望层次**
>
> 人的欲望是无限的，但有不同的层次之分。著名的心理学家亚伯拉罕·哈罗德·马斯洛（Abraham Harold Maslow，1908—1970）在《动机与人格》一书中把人的欲望分为五个层次。
>
> 第一个层次是人的基本生理需要，包括对衣、食、住、行等基本生活条件的需要。这是人类最基本的欲望。
>
> 第二个层次是安全的需要，主要是指对现在和未来生活安全感的需要。这种欲望实际上是生理需要的延伸。
>
> 第三个层次是归属和爱的需要。这是一种作为社会的人的需要，主要指在自己的团体里求得一席之地，以及与别人建立友情。这种欲望产生于人的社会性。
>
> 第四个层次是尊重的需要，包括自尊和来自他人的尊重。自尊包括对获得信心、能力、本领、成就、独立和自由等的愿望。来自他人的尊重包括威望、承认、接受、关心、地位、名誉和赏识。这是人更高层次的社会需要。
>
> 第五个层次是自我实现的需要，就是成长、发展、利用自己潜在能力的需要。这种需要包括对真、善、美的追求，以及实现自己理想与抱负的欲望。

二、人类社会的经济问题

人类需要的无限性是人类进步的动力，也是人类社会很多问题的根源。人不能得到自己希望得到的一切，其深层次的原因在于物品供给数量不足，集中表现为资源的稀缺性。

（一）资源的稀缺性

1. 资源的定义和构成要素

资源是一切可被人类利用和开发，用以创造人类社会物质财富（物品或物质资料）和精神财富的、自然界和人类社会中的客观存在；是指用于满足人们从事生产和其他经济活动的一切要素；是一定时间条件下，能够产生经济价值以提高人类当前和未来福利的自然资源、人力资源、资本资源及其他资源的总称。资源主要由下列要素构成。

土地：是自然资源的总称，包括陆地、森林、水域、地下矿藏。

劳动：是人力资源的总称。

资本：是为了提高生产能力而利用土地和劳动制造出来的投入品，包括机器、设备、建筑、道路等。

企业家才能：是指雇用其他资源生产产品和服务并承担经营风险的特殊能力。

议一议 为什么资源是有限的？

2. 资源的稀缺性

相对于人类社会的无限欲望而言，经济物品或者生产这些物品所需要的资源总是不足的，资源的这种相对有限性就是资源的稀缺性。

这里所说的稀缺性，不是指资源的绝对数量的多少，而是相对于人类社会需求的无限性来说，再多的资源也是不足的。所以，稀缺是相对的，但同时又是绝对的，稀缺性存在于人类社会的任何时期和一切社会。从现实看，无论是贫穷的国家，还是富裕的国家，资源都是不足的。

（二）经济问题

人类经济活动中经常面临着欲望的无限性与资源的稀缺性之间的矛盾，由此而产生的需要人们不断解决的问题称为经济问题，即经济问题是由于资源稀缺性的存在而产生的。

实例链接

我国能源资源的特点

能源资源总量比较丰富。其中，煤炭占主导地位。剩余探明可采储量约占世界的13%，列世界第三位。已探明的石油、天然气资源储量相对不足，油页岩、煤层气等非常规化石能源储量潜力较大。可再生能源资源丰富。水力资源理论蕴藏量折合年发电量为6.19万亿千瓦时，列世界首位。

人均能源资源拥有量较低。人均能源资源拥有量在世界上处于较低水平。煤炭和水力资源人均拥有量相当于世界平均水平的50%，石油、天然气人均资源量仅为世界平均水平的1/15左右。耕地资源不足世界人均水平的30%，同时，能源资源分布不均衡，开发难度较大。煤炭主要在华北、西北地区，地质开采条件较差。水力资源主要分布在西南地区，多集中在西南部的高山深谷，远离负荷中心，开发难度和成本较大。石油、天然气资源主要赋存在东、中、西部地区和海域。地质条件复杂，埋藏深，勘探开发技术要求较高。

（资料来源：360百科，https://baike.so.com/doc/6515713-6729439.html）

（三）解决经济问题：稀缺性与选择

资源的有限性和既定的技术水平决定了人类社会的生产能力不会无限增长。与人们无限的难以满足的欲望相比，产出水平永远是不足或稀缺的，因此，资源的稀缺性是任何社会都存在的一个基本事实。所以，如何配置和利用稀缺资源以满足人们的需要，就成了任何社会都要面临的基本问题。人的无限欲望有轻重缓急之分，同样，经济资源也有多种用途。由于资源具有稀缺性，用于生产某一种物品的资源增多了，用于生产其他物品的资源就会减少。选择就是用有限的资源去满足何种欲望的决策,或者说是如何使用有限资源的决策。

经济学中,选择要解决以下三个问题:生产什么?如何生产?为谁生产?这三个问题是人类社会所必须解决的基本问题,被称为资源配置问题。所谓资源配置,就是把资源分配到各种可供选择的用途中,以生产出能够满足人们不同需要的不同物品。经济学正是为了解决资源稀缺性而产生的。因此,经济学所研究的对象就是由资源稀缺性而引起的选择问题,即资源配置问题。也正是在这种意义上,许多经济学家把经济学定义为研究稀缺资源在各种可供选择的用途之间进行分配的科学。

议一议 选择无处不在,无时不有,个人无时无处不面临选择:

先上大学还是先工作?
学习建筑经济管理还是学习环境管理?
毕业就工作还是专升本?
自己创业还是给人打工?
吃馒头还是吃包子?
……

想一想 在日常生活中,你是否经常面临选择问题?

任务1.2 经济学体系

掌握经济学和经济学原理,理解经济学体系的构成,深入理解和掌握机会成本原理和边际决策原理。

经济学家的眼光

经济学来自现实生活,它给我们提供了分析各种问题的方法,无论是个人还是企业,运用经济学的思维方式将有助于做出正确的决策,至少它给我们分析问题提供了一个新的视角。

曾经是美国首富的保罗·盖蒂,年轻时家境贫寒,他所拥有的不过是一片贫瘠的旱田。有一次,他在田里挖水井,从地下涌出了一些又黑又浓的液体,这竟是石油。于是,他把水井改成油井,农田变成油田。他用心经营着自己的石油开采事业,但开始的时候总是难有起色。他发现油田的监管工头都没有努力工作,随意散漫,浪费现象严重。他不明白他们为什么不尽心,于是请教了一位经济学家,经济学家的一句话提醒了他:"因为那是你的油田,不是他们的。"保罗·盖蒂顿时明白了,他召集各位工头向他们宣布:"从今天起,油田交给你们负责经营,效益的25%由各位全权支配。"从此,油田欣欣向荣,财富滚滚而来,保罗·盖蒂也成了美国的石油大王。

另一个故事是,美国深山里的伐木工人长期在远离繁华都市的地方劳动和生活,老板希望工人们好好干活,自己也多赚钱。但是,工人们就是多得工资也不愿多干。老板弄不明白为什么工人们不想多挣钱。他也像保罗·盖蒂那样请教了一位经济学家。经济学家到那里一看就明白了:原来那个深山老林里的工人们已经习惯了悠闲的生活方式,即使多赚钱也不知怎么花,也没处去花,现在挣的一点钱已经足够了,所以他们并不想多干活多赚钱。问题找到了,解决的办法很简单:经济学家从城里请来一些商人,他们带了许多现代化的高档消费品进山来,展示给山里的伐木工人看。大家看了都大开眼界,都想买,而这就需要有钱。于是他们都努力工作,拼命赚钱,山区的经济开始发展起来了。

(资料来源:崔卫国、刘学虎,《小故事 大经济》,经济日报出版社2008年版)

想一想 1. 学习经济学对我们有什么用?
2. 如何用经济学的眼光来看问题?

一、什么是经济学

经济学是对人类各种经济活动和各种经济关系进行理论的、应用的、历史的及有关方法的研究的各类学科的总称。经济学研究的是如何合理地配置和充分地利用稀缺的经济资源来满足人们的多种需求,或者说研究的是一个社会如何利用稀缺的资源生产有价值的物品和劳务,并将它们在不同的人中间进行分配。

知识链接

世界十大经济学经典名著

(1) 亚当·斯密《国富论》。该书是现代经济学的奠基之作,也是最伟大的经济学著作。其中的劳动价值论、分工与专业化理论、经济自由主义理论等,都睥睨古人,下开百世。亚当·斯密对经济学的贡献堪比牛顿对物理学的贡献。

(2) 马克思《资本论》。作为一本经济学著作,其劳动价值论、剩余价值论等理论对世界经济、政治的影响空前之大,改变了世界的面貌,被认为是最重要的经济学著作。

(3) 凯恩斯《就业、利息和货币通论》。该书被称为宏观经济学的奠基石,引发了世界经济学范围内的"凯恩斯革命"。其最重要的贡献是对个人理性通过自由竞争自然产生社会理性这一理论的质疑和批判,提出了国家干预政策。

(4) 马歇尔《经济学原理》。马歇尔是西方微观经济学的集大成者,本书标志着微观经济学体系的初步形成。从此以后经济学被认为是一门独立的学科。

(5) 李嘉图《政治经济学与赋税原理》。该书阐明的比较优势理论是现代自由贸易政策的理论基础,对国际贸易理论的发展起到了奠基的作用。

(6) 瓦尔拉斯《纯粹经济学要义》。现代经济学的主观价值(效用)论、边际革命、经济学数理化的转向均通过本书而系统化。熊彼特曾赞誉此书为经济学作为严密科学所取得的最高成就。

(7) 费雪《利息理论》。该书是关于资本理论的著作,它对利息和利率问题做了详细的研究并提出了著名的现金交易数量说,认识到了放弃当前消费而承担未来的不确定性风险的报酬。

(8) 熊彼特《经济发展理论》。在此书中熊彼特开创性地提出了经济发展理论和创新思想,认为企业家的创新是经济增长之源,并已经预见到了知识和信息社会的兴起。

(9) 哈耶克《通向奴役之路》。该书在很大程度上致力于分析市场经济的衰落,但其大部分篇幅集中于一种历史的"时代精神分析"。这一分析不仅是对当时现状的总体描述,而且植根于一种主要针对19世纪经济面貌的较长距离的历史透视。

(10) 布坎南《同意的计算》。该书开创了公共选择理论,布坎南也被称作公共选择理论的创始人。该理论使宪政民主制可以用数理工具进行定量分析,为经济和政治的制度研究开辟了全新的路径。

二、经济学原理

经济学源于经济生活,只要把经济学还原为事理常规,它就毫无神秘之处。理解经济学原理归根到底是理解、解释现实并简化经济生活。每个领域都有自己的语言和自己的思考方式,也有作为一门科学的基本思想、基本原理和原则。供给、需求、弹性、消费者和生产者剩余、边际成本、边际收益、国民生产总值、充分就业……这些术语都是经济学语言的一部分。在经济学领域内还涉及许多经济学的基本原理,常用到的经济学原理主要如下。

(一) 机会成本原理

机会成本又称选择成本,它是指做出一项选择时所放弃的其他可供选择的资源运用所带来的潜在收益。通俗而言,为了得到某种东西而必须放弃另一样东西,"鱼和熊掌不可兼得""甘蔗没有两头甜"等谚语所表达的就是这种思想。这被放弃的东西所带来的利益,经济学家称之为机会成本。

议一议 上大学的成本是多少?其机会成本又是多少?如何计算自己的成本与收益?

(二) 边际决策原理

所谓"边际"就是"额外""追加",带有"增量"的意思。边际分析是经济学中重要的分析方法。边际决策是指人们经常对现有行动计划进行增量调整,这种增量调整被称为边际决策或边际变动。消费者和生产者几乎无时无刻不在考虑边际变动,以便做出更好的决策,只有行动的边际收益大于边际成本,理性经济人才会采取该项行动。

议一议 喜欢喝可乐的人为什么不会把所有的钱都用来买可乐?

（三）激励反应原理

激励反应原理实际上就是利益原则,即人们会对激励做出反应,会比较成本与收益从而做出决策。所以,当成本或收益变动时,人们的行为也会改变。例如:某种商品价格上升时,意味着购买者成本上升,人们会做出减少购买而选择其他替代品的决策;反之,当价格下降时,人们对该商品的购买会增加。同样,该商品的生产者也会根据价格的升降做出相应决策,因为价格的升降意味着出售商品的收益的增减。

 小故事

威尔逊的选择

美国总统威尔逊小时候经常被当地的村民拿来开玩笑,在扔下的五美分硬币和十美分硬币之间总是选择拿那个五美分的硬币。村民们都以此为乐,认为他是个傻瓜而时常拿硬币来试探他。后来,他一语道破天机:如果我第一次就拿十美分的,以后还有人给我钱吗?这个故事隐藏着深深的智慧,那就是隐藏激励做出的反应。

我们都有这样的体验,如果我们看上某件衣服,但是价格有点高,想讨价还价,理性的人做出的反应都是掩饰自己对这件衣服的喜欢,装作随便的样子来试探店老板。也就是说,隐藏了自己对这件衣服的喜欢,以及这种喜欢对店老板做出的激励。老到的购买者有时还不忘加上一句"这件衣服颜色有点淡,不是太好"之类的话,对店老板做出负向的激励。

(资料来源:今日头条,https://www.toutiao.com/article/6739862657987248651/? wid=1673490707680)

想一想　以上故事说明了什么经济学原理?

（四）比较优势原理

比较优势原理又叫交换(贸易)原理,主要运用于对外贸易。该原理指出,在两个经济主体之间,劳动生产率的差距并不是在任何商品上都相等,两个经济主体应该各自生产自己处于绝对优势的产品或生产自身劣势最小的产品,并通过贸易彼此交换。贸易促使人们专门从事自己最擅长的活动,并享有更多的各种各样的物品和劳务。同时,贸易能使双方状况更好,即双赢。

以新西兰为例,这个大洋洲的小国,由于具有草原广阔的优势,支柱产业就是乳制品和畜牧业加工,羊肉、奶制品和羊毛的出口量均居世界第一位。这个不生产汽车的国家汽车拥有率却在世界上排在前列。这一切都依赖于贸易带来的好处。

想一想　如果没有贸易,新西兰会怎样?

（五）"看不见的手"原理

"看不见的手"是一个隐喻,是指在一定的条件下,人们的自利行为将会产生对社会有益的结果,就如同有一只看不见的手在指导人们这样做一样。在经济学中,"看不见的手"原理是指家庭或企业受价格和竞争机制的影响或指引,决定购买什么、购买多少、何时购买,或者决定生产什么、生产多少、如何生产、为谁生产。他们时刻关注着价格,考虑他们行动的收益与成本。

> **知识链接**
>
> **"看不见的手"**
>
> 作为古典经济学理论体系的创立者,亚当·斯密的理论为自由市场经济奠定了思想基础。一句"看不见的手",把自由市场的充分竞争原理概括得淋漓尽致。
>
> "看不见的手"原理最早是由亚当·斯密在《国富论》中提出来的,强调的是在完全竞争市场中,市场机制可以有效率地实现资源的合理和有效配置,并最终导致社会在不影响他人的情况下使得整体的境况得到改善。斯密认为,每个人都应利用好自己的资本,使之产生最大的价值。从主观上讲,他并不想增进公共福利,更不知道他实际上增进了多少公共福利,他所追求的仅仅是个人的利益所得,但他这样做的时候,有一只"看不见的手"在引导着他去帮助实现增进社会福利的目标,而这种目标并非是他本意想追求的东西。通过追求个人利益,却无意识地增进了社会利益,其效果比真的想增进社会利益时所得到的效果要好。斯密之所以提出了这一论断,是因为他认为人们都有"利己心",是"利己心"驱使着人们去获得最大利益,每个人都得到了利益,那么社会也就得到了。这就是斯密"看不见的手"的实质。

(六)"看得见的手"原理

"看得见的手"原理是指在"看不见的手"失灵的领域和时期,政府通过经济干预或宏观调控来改善市场。其手段和作用是:通过制订计划,指明经济发展的目标、任务、重点;通过制定法规,规范经济活动参加者的行为;通过采取命令、指示、规定等行政措施,直接、迅速地调整和管理经济活动。其最终目的是补救看不见的手在调节微观经济运行中的失效。如果政府的作用发挥不当,不遵循市场的规律,也会产生消极的后果。

做一做 这是一幅漫画。请联系"看不见的手"与"看得见的手"经济学原理说明漫画反映的问题以及解决这个问题的办法。

三、经济学体系

经过多年的发展,经济学已经形成了较为完善的体系,从不同的角度,我们可以窥见经济学的全貌。

(1) 从研究的范围来看,经济学可分为宏观经济学和微观经济学。

微观经济学是研究社会中单个经济单位的经济行为,以及相应的经济变量的单项数值如何确定的经济学说,其中心理论是价格理论。

宏观经济学以国民经济总过程的活动为研究对象,主要研究就业总水平、国民总收入等经济总量,因此也被称为就业理论或收入理论。

(2) 从历史发展来看,经济学可分为家庭经济学和政治经济学。

家庭经济学是现代经济学研究深入微观、以家庭为研究对象的经济学分支。家庭经济学主要研究家庭的消费、生产、理财等经济活动,对分析社会状况、解决社会问题有很大的帮助。

政治经济学是研究人类社会生产关系(经济关系)及其发展规律的科学,是研究各个阶级在经济发展过程中的地位和作用的经济学,是与一般经济学相对而言的特殊经济学。它阐明人类社会在各个发展阶段上支配物质资料的生产和分配的规律。

(3) 从经济的主体来看,经济学可分为政府经济学和企业经济学。

政府经济学也被称为公共经济学或公共部门经济学。所谓公共部门是指政府及其附属物。公共部门的行为,集中体现和代表了政府的行为。虽然政府与企业、家庭一起共同参与国民经济,但其行为方式和目的是不同的。政府经济学就是经济学中专门研究政府经济行为、政府与私人部门之间的经济关系和政府经济活动特殊规律性的科学,是论述各级政府部门和公共组织(如国有企事业)的存在意义和行为,回答政府必须做什么以及应该怎样做的学问。

企业经济学是专门研究企业的目标、规模及其生产、经营、管理、投资和发展战略的经济学分支学科。它把微观经济学中的厂商理论和需求理论,同管理学和市场营销学等密切地结合起来,着重研究企业层面以及企业内部管理的相关问题。

(4) 从研究对象来看,经济学可分为金融经济学和产业经济学。

金融经济学是一门研究金融资源有效配置的科学。金融资源(也称金融工具)的形态多种多样,有货币、债券、股票,以及金融衍生品等。虽然它们所带来的收益和风险各不相同,但是,它们都有一个共同的特征:人们拥有它们不再像经济学原理所描述的那样是为了从使用这些"商品"的过程中得到一种满足,而是希望能通过它们在未来创造出更多的价值,从而在这种能够直接提高自身物质购买力的金融资源配置过程中得到最大的满足。

产业经济学是应用经济学领域的重要分支,是现代西方经济学中分析现实经济问题的新兴应用经济理论体系。产业经济学从作为一个有机整体的"产业"出发,探讨以工业化为中心的经济发展中产业间的关系结构、产业内企业组织结构变化的规律,以及研究这些规律的方法。产业经济学的研究对象是产业内部各企业之间相互作用关系的规律、产业本身的发展规律、产业与产业之间互动联系的规律以及产业在空间区域中的分布规律等。

  1976年诺贝尔经济学奖获得者米尔顿·弗里德曼说:"经济学也是科学。"而1987年诺贝尔经济学奖获得者罗伯特·索落却说:"经济学并非科学。"到底谁错了?

小故事

地狱和天堂

从前,有一个幸运的人被上帝带去参观天堂和地狱。

他们首先来到地狱,只见一群人,围着一大锅肉汤,但这些人看上去都营养不良、绝望又饥饿。仔细一看,每个人都拿着一只可以够到锅子的汤匙,但汤匙的柄比他们的手臂长,所以没法把肉汤送进嘴里。他们看起来非常悲苦。

紧接着,上帝带他进入另一个地方。这个地方和先前的地方极为相似:一锅汤、一群人、一样的长柄汤匙,但每个人都很快乐,吃得也很愉快。上帝告诉他,这就是天堂。

这位参观者很迷惑:为什么情境相似的两个地方,结果却大不相同?最后,经过仔细观察,他终于看到了答案:原来,在地狱里的每个人都想着自己舀肉汤喝;而在天堂里的每一个人都在用汤匙喂对面的另一个人。结果,在地狱里的人都挨饿,而在天堂里的人都吃得很好。

(资料来源:搜狐网,https://www.sohu.com/a/169257631_679941)

想一想 以上故事说明了什么经济学原理?

四、经济学研究方法

1. 实证分析和规范分析

所谓实证分析就是一种对经济运行过程进行客观描述的方法,它只描述经济运行实际过程中各种经济现象之间的相互关系及其规律,而不对经济运行结果的好坏做出评价,也不对经济应该如何运行表达看法。它要解决的问题是:经济运行的现状是什么?它怎样以及为什么变化?变化的后果是什么?即解决的是"是什么"的问题。因此,实证分析具有客观性。需要指出的是,这里的描述不是机械地来映照经济运行过程,而是依据已有的经验和理论对经济运行过程进行观测并在思维过程中再现经济运行过程,是表述已经被修正过的经济运行过程。

规范分析是对一定的价值判断进行描述的方法,它提出某些标准作为经济运行和经济现象的依据,并研究经济现象和经济活动如何才能符合这些标准。它所解决的是"应该是什么"的问题,从而要求人们应该怎样去选择。这实质上是价值判断的问题,由于人们的立场、观点、伦理道德标准的不同,对同一个经济现象或者经济活动,就会产生不同甚至截然相反的看法,因此,规范分析具有主观性。

实证分析和规范分析虽然具有以上区别,所形成的实证经济学和规范经济学也存在很大差异,但两者并不是绝对相互排斥的。规范经济学是以实证经济学为基础,而实证经济学则是以规范经济学为指导的。一般来说,具体经济问题和微观经济学的研究具有实证性,而高层次的、决策性的宏观经济问题和现象的研究更具有规范性。

2. 均衡分析

"均衡"一词源自物理学,是指作用方向相反的力量施加于某一物体之上,当其合力为零时,此物体出现的一种相对静止或者直线匀速运动的稳定状态,经济学借助于它来分析经济均衡。所谓经济均衡是指在其他条件不变时,对立的经济变量趋于稳定并不再改变其数值的状态。在进行经济分析时,这种均衡一般出现在对立的双方力量相等时,如果双方的力量不相等,强大的一方有利用其力量优势谋求更大利益的机会而不可能与弱势的一方妥协。均衡是博弈双方力量相等条件下相互妥协的结果。

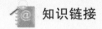 **知识链接**

均衡分析的分类

均衡分析方法有很多种。从均衡状态的角度来看,均衡可以分为静态均衡分析、比较静态均衡分析和动态均衡分析。从均衡范围来分析,均衡可分为局部均衡分析和一般均衡分析。

1. 静态均衡分析、比较静态均衡分析和动态均衡分析

静态均衡分析就是分析经济现象的均衡状态以及有关的经济变量达到均衡状态所具备的条件,它完全忽略了时间因素和具体的变化过程,是一种静止地、孤立地考察某种经济事物的方法。

比较静态均衡分析就是分析在已知条件发生变化以后经济现象的均衡状态的相应变化,以及有关的经济变量在达到均衡状态时的相应变化,即对经济现象有关变量一次变动(而不是连续变动)的前后进行比较。比较静态均衡分析不考虑经济变化过程中所包含的时间阻滞。例如,已知某商品的供求状况,可以考察其供求达到均衡时的价格和产量。由于消费者的收入增加而导致对该商品的需求增加,从而产生新的均衡,使价格和产量都较以前提高。这里,只把新的均衡所达到的价格和产量与原均衡的价格和产量进行比较。

动态均衡分析是对经济变动的实际过程所进行的分析,其中包括分析有关变量在一定时间过程中的变动,这些经济变量在变动过程中的相互影响和彼此制约的关系,以及它们在每一个时点上变动的速率,等等。动态分析法的一个重要特点是考虑时间因素的影响,并把经济现象的变化当作一个连续的过程来看待。

2. 局部均衡分析和一般均衡分析

局部均衡分析是假定在其他条件不变的情况下对单个市场均衡的建立与变动的分析,这种分析将研究范围局限在某种产品或要素市场均衡,并假定这一产品或者要素市场与其他市场互不影响。

一般均衡分析是对所有商品和生产要素的供给和需求同时达到均衡时的分析,是关于整个经济体系的价格和产量结构的一种研究方法,是一种比较周到和全面的分析方法,但由于一般均衡分析涉及市场或经济活动的方方面面,而这些又是错综复杂和瞬息万变的,所以实际上这种分析非常复杂和耗费时间。

3. 理性人假定

理性人假定是指经济实证分析中总是假定当事人都充满理智,既不会感情用事,也不会轻信盲从,而是精于判断与计算,其行为符合始终如一的偏好原则,也就是那种有动机、有能力寻求自身利益最大化的"经济人"。他们在本性上被假设是利己的,在一切经济活动中都以利己为动机,所追求的经济目标都体现着最优化原则,即力图以最小的经济代价去追逐个人最大化的经济利益。

任务1.3 学习经济学的方法和意义

初步理解和掌握经济学学习的基本方法,深刻认识学好经济学的现实意义。

张维迎谈为什么要学习经济学(节选)

经济学是经济学家提供给社会大众的一种改进生活、认识世界的武器。或许你并不想做一名经济学家,但即使如此,你仍然应该学点经济学。

首先,学习经济学有助于你做出更好的个人决策。在你的一生中,你需要做出各种各样的经济决策。比如说,在即将完成高中学业的时候,你需要决定是否上大学或者上什么样的大学;在大学毕业的时候,你需要决定是继续在国内读研还是出国留学,或者是去工作;在工作之后,你要决定如何花费你的收入,多少用于消费,多少用于储蓄,如何投资你的储蓄,是买股票还是存银行;或许有一天你当了一个企业的老板或者经理,此时,你需要决定你的企业应该生产什么产品,卖什么样的价格,在什么媒体上做广告,招收什么样的员工;等等。为什么决策如此重要,因为你的资源是有限的——时间有限,收入有限。因此,你必须在各种需求之间分配你有限的资源。更麻烦的是,你的决策常常是在不确定的情况下做出的。比如说,当你选择无线电专业的时候,你并不确定当你毕业的时候,这个专业的就业前景如何。为了避免失误,你需要一些指导,而经济学是有关个人选择的科学,学习经济学有助于你做出更好的决策。明白了这一点,你就明白为什么在国外经济学是听众最多的选修课了。

[资料来源:张维迎为《经济学原理》(曼昆著,北京大学出版社2017年第9版)所作的序]

一、经济学的高效学习方法

常常听到有人说经济学难学,学习经济学的用处也不是很明确。那么,我们应该如何学好经济学呢?实际上,只要下功夫,再加上讲究一些学习方法,你将事半功倍。

1. 加强思维的逻辑训练

逻辑是对经济现象和经济问题进行定性分析的强大工具。经济学里许多相关概念、要素是按照一定的结构形成的体系,这就使得这些概念、要素之间存在着本质的、必然的联系。在学习中,我们可以通过利用逻辑的归纳演绎、判断推理等手段,对经济现象和经济问题进行由表及里、由浅入深、由形式到本质的分析,进而把握经济学的内在规律,然后将这些规律应用到现实的生活中去。

2. 注重图表的学习

有关的图形、曲线、表格贯穿经济学学习的始终,借助图表,我们可以很快地理解很多经济学原理。在学习中,通过作图来帮助理解、记忆、分析经济学原理是极为高效且省力的。

3. 突出模型的重要性

在经济学中,有大量的理论模型用文字、图形或者数学公式加以刻画,这些模型有助于我们很快地理解和掌握现实对象最主要的本质特征,忽略其他非本质的细枝末节,将现实对象简单化、理想化,进而有助于我们准确地理解和掌握所学的知识。因此,在学习中突出模型的重要性对经济学的学习就显得非常重要。

4. 树立系统化学习思想

经济学的各个部分、各个原理有机地联系在一起,形成一个知识体系,它们有的互为前提,有的相互解释,有的相互印证并彼此交融。因此,在经济学的学习中应将所学的经济学知识系统化、结构化、框架化,这样有助于融会贯通。

此外,比较归纳、记忆公式、模仿套用等也是常用的有效的经济学学习方法,而使用经济学的语言、常用程式也是学好经济学必须注意的。

二、学习经济学的意义

学习经济学的意义何在?正如宏观经济学创始人凯恩斯所说:经济学理论并不是现成的可以用于政策分析的结论。它不是教条,而是一种方法,一种智力工具,一种思维技巧,有助于拥有它的人得出正确的结论。综合各方面的经验,我们认为,学习经济学具有如下意义。

1. 加深对现实世界的认识和理解

学习经济学有助于正确地认识和理解现实世界。我国的经济体制是社会主义市场经济,作为高度发达的商品经济,这种经济在我国是如何运行的?为什么说这种经济体制比其他经济体制在资源的配置和利用方面有更高效率和制度优势?这种效率和优势对我们的日常生活有着怎样的影响?在经济学学习中,你可以通过接触现代社会的很多经济问题,如企业行为、消费者选择、通货膨胀、财政赤字、汇率变动、经济政策等,加深对我国经济体制的认知,建立制度自信,更深入地了解我国经济的现状和未来。

2. 享受更美好的现代生活

如何在这样一个信息爆炸、人工智能开始进入我们现实生活的时代生活得更加美好,一项重要的技能就是选择。实际上,人的一生一定会遇到很多问题,都需要你做出选择。在选择时,你是理性的还是感性的?你如何对待风险?如何从人的社会生活和人生发展的需求出发做出理性的选择,使自己的收益最大化?例如,对一个家庭而言,如何进行合理的消费和投资?对一个企业来说,如何使得投入产出达到最大化?所有这些问题都离不开经济学的帮助。

3. 有助于提升个人素养和能力

从提升个人素养的角度来看,经济学具备独特的语言和思维方式,它在向你呈现客观社会的奥妙时,同时展示在你面前的还有破解经济之谜所采用的思维方式。它能够帮助你建立抽象思维、系统思维、辩证思维、数学思维等意识,培养你敏感、灵活、理性的优良思维品质。从提升个人能力的角度来看,经济学是其他应用经济学科的基础,学习经济学对你涉猎金融学、财政学、管理学、会计学等领域,甚至法学、心理学、政治学、社会学等领域都会有很大的帮助,因为这些领域的很多理论都是以经济学的基本理论作为重要理论基础的。

项目 2

商品、货币与市场经济

学习目标

掌握商品和货币的基本概念。
理解商品的价值和使用价值,了解社会必要劳动时间。
了解货币的本质和职能。
掌握市场经济的概念,了解市场经济体系。
掌握市场经济机制的运行。
知悉市场经济运行流程。
掌握社会主义市场经济的基本概念和基本内容。

任务 2.1 商品和货币

学习任务

掌握商品、货币的基本含义,了解商品的二重性,会计算商品的价值量,了解货币的基本职能。

经济现象

深圳:5 000 万数字人民币充进文惠卡 补助市民文化消费

2022 年 8 月 23 日,深圳建设银行文惠卡活动正式启动,深圳首次以预充文惠卡的形式向市民发放数字人民币补助,补助总额达 5 000 万元,可直接用于文艺演出、电影、图书三大文化场景消费。这也是全国首个以预充文惠卡形式发放数字人民币补助的案例,代表着深圳建设银行在数字人民币预付式消费领域取得了新突破。

本次活动通过数字人民币对文惠卡充值并消费的金额按照1∶1比例、每张给予500元补助,不设置消费金额门槛,无须凑单和满减,可直接抵扣、多次使用。深圳市民可于活动开始后,通过中奖方式进行消费,每周一15:00开奖,中奖后会收到短信提示。市民在收到短信提示后,按照文惠卡类型(分文艺演出、电影和图书三类)前往指定合作商家进行消费。目前参与活动的文艺演出场所有13家,影院有257家,书城(书店)有79家,助力数字人民币服务实体民生。

据了解,深圳建设银行运用新金融手段,联动GBC端(G端指政务,B端指产业,C端指消费)共同发力,紧紧围绕数字人民币的应用场景打造了"政府圈+金融+数字化平台"的新格局,已逐步形成了教育培训、交通出行、住房租赁等十大重点行业数字人民币生态圈。特别是在民生领域,建设银行充分运用数字人民币普惠、便捷、安全的特点,将金融活水精准滴灌至农贸市场、税费缴纳、住房租赁等领域,让金融服务唾手可得。

(资料来源:快资讯,https://www.360kuai.com/pc/9f84ac5d78422008f? cota = 3&kuai_so = 1&sign = 360_57c3bbd1&refer_scene = so_1)

议一议 如何看待数字人民币的发展? 数字人民币会取代现金吗?

一、商品与商品世界

现代市场经济社会中的财富表现为庞大的商品堆积,商品充斥于我们生活的每一个角落,存在于我们生活的方方面面,可以说,商品无处不在。商店里陈列的琳琅满目的物品,工厂里生产出来的各式各样的产品,都是商品。

什么是商品? 简单来说,一切用来交换的东西都是商品。商品可以是实物,也可以是虚拟物,例如期货市场上的交易对象就不是实物。现实中,经济学中所讲的商品主要还是实物,这里面主要有两大类,一类是像衣服、食物之类的物质产品,另一类是像理发、旅游之类的服务类产品。这些商品有些是有形的,有些是无形的;有些是用于生活消费的,有些是用于生产消费的。一般来说,根据商品的定义,我们界定了商品必须满足的三个条件,即:

(1) 必须是劳动产品——包含人类的劳动。
(2) 必须用于交换(以交换为目的而生产的)——有偿的行为。
(3) 对他人或社会有用——有用才能发生交换。

议一议 下列哪些是商品?

未开垦的土地,河水;
工厂生产出来的发往销售公司的产品;
空气、阳光;
子女亲自做的送给父母的生日礼物;
商店里变质没用的货物;
自家酿造供自家食用的米酒;
氧吧里罐装的新鲜氧气。

二、商品的二因素

任何商品都具有使用价值和价值这两种因素或者属性,体现为价值和使用价值的统一。

(一) 使用价值

商品的使用价值是指商品能够满足人们某种需要的属性。商品的使用价值是由商品本身的自然属性决定的。不同的商品具有不同的使用价值,同一种商品可以有多种使用价值。使用价值是构成社会财富的物资内容,是人类社会赖以存在和发展的物质基础。

(二) 价值

商品的价值是凝结在商品中的无差别的人类劳动。既然商品都是劳动产品,那么在商品的生产中都耗费了人的脑力和体力,这种无差别的人类劳动构成了商品交换的基础。

想一想 为什么千差万别的商品能够按照一定比例进行交换?

任何商品都是使用价值和价值的统一体,二者缺一不可。我们通常说的"价廉物美"就体现了商品使用价值和价值两方面的基本属性。

议一议 下面的说法对不对?

(1) 没有使用价值的东西,也没有价值。
(2) 有使用价值的东西,就一定有价值。
(3) 没有价值的东西,也一定没有使用价值。
(4) 有价值的东西,一定有使用价值。

三、商品的价值量

1. 社会必要劳动时间决定商品价值量

既然商品的价值是凝结在商品中的无差别的人类劳动,那么,商品价值量的大小就必然由生产商品所耗费的劳动量的多少来决定。而衡量劳动量多少的尺度自然是劳动时间。但是生产同一种商品,各个生产者花的时间有多有少,如果商品的价值量由个别劳动时间来决定,势必造成谁越懒惰,技术水平越低,花的时间越多,他生产的商品的价值就越大,这显然是不合理的,而且也是不可能的。

决定商品价值量的不是个别劳动时间,而是社会必要劳动时间。社会必要劳动时间是在现有的社会正常的生产条件下,在社会平均的劳动熟练程度和劳动强度下制造某种使用价值所需要的劳动时间。社会必要劳动时间对于商品生产者来说至关重要,如果他生产商品的时间高于社会必要劳动时间,那么多余的劳动耗费将不被社会所承认,商品也就卖不出去,在市场上就会处于不利的地位,商品生产者就会亏损甚至破产;反之,如果他的个别劳动时间低于社会必要劳动时间,在市场竞争中就会处于有利的地位。因此,社会必要劳动时间对于刺激生产者改进技术、提高劳动生产率、促进生产力的发展都起着积极的作用。

做一做 甲、乙、丙、丁都是独立的生产经营者,都生产布。当时绝大部分生产者都用织布机生产,甲、乙、丙用织布机,丁用手工织布。生产同样一匹布,甲用 10 小时,乙用 12 小时,丙用 8 小时,丁用 20 小时。试问:

(1) 谁生产布匹耗费的劳动量最大?为什么?

(2) 当时一匹布的价值量应该是多少?

2. 劳动生产率和商品价值量

劳动生产率,是指劳动者生产某种产品的能力或效率。它通常有以下两种表示方法(以生产小熊玩具为例):

一是以单位时间内所生产的产品的数量来表示,即"产品数量/单位时间"。如 1 小时生产 2 个小熊玩具,就用"2 个/小时"来表示。

二是以生产单位产品所耗费的劳动时间来表示,即"劳动时间/单位产品"。如生产 1 个小熊玩具耗费了 30 分钟,就用"30 分钟/个"来表示。

劳动生产率提高,每小时生产小熊玩具的数量会增加;而单位商品的价值量,即生产每个小熊玩具的社会必要劳动时间却下降。可见,劳动生产率和商品的使用价值数量成正比,同商品的价值量成反比。表 2-1 能够比较清楚地反映劳动生产率、商品的价值量及使用价值数量之间的关系。

表 2-1 劳动生产率与商品的价值量和使用价值数量之间的关系

劳动生产率状况	社会必要劳动时间	单位商品的价值量	使用价值数量	同一时间同一劳动所创造的价值总量
假定社会劳动生产率	8 小时	160 元	1 件	160×1 = 160(元)
社会劳动生产率提高一倍	4 小时	80 元	2 件	80×2 = 160(元)
社会劳动生产率一定,个别劳动生产率提高一倍	8 小时	160 元	2 件	160×2 = 320(元)

想一想 一辆普通轿车的价格会不会比一辆普通摩托车的价格低?

实例链接

安永公司用人工智能提高生产率

世界四大会计师事务所之一安永(EY)十多年前就开始借助人工智能调查欺诈纠纷案件。最近,安永开始借助软件机器人实现智能自动化。据安永全球创新人工智能团队负责人 Nigel Duffy 介绍,由代码而非物质实体控制,能为从事复杂工作的人群提供参考意见以减少重复作业。

安永投入 5 亿美元用于员工学习与发展,一部分用于机器人辅助办理员工入职手续,这个过程涉及大量邮件派发和重复工作。该公司还开发了机器人,协助处理员工信息和邮件,最终能为员工节省上千小时时间。

该公司还创建了系统辅助审计业务中的合同审查,而人工完成该工作往往要花费数小时。人工智能与人助操作相结合的新系统比以前单纯的手工操作更为精确快速。Duffy 认为:一旦企业将智能自动化技术大规模应用于生产运作,重新思考技术与员工结合后各自扮演的新角色将更重要。

(资料来源:科技行者,https://www.techwalker.com/2017/1107/3100152.shtml)

四、货币的起源与形成

货币不是人类社会一开始就有的,在人类社会很长一段时间里,既无商品,也无货币。随着生产力的发展,当人类财富有剩余且出现社会分工后,人类才开始交换物品。最初只是物物交换,但这种交换无疑有很大的问题或者说是矛盾。

一方面,从交换物品的品种或者性质来说,如果有人用一头羊去换斧子,但有斧子的人不要羊而是要鞋,这样交易就做不成。在这种情况下,想用羊换斧子的人需要先找一个愿意用鞋换羊的人,但如果换出鞋的人不需要羊而需要别的物品,那么交换就更要费周折才能成功。另一方面,从交换物品的数量或者说比例来看也存在着问题,就拿上例来说,即使有斧子的人正好需要羊,但有羊的人认为他的一头羊至少值两把斧子,而愿意换出斧子的人却不要一头羊,他只要半头羊,因为羊在数量上难以分割,故这个交易又做不成。

> **小故事**
>
> **费劲的交换**
>
> 马克思在《资本论》中引用了一个故事:古时,一个欧洲人游历非洲,他想在某个地方雇一条小船渡河。于是找到船主,船主希望他用象牙付账。欧洲人没有象牙,只有铁丝。经过打听,得知一个叫沙里布的人有象牙,但他要呢料。欧洲人又多方打听,终于找到一个叫哈里的人有呢料,又需要铁丝。几经周折,才使交换成功。

想一想 在古代商品的交换中,具备什么条件才能成功交换?

如何来处理这个难题呢?人们在长期的交换中认识到,如果市场上能够有一种物品不仅大家乐意接受,而且数量上比较容易分割且又不易变质,人们就可以把自己要交换出去的物品先换成一定数量的这种物品,然后再用这种物品换回自己需要的商品,交易中的难题就会解决。这种从商品世界中分离出来专门用于交换的物品起到了媒介的作用,这就是一般等价物。在人类发展的历史上,贝壳、布匹甚至石头都曾充当一般等价物。一般等价物演变到最后固定到贵金属金银上,因为金银具有充当一般等价物的诸多优点,即金银具有体积小、价值大、便于携带、不易变质损坏、质地均匀、易于分割等方面的特性,最适合充当货币材料。

知识链接

历史上的一般等价物

历史上,许多商品充当过一般等价物,起过货币的作用。在我国,最早的是贝壳,以后有铜帛、玉等。在古俄罗斯,牲畜充当过一般等价物,所以王公的财产库叫"畜圈",掌管财库的财政大臣叫"看畜员"。非洲的象牙、蒙古的茶都充当过一般等价物。

一般等价物因时因地而异,因而阻碍了各地区之间的商品交换。由于充当一般等价物的商品是不固定的,不利于商品交换的进一步发展。这就要求把一般等价物固定在某一商品上。于是发展到以货币为媒介的交换。

从货币的起源可以看到,金银本来也是普通商品,但后来独占了交易中介的位置,最终成了货币。这样,货币成了财富的代表,任何人只要有了货币就可以买到一切商品,货币成了商品世界中至高无上的权威。这就是"货币拜物教"的来源。

 知识链接

货币的形式

铸币,就是按一定的成色和一定的重量铸造成某种形态的金属块。最初的铸币曾有过各种各样的形状。例如,波斯曾有过剑形的铸币,俄国曾有过船形的铸币,我国曾有过铲形的、刀形的铸币。后来,为了适应交换的便利,世界各国的铸币都变成了圆形的。在商品交换的很长一段时间里,货币是没有固定形态和固定分量的金银。正像我们从旧小说中可以读到的,从前人们用银子去买东西,是要用秤来称银子的分量,用剪刀来从整块银子上剪下适当分量的。这样很不方便,所以在商品交换发展过程中就出现了铸币。

纸币之所以能代替铸币,是因为货币在交换中执行流通手段每次都是转瞬即逝的事情,人们关心的是它代表多少价值,可以换回多少商品,而不关心货币是否足值。铸币虽然在长期流通中被磨损,由足值的货币变为不足值的货币,但仍然可以同足值货币一样使用。正是由于这个缘故,所以由金银铸成的货币可以由纸币来代替。

电子货币是一种无形的货币,它是贮存于以银行为中心的电子计算机网络中的存款货币,包括电子现金、电子支票和储值卡等种类。当前,电子货币已广泛应用于生产、交换、分配和消费领域。它融储蓄、信贷、非现金结算等多种功能于一体,具有使用简便、安全、迅速和可靠的特点。

五、货币的职能

货币有五种职能:价值尺度、流通手段、支付手段、贮藏手段、世界货币。前面两种职能是基本职能,后面三种职能是随着商品经济发展而不断产生出来的。

1. 价值尺度

所谓价值尺度，就是货币充当计量其他一切商品价值量大小的尺度。货币之所以具有价值尺度的职能是因为货币本身也是商品，本身也凝结着一般的人类劳动，也有价值。就像尺子能够用来衡量物品的长度，是由于它本身也有长度；砝码能衡量物品的质量，是由于砝码本身也具有质量一样。

2. 流通手段

流通手段，指货币充当商品交换媒介的职能。执行流通手段的货币必须是实在的，但不一定是足值的货币。因为卖者关心的不是换进的货币是否足值，而是是否能用这些货币购买到相应价值的另一种商品，故没有固定形状和分量的金银在执行流通手段职能的过程中逐渐被铸币所代替，铸币又逐步被纸币所代替，当今还出现了无形的电子货币。

3. 贮藏手段

贮藏手段，指货币退出流通领域而被人们当作社会财富的一般替代品和独立的价值形态而保存和贮藏的职能。货币之所以能够执行贮藏手段的职能，是因为货币是一般等价物，是社会财富的一般代表，它可以随时变成任何其他商品。

4. 支付手段

支付手段，指货币作为交换价值而用于清偿债务、缴纳赋税和租金等方面的职能。在商品生产和交换中，由于各种商品的生产时间和销售时间各有不同，必然会出现赊销赊购现象。货币执行支付手段时，必须以交换双方的信用为前提，并借助一定的契约形式。赊账买卖实际上是一种信贷活动。随着赊账买卖的发展，产生了许多信用货币，如期票、支票、汇票、银行券等。这些信用货币所代表的债务可以互相抵消。

5. 世界货币

世界货币，指在国际市场上发挥一般等价物作用的货币。世界货币的职能主要表现在三个方面：一是作为一般的支付手段，用来支付国际收支的差额；二是作为一般的购买手段，用来购进外国商品；三是充当社会财富的一般代表，由一国转移到另一国，如支付战争赔款、输出货币资本等。

知识链接

货币的支付作用

有些商品的生产是常年性的，而销售则带有季节性，如烟火、炮仗等各种节日用品。有些商品的生产有季节性而生产者的消费则是常年性的，如农民的生产和消费。这就引起了赊账买卖的必要性。农民没有犁就不能耕地，但他在秋季收获粮食以前又无钱买犁。铁匠和农民之间的交易只有用这种方式来进行，即铁匠先把犁赊卖给农民，农民则将犁价的支付延期到秋季收获粮食以后。在这里，货币不是直接作为商品交换的媒介，因为商品的买卖已经在没有货币作媒介的情况下完成了，货币的支付只是为了偿还农民对铁匠的欠账。随着商品生产和货币流通的发展，作为支付手段的货币逐渐越出商品交换范围，如农民用货币交纳地租，居民用货币缴纳税款，债务人用货币支付利息，这些货币支付，都同商品交换无关。

任务2.2　市场经济运行流程

掌握市场经济的概念及其必要性；懂得市场机制的运行和体系结构；掌握价值规律的作用；能够读懂两部门市场经济运行图。

市场经济的魔力

　　第二次世界大战结束了。德国各个城市一片废墟，经济到达谷底。当时，英国人和美国人聘请了当时还不知名的经济学教授路德维希·艾哈德(1897—1977)，请他担任两国共同占领区管理委员会的经济处主任。他们委托他筹备一项重要的举措：在德国的西方占领区进行货币改革，用新的货币德国马克取代旧货币。

　　这一切发生在1948年6月20日。当西德人6月21日早上，即新货币生效的第一天醒来时，他们几乎不相信自己的眼睛。头一天晚上还空空如也的商店，突然变得丰富起来。人们一直想买而买不到的东西都出现了：火腿、鞋子、精面粉、服装、袜子。这个奇迹的根源就是新的德国马克。钱又值钱了，因而生意也值得做了。

　　货架上又神奇地摆满了货物，当然不仅仅是由于新的货币。艾哈德坚信，德国如果想得到复苏，就必须尽快放弃计划、强制和战时经济的方法。因此，他在货币改革的同一天，也废除了由国家分配食品和能源的一切制度，并取消了大部分物价规定。德国将不再通过计划，而是通过竞争来进行重建。

　　当美国将军卢修斯·克莱质问他为什么如此简单地修改法规时，据说，他是用这样一句具有传奇色彩的话来回答的："请您原谅，我并没有修改法规，我是废除了它们。"

　　而实际上，艾哈德只不过是按照二百多年前亚当·斯密在他的《国富论》中提到的观点行事而已：自由竞争用"无形的手"让单个人对利润的追求造福了整个社会。

　　1949年，德意志联邦共和国成立，第一届联邦政府的经济部长就是路德维希·艾哈德。他继续贯彻他认为正确的经济政策。很快，大家称这种经济政策为社会市场经济。事态发展得很快，人们又可以有所作为了：首先是有了足够的吃喝，然后是住房和家具，以及洗衣机、电视机、汽车和潇洒的旅游。战败后不几年就出现了这种景况，对西德人来说真是个奇迹。所以大家把这个发展称为经济奇迹。但路德维希·艾哈德始终反对这样的说法。对他来说，这并不是一个奇迹，日益改善的富裕生活，是年轻的联邦共和国开放竞争的结果。

　　(资料来源：尼古劳斯·皮珀，《故事中的经济史》，经济日报出版社2003年版)

找一找 请解释市场经济的魔力是怎么回事。上网查一查"市场经济"的含义。

一、市场经济的产生和构成

(一) 市场经济的产生和发展

市场经济是同商品经济密切联系的经济范畴,是在产品、劳动力和生产要素逐步商品化的基础上形成、发展起来的,是发达的商品经济。商品经济产生在前,市场经济产生在后,发达的商品经济才能称为市场经济。市场经济可以分为两个阶段:自由竞争市场经济发展阶段和现代市场经济发展阶段。

自由竞争市场经济发展阶段从 17 世纪到 20 世纪 30 年代。这一时期,随着工业革命和生产社会化,社会分工发展到相当高的阶段,市场交换借助货币而实现,信用关系逐步扩大和发展,市场完全在"看不见的手"的指导下运行,国家的经济职能还没有被提出,并且国家干预经济被认为是不恰当的,不被认可的。生产要素还没有完全市场化,市场体系还不完全,相应的市场法律法规、市场保障体系和社会保障体系还没有建立,还存在着市场失灵的缺陷。

现代市场经济发展阶段从 20 世纪 30 年代至今,1929—1933 年世界经济大萧条被视作这两个阶段的分水岭。1936 年英国经济学家凯恩斯的经济学巨著《就业、利息与货币通论》被认为是现代市场经济的奠基之作,开辟了市场经济发展的新纪元。在这以后,政府日益广泛深入地介入社会经济生活,以"看得见的手"来调节社会经济的运行。政府在宏观方面通过制定财政政策和货币政策、建立完备的法律体系和社会保障制度等手段来调节经济,在私人经济方面通过完善现代公司组织形式来解决微观经济问题。

(二) 市场经济的必然性

市场经济作为商品经济发展的高级阶段实质上是一种资源配置方式,市场经济是指大部分货物和服务通过自由市场和价格体系而产生和分配的经济制度。在这种体系下,市场成为社会资源配置的主要手段,产品和服务的生产及销售完全由自由市场的自由价格机制所引导。这种体系具有比其他资源配置方式更大的优点。

1. 市场经济具有激励和创新的内在动力

经济主体的利益决定其行为目标,一个经济体中,目标越明确、利益越具体直接就越有利于优化资源配置,有利于技术进步,有利于资本积累。市场经济的强大发展动力就在于企业对利润最大化和个人对效用最大化的追求。

2. 市场经济具有优越的信息传导和处理机制

信息具有为决策提供事实依据的作用,它可以通过降低不确定性来提高决策的效率,降低决策成本。从整个社会的角度看,信息流动和利用方式的有效性从根本上决定了整个经济体制的效率。市场经济中,由于是分散决策,每一个决策主体不必了解所有发生的事件,也不需要了解事件会产生什么影响,唯一需要了解的是相对价格发生了什么变化。这个信息只有通过市场价格的波动才能得到反映,这就极大地减少了决策所需的信息量。价格机制将特定时间、特定环境中的信息的重要性极小化了。

3. 市场经济具有进步和创新的巨大潜力

作为一个完全开放的系统,市场经济的体制结构具有充分的弹性和高度的可塑性,因而具有高度的适应性和无限的发展潜力。因为是分散决策,每一个经济主体都有权对自己的产品、技术、市场和组织进行改变,只要合法就没有人能够禁止他们这样做。因此,市场经济的进步和创新取决于经济主体的个人意愿,这种进步和创新不以人的意志为转移,只要一个有益于社会的创新出现,市场经济的规则会以无情的压力把它强加于所有经济主体的头上,否则他们就要被市场所淘汰。

知识链接

市场经济的形成条件

商品经济长期而又充分的发展,为市场经济的形成准备了下述条件:

(1) 生产要素商品化。要使资源配置市场化,不仅要求一般消费品和生产资料商品化,而且要求各种生产要素如劳动力、资本、科技、信息等商品化,并在这个基础上形成统一完整的市场体系和反应灵敏的市场机制。

(2) 经济关系市场化。一切经济活动,包括生产、交换、分配和消费都要以市场为中心,以市场为导向,听从市场这只"看不见的手"的指挥。

(3) 产权关系独立化。市场主体(指那些从事市场经济活动的当事人,主要是企业和居民)必须拥有自己的产权,成为真正意义上的法人实体,才有资格参与市场经济活动。

(4) 生产经营自主化。生产经营者在国家法律、政策允许的范围内追求经济利益的最大化,自由选择投资地点、行业部门,确保经营范围和经营目标。

(5) 经济行为规范化。市场主体追求经济利益,必须讲职业道德,遵守国家法律,履行契约合同,遵守市场规则和市场管理制度,自觉维护社会经济秩序。

(三) 市场经济的构成

市场经济的实质是以市场运行为中心来构建经济流程,通过价值规律的作用进行资源配置,用价格信号调节社会生产的种类和数量以协调供需关系,按照优胜劣汰的竞争机制进行收入分配,实现国民经济均衡、稳定的发展。

市场经济不仅仅是社会化的商品经济,还必须有一系列的运行规则和政治法律制度,它还必须是货币经济、信用经济、法制经济,还必须遵循一定的商业道德,这些都是市场经济不可或缺的本质属性。一个完整的市场经济大致可以分为以下三个部分:

(1) 核心构成:市场、市场主体、市场客体、交换媒介。

(2) 基础构成:产权基础、道德基础、信用行为、市场规则。

(3) 保障构成:分为两个部分,一个是最重要的法律保障,一个是弥补市场功能缺陷的政府机构以及围绕着市场经济平稳运行的社会保障。

由此看出,市场是市场经济的核心部分,它包含四个基本元素:作为市场的交易场所、作为市场主体的交易双方、作为市场客体的交易对象和作为交换媒介的货币。

> **知识链接**
>
> 市场经济的共同特征
>
> 第一,市场经济是一种自主经济。商品生产者必须是独立的市场主体,这是市场经济的基石。
>
> 第二,市场经济是法制的经济。它只承认等价交换,不承认任何超市场的特权。同时,市场经济的运行也要求必须在公平的前提下进行。因此,市场经济必须也只能够在法制的规范下才能有效地发挥作用。
>
> 第三,市场经济是竞争经济。竞争是市场经济的最根本保障,为了实现各自的价值,市场主体之间必然激烈竞争,优胜劣汰。企业被迫降低成本、提高效率,以在竞争中立于不败之地。因而在市场经济活动中,机会和风险是并存的。竞争将促进资源配置的优化,进而提高整个社会的效率。
>
> 第四,市场经济是开放性经济。企业为了获取利润,实现产品的价值,会尽可能地参与国际分工和国际竞争,以达到利用全球资源的目的,也会不遗余力地开拓市场。

(四) 市场体系

市场体系是以商品市场为主体,包括各级各类市场在内的有机统一体,是包括商品市场、生产要素市场和金融市场在内的各类型市场的总和。这些市场相互联系、相互依赖又相互制约,组成有机联系的整体,构成市场体系。市场体系对于市场经济来说具有重要的意义。

市场体系可以从不同的角度来进行分类,从部类来看,市场体系包括商品市场和要素市场。商品市场包括消费品(生活资料)市场和生产资料市场。要素市场包括资本市场、劳动力市场、房地产市场、技术市场、信息市场等。其中,商品市场是决定和影响其他市场的主体和基础,其他市场都是建立在商品市场基础上的,整个市场体系的运转是以商品市场为中心的。

完善的市场体系作为市场经济发展必不可少的基础,其具有统一性、开放性、有序性和竞争性等基本特征。

二、市场机制

(一) 市场机制的概念和体系

市场经济是由市场机制发挥资源配置功能的经济。市场机制是市场内部各要素相互适应、相互制约、共同发挥作用所形成的自我组织、自我调节的运行机理与综合机能,是市场运行的实现机制。市场机制是在竞争市场中通过供求与价格连锁互动来进行资源配置的,它的作用的发挥只能体现于相互依存、相互制约的各级各类市场的共同作用之中。当商品市场上价格随着供求变化而变化时,作为市场主体的商品生产者根据市场提供的价格信号进行决策。如果价格上涨,商品生产者就会做出扩大投资或增加生产的决策,相应的必须有可供其融资的资本市场和可供其获得新增劳动力的劳动力市场,否则价格无法发挥其调节供求的作用。

市场机制是一个整体,主要包括价格机制、供求机制、竞争机制和风险机制等,其中价格机制是核心机制。

1. 价格机制

价格机制是指在市场竞争过程中,市场上某种商品市场价格的变动与市场上该商品供求关系变动之间有机联系的运动。它通过市场价格信息来反映供求关系,并通过这种市场价格信息来调节生产和流通,从而实现资源配置。另外,价格机制还可以促进竞争和激励,决定和调节收入分配等。

2. 供求机制

供求机制是指通过商品、劳务和各种社会资源的供给与需求的矛盾运动来影响各种生产要素组合的一种机制。它通过价格、市场供给量和需求量等市场信号来调节社会生产和需求,最终实现供求之间的基本平衡。供求机制在竞争性市场和垄断性市场中发挥作用的方式是不同的。

3. 竞争机制

竞争机制是指在市场经济中,各个经济行为主体之间为了自身的利益而相互展开竞争,由此形成的经济内部的必然的联系和影响。它通过价格竞争或非价格竞争,按照优胜劣汰的法则来调节市场运行。它能够形成企业的活力和发展的动力,促进生产,使消费者获得更大的实惠。

4. 风险机制

风险机制是市场活动同企业盈利、亏损和破产之间相互联系与作用的机制。在产权清晰的条件下,风险机制对经济发展发挥着至关重要的作用。

这四种机制结合在一起,你中有我,我中有你,互为条件,相互依存,共同作用,相辅相成,它们共同构建了一个完整的市场机制。

知识链接

产权制度

产权既表现为所有权关系的法律形态,又表现为人与人的关系,因此,它表现为财产的所有权、支配权、使用权、收益权与由法律界定的经济当事人之间的权利关系,这又被称作产权关系。产权制度是指既定产权关系下产权的组合、调节、保护的制度安排,是对产权关系、产权界定、产权经营和产权转让的法律规定。

产权制度在不同的社会经济发展阶段具有不同的内容,在市场经济条件下,产权制度一般包含以下几个方面内容。

(1) 产权安排,通过产权界定,确定排他性产权,明确权利归属,确定相关的规则,例如产权收益规则、产权转让交易规则、产权拥有者承担产权形式后果规则等。

(2) 产权结构安排,明确出资人、经营者、生产者的责权利关系。

(3) 法人产权制度,确定企业法人对法人资产的支配、转让、收益、债权债务责任及制约监督等。

从产权制度的类型来看,一般有三种。一是业主制,即出资人既是财产的唯一所有者,也是企业的经营者和管理者,企业的所有权与经营权相统一。二是合伙制,即由两个或者两个以上的人共同出资、共同监督和管理的企业制度。合伙制企业能够分散投资风险,有助于提高决策能力。三是公司制,它有有限责任公司和股份有限公司这两种企业形式,由于其筹资能力强,有规范的法人财产制度,经营风险分散,且投资者仅承担有限责任,管理机构完善,因而迅速发展,成为国际上普遍采用的企业组织形式。

(二)价值规律

价值规律是商品生产和商品交换的基本经济规律。从马克思主义政治经济学的观点来看,价值规律的基本内容是:商品的价值量取决于社会必要劳动时间,商品按照价值相等的原则互相交换。在现实市场上,价值规律表现为商品的价格受供求关系的影响,围绕着商品价值上下波动。这是价值规律的实现形式和发生作用的形式。

价值规律要求商品必须实行等价交换,也就表现为商品的价格应该与价值相符。价值规律的这一客观要求是不以人的意志为转移的必然趋势,其作用表现为以下三个方面。

(1) 价值规律支配着商品生产和商品交换,调节着生产资料和劳动力在各生产部门间的分配,起着资源配置的作用。

(2) 刺激商品生产者改进技术,改善经营管理,提高劳动生产率。

(3) 决定着商品生产者的优胜劣汰,导致社会的两极分化。

三、市场经济运行流程

现实的社会是一个庞大而且复杂的市场经济体系,其复杂性和多样性远远超过了我们的认知能力,因此,在感性认识的基础上,理性认识成为我们认识市场经济不可或缺、不可替代的方法和途径。为了便于认识市场经济,我们将市场经济中最本质的内容抽象出来,构建一个两部门市场经济运行模型。该模型有助于我们更加准确地认识市场经济的运行流程。

我们假设:① 整个社会只有家庭和企业这两个部门;② 家庭和企业都是理性人,其行为总是要实现自身利益最大化;③ 封闭型社会,即没有外贸和国际金融活动;④ 家庭部门掌握所有资源;⑤ 物价水平不发生变动。

在图2-1中,实线箭头代表使用价值的流动,虚线箭头代表价值的流动,由于商品在价值上具有同一性、可度量性和可比性,且价值始终在经济体内流转并以收入为起始点,因此该循环被称为收入流量循环。这张图形象地展示了在只有家庭和企业的两部门经济体内市场经济是如何运行的。

在两部门经济收入流量循环模型的基础上,加上政府部门就变成了三部门经济收入流量循环模型,再加上进出口部门就构成

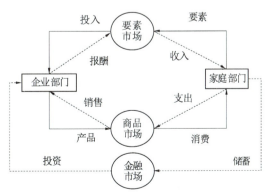

图2-1 两部门市场经济运行图

四部门经济收入流量循环模型,也就是最接近我们现实经济生活的模型,我们可以借助这些模型进行经济分析。

图2-2显示的是四部门市场经济运行图,图中包含家庭、企业、政府和进出口四个部门,包括要素市场、商品市场、国外市场、金融市场,图中Y代表收入,C代表消费,I代表投资,S代表储蓄,T代表税收,G代表政府支出,Tr代表政府转移支付,M代表进口,X代表出口,实线箭头代表价值运动方向。

图2-2显然没有包含市场经济的全部要素,但这张图已经将市场经济中最重要的元素、结构、关系基本呈现出来。

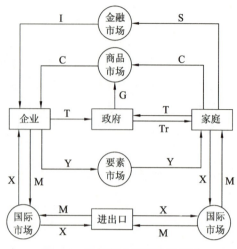

图2-2 四部门市场经济运行图

做一做 请同学们根据两部门、四部门市场经济运行图画出三部门市场经济运行图。

任务2.3 社会主义市场经济

学习任务

理解并掌握社会主义市场经济的基本内容;了解社会主义市场经济的基本特点;能够知晓社会主义市场经济体制的基本要求。

经济现象

十八大以来我国经济发展取得辉煌成就

十八大以来,面对错综复杂的国际形势和艰巨繁重的国内改革发展稳定的任务,在以习近平同志为总书记的党中央正确领导下,我国按照"五位一体"总体布局和"四个全面"战略布局,创新宏观调控思路和方式,坚持供给和需求管理双侧并重,树立创新、协调、绿色、开放、共享的发展理念,向改革要活力,向创新要动力,经济发展取得辉煌成就。

经济总量稳居世界第二位,仅次于美国。2021年,我国国内生产总值(GDP)比上年增长8.1%,两年平均增长5.1%,在全球主要经济体中名列前茅;经济规模突破110万亿元,达到114.4万亿元,按年平均汇率折算,达到17.7万亿美元,预计占世界经济的比重超过18%,对世界经济增长的贡献率达到25%左右。

经济增长获得新的驱动力。新一代技术革命重塑新经济,以"互联网+""中国制造

2025"等为代表的数字、网络、智能产业茁壮成长。新技术、新模式催生新体系、新业态,以基因工程、无人机、超材料等为主的一大批中小企业在国际市场崭露头角。"大众创业、万众创新"在政府和市场的推动下得以结合与实现。

经济绿色化程度得到显著提升。以节能减排作为生态文明建设的重要抓手,环境污染、生态破坏、资源浪费等行为得到有效控制,水电、核电、风电等清洁能源同比实现大幅增长。

人民生活水平实现持续改善。人均GDP达到80 976元,按年平均汇率折算达12 551美元,超过世界人均GDP水平。我国居民人均可支配收入提高20.7个百分点,特别是扶贫攻坚取得了成功,人民福祉得到大幅增进。

深化对外开放取得重大进展。我国货物贸易规模进一步扩大,我国已经成为全球资本净输出国。人民币成功加入特别提款权(SDR),国际化进程进入高速发展阶段,有力助推我国统筹国内国际两个大局、两种市场。

经济体制改革亮点频现。全面推进市场化改革,健全使市场在资源配置中起决定性作用和更好发挥政府作用的制度体系。加快推进国有企业改革,积极发展混合所有制经济。大力推进金融体制改革,提高金融服务实体经济效率。优化企业发展环境,加快形成统一开放、竞争有序的市场体系。

(资料来源:中国财经,http://finance.china.com.cn/news/gnjj/20160118/3550196.shtml)

议一议 你认为十八大以来的辉煌成就和社会主义市场经济的建立存在什么关联?为什么?

一、社会主义经济是市场经济

社会主义经济制度建立以后,我国就实施市场经济还是计划经济进行了长期的探索。改革开放以后,我们确认了以社会主义市场经济作为社会主义初级阶段的基本经济制度,明确了社会主义市场经济即是社会主义制度下的市场经济,也就是在社会主义国家宏观调控下以市场为基础进行资源配置的经济。

社会主义经济之所以要实行市场经济,主要由以下三个方面所决定。

第一,生产力发展水平和社会分工。社会主义社会在建立初期以及以后相当长的时间内,其生产力相对于发达国家的生产力还存在着一定差距,具体表现在生产力水平不高、社会分工不细、劳动效率不高等多个方面,根据生产力决定生产关系的基本理论,在社会主义社会建立后一个相当长的阶段实施市场经济不仅是必要的,而且是必需的。

第二,社会主义制度的建立虽然使国家、集体、个人三者利益从根本上具有一定的一致性,但由于劳动还是谋生的手段,所有制还存在着差别,因而经济利益的差异长期存在,这就决定了社会主义生产关系的各个环节,无论是生产、交换还是分配、消费,都必须采取商品生产、商品交换的形式,即市场经济的形式。

第三,实践证明,社会主义发展市场经济可以极大地促进社会生产力的发展,极大地增强社会主义国家的综合实力,极大地提高人民的生活水平。

知识链接

人类社会出现的四种不同的经济制度

1. 传统经济制度

传统经济制度又称为自然经济制度,是资本主义社会之前存在的主要的经济形式,是社会生产力水平低下和社会分工不发达的产物。其以家庭为主要基本生产单位。它的特点主要有:① 产品自给自足,极少有商品交换;② 生产活动属于简单再生产,经济相对封闭,生产技术落后,生产规模小;③ 其运行是通过"传统习惯"和集权来开展的。

2. 计划经济制度

计划经济是根据政府计划调节经济活动的经济制度。一般是政府按事先制定的计划,提出国民经济和社会发展的总体目标,制定合理的政策和措施,有计划地安排重大经济活动,引导和调节经济运行方向。它的特征是:① 在所有制上实施国家所有制和集体所有制;② 经济动力来源于国家的计划,由国家实施集中决策;③ 与社会化大生产相适应;④ 在分配上实行按劳分配制度。计划经济制度强调国家对经济的集中管理,能保证就业的稳定和有关国计民生必需品的生产和供应,有利于推动经济持续增长,能够合理调节收入分配,兼顾效率与公平。但是,计划经济不能合理地调节经济主体之间的经济利益关系,容易造成企业和劳动者动力不足、效率低下、缺乏活力等现象;会导致生产与需求之间相互脱节从而造成不必要的浪费;还会逐渐显露出官僚主义和形成特权阶层,对经济的发展起到阻碍作用。

3. 市场经济制度

这里的市场经济制度是指完全没有政府干预,而由企业和个人自主决策和自主行动的自由放任的"纯"市场经济制度。这一经济制度的主要特征是:① 在决策结构上实行个人分散决策;② 市场经济动力来自私人追逐个人利益的需求;③ 市场在资源配置中起基础性作用,它通过价格、供求、竞争之间的相互作用来实现。在利益杠杆的作用下,生产者、经营者会积极调整生产经营活动,从而推动科学技术和经营管理的进步,促进劳动生产率的提高和资源的有效利用。但在实践中,市场经济制度也会产生市场失灵、垄断、权力和财富分配不公等弊端。

4. 混合经济制度

混合经济制度是完全自由经济和计划经济混合的经济制度。在混合经济制度下,政府和市场同时对经济发挥各自独特的作用,市场经济通过价格机制自发调节社会的生产、交换、分配和消费,政府借助宏观经济政策和政府组建的公共部门而进行市场管理,通过财政和货币政策来干预经济,保证市场经济的平衡发展。它的主要特点是:① 分散决策和集中决策相结合;② 信息传递既有价格自发的波动,又有政府的反馈;③ 社会经济主体的动力既可以是经济利益,也可以是社会目标。混合经济制度通过"看得见的手"和"看不见的手"共同来配置资源。当今世界绝大多数国家,无论是老牌资本主义国家还是转型后的社会主义国家都实行混合经济制度。

做一做 了解社会主义市场经济建立以来社会经济生活的变化。

二、社会主义市场经济的基本特点

社会主义市场经济将市场经济与社会主义制度相结合，它不仅具有市场经济的一般规律和特征，同时又是与社会主义基本制度相结合的市场经济。我国社会主义市场经济具有以下三个特点。

第一，我国的市场经济是建立在社会主义公有制基础上的市场经济，它不同于过去那些建立在生产资料私有制基础上的市场经济，因此，以公有制为主体，多种所有制经济共同发展是我国社会主义市场经济的一个基本特点。

第二，我国社会主义市场经济是以按劳分配为主体、多种分配方式并存的分配制度为基础，以实现共同富裕为目标的社会主义市场经济。这与建立在私有制基础上的按资分配的分配原则完全不同。由于私人财产初始占有的不平等，按资分配的结果往往容易导致收入分配的两极分化，而社会主义市场经济在收入分配上无论是第一次分配还是再分配都要兼顾效率和公平，在再分配上更加注重公平。对于由于种种原因出现收入差距过大的情况，国家运用各种经济政策手段进行调节，由此可以保证在大力发展市场经济的同时，防止个人收入过分悬殊，逐步实现共同富裕。

第三，我国社会主义市场经济发展的方向服从于社会主义发展的大目标，这就是发展生产力，满足人民日益增长的物质和文化生活需要。社会主义国家可以运用经济社会政策、经济法规、计划指导和必要的行政管理，创造良好的社会环境并对市场经济运行进行有效调节，为人民生活水平的提高服务，为社会主义制度的巩固和发展服务。

议一议 你或者你的家庭收入主要来源有哪些？

三、社会主义市场经济中的市场机制

发展社会主义市场经济，必须充分发挥市场机制的功能，使其在资源配置中起到决定性作用。社会主义制度下，市场机制功能的发挥呈现出两个基本特点。

第一，资源配置中市场机制的作用是与政府导向紧密结合在一起的，这与资本主义市场经济具有很大的区别。社会主义市场机制和国民经济的宏观管理结合体现在两个方面：一是政府运用计划手段配置某些关系到国计民生和国家安全的重要资源；二是政府运用宏观调控手段对资源配置中市场机制作用过程进行引导和影响。

第二，在经济利益调节中市场机制的作用与社会协调结合在一起。在社会主义市场经济中，虽然国家、企业和个人三者利益从根本上来说是一致的，但是，由于存在种种原因，例如企业和个人追求内部效益可能导致环境破坏、资源过度使用等，所以单纯依靠市场机制进行利益调节并不总能符合社会整体和长远利益的要求，这在客观上就需要国家代表全社会在市场机制调节经济利益的基础上，进行经济利益的再协调。

目前，我国社会主义市场机制的作用环境和体制环境还要进一步优化，最主要的是健全统一、开放、竞争、有序的现代市场体系，推进资本市场的改革开放和稳定发展；发展产权、土地、劳动力和技术等市场;创造各类市场主体平等使用生产要素的环境;深化流通体制改革;整顿和规范市场经济秩序,健全市场经济信用体系,促进商品和生产要素在全国市场的自由流动。

> **实例链接**
>
> **我国资本市场改革持续深入推进**
>
> 2020年政府工作报告提到资本市场改革的重点是改革创业板并试点注册制,这意味着我国资本市场将进一步走向开放。
>
> 九州证券副总裁陈先生接受期货日报记者采访时表示,创业板注册制改革是今年我国资本市场改革的一项重要内容,意义重大,影响深远。在去年科创板试点注册制的基础上,稳步推进创业板注册制改革,是我国证券发行从核准制向注册制改革的第二个阶段。由于创业板市场的规模和体量都比科创板大,市场反应将更加强烈,试点作用也将更加明显。
>
> 厦门大学经济学院韩教授表示,创业板注册制改革是建立在科创板试点注册制基础上的,标志着资本市场改革从增量改革向存量改革深入,将为创业企业的直接融资提供有力支持,进一步促进我国新旧经济动能转换。
>
> 目前我国证券市场已经初步构建起了包括主板、中小板、创业板、科创板、新三板及区域性股权交易市场等在内的市场体系,除证券市场外,还有银行间债券市场、交易所债券市场、国债回购市场、外汇市场、银行间同业拆借市场、期货和期权市场及场外衍生品市场等,以上这些市场共同构成了具有我国特色的多层次资本市场体系。
>
> 可以预见的是,未来我国资本市场改革将持续推进。在资本市场改革中,我们应继续坚持改革开放,扎实推进资本市场基础性制度改革,提高市场的稳定性、流动性和活跃度。同时,应完善信息披露机制,提高上市公司质量,切实保护投资者权益。此外,还要优化资本市场生态环境,鼓励市场主体良性竞争,积极促进资本形成,引导资本进入实体经济。
>
> (资料来源:金融界,http://futures.jrj.com.cn/2020/05/24211529746304.shtml)

想一想 我国为什么要持续深入推进资本市场改革?

四、社会主义市场经济体制的基本内容

发展社会主义市场经济必须建立和完善与之相适应的经济体制,社会主义市场经济体制的基本内容是:

(1)坚持以公有制为主体,多种经济成分共同发展的方针,进一步转换国有企业经营机制,建立适应市场经济要求,产权清晰、权责明确、政企分开、管理科学的现代企业制度。这是建立社会主义市场经济体制的基础和中心环节。

(2)建立全国统一开放的市场体系,实现城乡市场紧密结合,国内市场与国际市场相互衔接,促进资源的优化配置。

（3）转变政府管理经济的职能，建立以间接手段为主的完善的宏观调控体系，保证国民经济的健康运行。

（4）建立以按劳分配为主体，多种分配方式并存，体现效率优先、兼顾公平的个人收入分配制度，坚持让一部分地区一部分人先富起来，走共同富裕道路。

（5）建立多层次的社会保障制度，为城乡居民提供同我国国情相适应的社会保障，促进经济发展和保持社会稳定。

项目 3

供求与市场均衡分析

理解为什么商品价格会上升或下降,商品的需求量或供给量会减少或增加。
理解影响需求与供给的主要因素。
解释需求与供给如何决定买卖价格和数量。
掌握弹性的概念及其计算方法。
解释企业的收益与商品弹性的关系。

任务 3.1 需求与供给

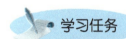

掌握需求和供给的表达方法,知悉影响需求和供给的因素,了解需求量和供给量的变动与需求和供给的变动,会用图形表达需求量和供给量的变动以及需求和供给的变动。

澳大利亚芒果大丰收　供应过量或令价格承压

据澳洲网报道,澳大利亚 2018 年迎来有史以来最大的芒果丰收季,全澳各地有超过 1 000 万盘芒果等待收获。不过,芒果供应数量的提升也给价格带来压力。

据报道,随着芒果种植商业化日益成熟,澳大利亚种植的芒果树数量也有所增长。正是这些新种植芒果树的成熟,推动澳大利亚迎来最大的丰收季节。对此,澳大利亚芒果协会首席执行官罗伯特·格雷表示,随着在过去 10 至 15 年中种植芒果的果园陆续开始进入充分生产时期,不远的未来澳大利亚芒果丰收还将打破纪录。不过,进入市场的芒果数量的增长也将给市场价格带来不同程度的影响。

据格雷介绍,在芒果收获季的早期与晚期,芒果将获得好的价格,但中期供应过量将推动部分地区的价格下滑。"很显然,在预测行业供应水平方面我们还需要做更多的工作,从而确保价格影响不会持续,"格雷称,"不过产量的提升符合消费需求,所以在5至6个月的收获季中芒果将维持高价格。"

格雷称,芒果行业正在试图将供应时间延长,令所有的果农可以因为好的价格而受益。"我们行业的关注点之一是以提供利润的方式扩大市场,为了实现这一点,延长供应时间是至关重要的。"

(资料来源:大众网,https://www.dzwww.com/xinwen/guojixinwen/201805/t20180531_17436154.htm)

议一议 澳大利亚芒果的供应价格会如何变化?为什么?

一、需求与需求的表达

(一) 需求

需求是指消费者(家庭)在一定时期内,在某一价格水平时愿意而且能够购买的某种商品或劳务的数量。与需求量相对应的价格称为需求价格,它表示消费者购买一定数量的商品或劳务所愿意支付的价格。需求是购买欲望与购买能力的统一。需求由两个基本要素构成:购买欲望和支付能力,两者缺一不可。

> **小故事**
>
> **睡帽和汽车**
>
> 鸦片战争以后,英国商人为打开中国这个广阔的市场而欣喜若狂。当时英国棉纺织业中心曼彻斯特的商人估计,中国有4亿人,假如1亿人晚上戴睡帽,每人每年仅用两顶,整个曼彻斯特的棉纺厂日夜加班也不够,何况还要做衣服呢!于是他们把大量洋布运到中国。结果与他们的梦想相反,中国人没有戴睡帽的习惯,衣服也用自产的丝绸或土布,洋布根本卖不出去。
>
> 1999年6月的上海车展是在上海少有的漫长雨季中进行的,参观者人头攒动,但看的多,买的少。在私有汽车最大的市场北京,作为晴雨表的北方汽车交易市场,该年上半年的销售量只相当于上一年同期的1/3。尽管当年全国轿车产量可达75万辆,但一季度销售量不过11.7万辆。面对这种局面,汽车厂商一片哀鸣。
>
> (资料来源:人人文库,https://www.renrendoc.com/paper/223027216.html)

想一想 以上两个故事说明了什么经济问题?

(二) 需求表和需求曲线

需求通常用需求表和需求曲线来表示。

1. 需求表

商品的需求表是表示某种商品的各种价格水平和与其相对应的该商品的需求数量之间关系的数字序列表。

表 3-1 是某种商品的需求表。

表 3-1　　某种商品的需求表

组合	价格/元	需求量/件	组合	价格/元	需求量/件
A	50	10	C	150	8
B	100	9	D	200	7

2. 需求曲线

需求曲线是反映某种商品的需求量与其价格相互关系的曲线。用纵轴表示价格 P，用横轴表示需求量 Q，以表 3-1 中的商品为例，其需求曲线 D 如图 3-1 所示。一般来说，需求量与其价格呈负相关，需求曲线向右下方倾斜。

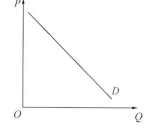

图 3-1　某种商品的需求曲线

（三）需求函数

在所有影响商品需求的因素中，如果把影响需求的各因素作为自变量，把商品的需求量作为因变量，则可以用函数表示它们之间的数量对应关系。其中，商品自身的价格对需求量的影响是最重要的。因此，经济学家将需求函数定义为商品的需求量是其价格的函数。如果用 Q_d 表示某种商品的需求量，P 表示商品的价格，则需求函数可以表示为：

$$Q_d = f(P)$$

二、需求定理与影响需求的因素

（一）需求定理

1. 需求定理

需求定理又称需求规律，是说明商品本身价格与其需求量之间关系的理论。其基本内容是：在其他条件不变的情况下，一种商品的需求量与其本身价格之间呈反方向变动，即需求量随着商品本身价格的上升而减少，随着商品本身价格的下降而增加。

2. 需求定理的例外

需求定理同人们的日常经验是相吻合的，但对一些特殊的商品并不适用。一类是"炫耀性商品"，这类商品炫耀身份，当其价格下降到不足以炫耀身份时，购买就会减少。另一类是特殊情况下的商品，这些商品原本很普通，但在价格剧烈波动时，就不遵从需求定理了。如股票，价格剧烈波动时，人们"买涨不买跌"。还有一类是随着价格上升需求量反而增加的商品，这类商品主要是低档生活必需品，也被称为"吉芬商品"。

找一找　在我们的日常生活中有哪些是"吉芬商品"？

（二）影响需求的因素

需求反映的是需求量与价格的关系，影响某种商品需求量的因素就是商品价格本身，除此之外，还有一些因素也会影响需求，这些因素主要是：收入、相关商品价格、消费者嗜好与预期等。

1. 消费者的收入水平

对大多数商品而言，当消费者收入增加时，对这些商品的需求也增加，相反则会减少。当然不是所有的商品需求都与消费者收入呈同方向变化，对于低档品和劣质商品而言，这些商品的需求与消费者的收入呈反方向变化。

2. 其他相关商品的价格

某种商品的需求还与其他相关商品的价格相关。相关商品有互补品和替代品两种。互补品是指共同满足一种欲望的两种商品，它们之间是相互补充的。两种互补品之间价格与需求呈反方向变动。替代品是指可以互相代替来满足同一种欲望的两种商品，它们之间是可以相互替代的。两种替代品之间价格与需求呈同方向变动。

3. 消费者对未来价格的预期

未来价格预期越来越成为一种重要的影响需求的因素。一般情况下，若消费者预期某种商品的未来价格会上升，则会在价格上升前购买很多该商品，导致对该商品的需求量增加。相反，需求量会下降。

4. 消费者偏好

消费者偏好是指对某种商品的喜好程度。这一程度取决于消费者对商品的主观心理评价。消费者越喜欢某一种商品，对其需求量就会越大。而消费者的偏好又会受到广告、时尚、健康以及其他消费者等多种因素的影响。

找一找 在网上查一查还有哪些因素会影响需求。

> **知识链接**
>
> **影响需求的因素**
>
> 影响需求变动的因素很多，政府的宏观经济政策、社会财富和社会收入的平等程度甚至文化习俗等都会对需求的变动产生巨大的影响。例如政府采取某些扩张性的经济政策，像增加财政支出、减免购物税和降低利息率等政策，市场上对商品的需求就会增加；相反，如果政府采取某些紧缩的经济政策，像削减财政支出、增加购物税和提高利率等政策，市场上对商品的需求就会减少。

三、需求量的变动与需求的变动

需求量的变动是指其他条件不变的情况下，商品本身价格变动所引起的需求量变动，是由于价格变动导致消费者愿意且能够购买数量的变动。需求量的变动表现为同一条需求曲线上点的移动，如图3-2所示。

需求的变动是指在商品本身价格不变的情况下,由其他因素变动所引起的需求变动,是引起消费者在每一可能价格下所有需求量的变动。需求的变动表现为需求曲线的平行移动,如图3-3所示。

从需求函数的角度来说,需求量的变动是需求函数的自变量(P)变动引起的因变量数值的变化,无论如何变化,都在函数的值域范围之内。因而在图形上表现为同一曲线(即需求曲线)上点的移动(从 A 点到 B 点的移动)。不同的是,需求的变动是由于函数外原因(外生变量)的变化引起的函数整体的变化。在需求函数中表现为需求函数自变量外的因素,如收入、嗜好等的变化引起的需求变化。因而使得整个函数改变,表现为整体曲线的平行移动(从 D 到 D' 的变动)。

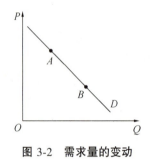

图 3-2　需求量的变动

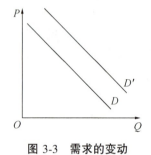

图 3-3　需求的变动

做一做　调查当地某一商品最近 5 年的价格变动和需求变动的情况,并用图表示其变动规律。

小故事

一百元的神奇效果

某年某月某地的一个小镇。

天色渐沉。天空中飘着雨,街上连一个人影也没有,寂静无生机。

一个背包客走进了镇里唯一的一家旅店,从兜里掏出一张百元钞票放在柜台上,让店小二开房。然后就独自上二楼去看房间的设施和条件。

那当口,店小二把百元钞票握在手心里,跑到隔壁开肉铺的老张家去还钱。

刚吃完晚饭的老张收到店小二还回来的肉款后,不顾天下着雨,三步并作两步地跑到镇西头的养猪场,把欠养猪场祝家老大的钱还给了他。

祝家老大接到还款后大喜过望,他欠饲料公司的钱,对方已经来催要过多次,再不还钱,卖饲料的李老板就要停止供货了。那样的话,不只是养猪场剩下的几头猪,就连他自己都可能会被饿死。

卖饲料的李老板收到祝家老大还回来的 100 元后,迟疑了片刻:这年头做什么生意都不容易,我还欠卡车司机王师傅的劳务费 100 元。正好卡车司机王师傅在门口。

卡车司机王师傅收到卖饲料的李老板送来的 100 元现钞后,马上跑到马路对面的旅店,把钱还给了旅店的店小二。昨晚家里来了朋友住了旅店,打张欠条就跑了,想来真是气人!

旅店的店小二收到卡车司机王师傅送来的100元后,心里悬着的一块石头落了地:谢天谢地!万一楼上那位正在看房的背包客不看好旅店的房间,今晚不住在这里,那麻烦就大了……

那当口,背包客一边嘟嘟囔囔地发着牢骚,一边踱步走下楼来,对店小二说:"你的房间没有热水,也没有空调,蚊子满屋飞,没法住……"于是,要回了押在前台的100元钞票,对着灯仔细地验证真伪后,推门而去……

请注意:在以上过程中,无论是旅店、肉店、养猪场、饲料公司,还是卡车司机,大家谁都没有赚到钱,背包客也没有损失钱。但背包客的一张100元钞票在镇子里"游走"一圈后,镇子里一连串的债务链就神奇地消失了。

(资料来源:搜狐网,https://www.sohu.com/a/157485269_119898)

四、供给与供给的表达

(一)供给

供给是指生产者(企业)在一定时期内,在某一价格水平时愿意而且能够供应的某种商品或劳务的数量。它反映的是某种商品的不同价格和对应的供给量之间的关系。

供给是供给欲望与供给能力的统一。例如,一个手机供应商年生产手机的能力是500万只,在手机价格上涨的情况下,如果他愿意向市场提供800万只手机,但他的实际供给能力只有500万只,则供给的只能是500万只手机。

  小故事

从石头到稀世珍宝

有位院长交给一个男孩一块石头,说:"明天早上你拿着这块石头到市场上去卖。记住,无论别人出多少钱,绝对不能卖。"第二天,男孩蹲在市场角落,意外地有许多人向他买那块石头,而且价格越出越高。回到院里男孩兴奋地向院长报告,院长笑笑,要他第二天拿到黄金市场去叫卖。在黄金市场,竟有人开出比前一天高出10倍的价钱要那块石头。

最后,院长叫男孩把石头拿到宝石市场去展示,结果石头的身价比前一天又涨10倍,由于男孩怎么都不肯卖,这块石头竟被传为"稀世之宝"。后来院长以1亿元的价格终于售出了这块石头。

(资料来源:陈鹏飞,《经济学的100个故事》,新华出版社2008年版)

想一想　以上故事说明了什么经济问题?

(二)供给表和供给曲线

供给通常用供给表和供给曲线来表示。

1. 供给表

商品的供给表是表示某种商品的各种价格水平和与其相对应的该商品的供给数量之间关系的数字序列表。

表 3-2 是某种商品的供给表。

表 3-2　　　　　　　　　某种商品的供给表

组合	价格/元	供给量/件	组合	价格/元	供给量/件
A	50	10	C	150	20
B	100	15	D	200	25

2. 供给曲线

供给曲线是反映某种商品的供给量与其价格相互关系的曲线,用纵轴表示价格 P,用横轴表示供给量 Q,以表 3-2 中的商品为例,供给曲线 S 如图 3-4 所示。一般来说,供给量与其价格正相关,供给曲线向右上方倾斜。

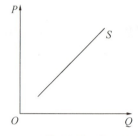

图 3-4　某种商品的供给曲线

(三) 供给函数

在所有影响商品供给的因素中,如果把影响供给的各因素作为自变量,把商品的供给量作为因变量,则可以用函数表示它们之间的数量对应关系。其中,商品自身的价格对供给量的影响是最重要的。因此,经济学家将供给函数定义为商品的供给量是其价格的函数。如果用 Q_s 表示某种商品的供给量,P 表示商品的价格,则供给函数可以表示为:

$$Q_s = f(P)$$

五、供给定理与影响供给的因素

(一) 供给定理

1. 供给定理

供给定理又称供给规律,是说明商品本身价格与其供给量之间关系的理论。其基本内容是:在其他条件不变的情况下,一种商品的供给量与其本身价格之间呈同方向变动,即供给量随着商品本身价格的上升而增加,随着商品本身价格的下降而减少。

> **实例链接**
>
> 习近平同志 2016 年 1 月 18 日在省部级主要领导干部学习贯彻党的十八届五中全会精神专题研讨班上指出,我国一些有大量购买力支撑的消费需求在国内得不到有效供给,消费者将大把钞票花费在出境购物、"海淘"购物上,购买的商品已从珠宝首饰、名包名表、名牌服饰、化妆品等奢侈品向电饭煲、马桶盖、奶粉、奶瓶等普通日用品延伸。

据测算,2014年我国居民出境旅行支出超过1万亿元人民币。

事实证明,我国不是需求不足,或没有需求,而是需求变了,供给的产品却没有变,质量、服务跟不上。有效供给能力不足带来大量"需求外溢",消费能力严重外流。解决这些结构性问题,必须推进供给侧改革。

(资料来源:《人民日报》2016年5月10日第1、2版)

2. 供给定理的例外

经济生活中有些商品的供给并不遵从供给定理。一类是供给量固定且可重复使用或转手的商品,如城市规划区内的土地面积、电影院的座位、已经去世的艺术家的艺术品等,不会因价格升降而改变。一类是数量有限且不可重复消费的商品,消费一个单位的数量便减少一个单位,其减少的趋势不受价格升降的影响。一类是供给量会随着价格变动而反转的商品,如个人劳动力的供给量,其个人向社会提供的劳动时间随工资率上升先增加而后减少。

议一议　举例说明在我们的现实生活中,还有哪些商品的供给不遵从供给定理。

(二) 影响供给的因素

供给反映的是供给量与价格的关系,影响某种商品供给量的因素就是商品价格本身,除此之外,还有一些因素也会影响供给,这些因素主要包括生产技术水平、相关商品价格、生产要素价格、供应商对未来的预期和政府的相关政策等。

1. 生产技术水平

在资源既定的条件下,生产技术的提高会使资源得到更充分的利用,从而增加供给。例如,随着生产技术的提高,今天生产一辆汽车所花费的劳动时间远远低于几年前生产一辆汽车所花费的劳动时间。这种情况使得汽车制造商可以在相同成本下生产更多的汽车,从而增加汽车的供给。

2. 其他相关商品的价格

如果生产者使用同一种资源生产甲、乙两种商品。若其中甲种商品的市场价格升高,会使生产者减少乙种商品的供给;反之,若其中甲种商品的市场价格降低,会使生产者增加乙种商品的供给。

3. 供应商对未来价格的预期

如果供应商对未来的经济持悲观态度,即当供应商认为某种商品的价格即将下跌时,他们会将生产推迟,从而减少该商品的供给。如果供应商对未来的经济持乐观态度,即当供应商认为某种商品的价格即将上升时,他们将会增加生产,从而增加供给。

议一议　在中央政府实施了严厉的房控政策以后,很多有实力的开发商或明或暗地表示将缓期开盘。这到底是为什么?

4. 生产要素的价格

在商品自身价格不变的条件下,生产要素的价格上升会增加生产成本,减少利润,从而使得生产者减少生产,导致该商品的供给减少;相反,生产要素的价格下降会降低生产成本,增加利润,导致该商品的供给增加。

5. 政府的经济政策

政府的经济政策也会影响商品的供给,如果政府采取鼓励投资与生产的政策(如减免税、补贴、提供经营便利设施或条件等),可以刺激生产,增加供给量;反之,如果政府采取限制投资与生产的政策(如增税、减少补贴、提高限制条件等),则会抑制生产,减少供给量。

找一找 在现实生活中还有哪些因素影响供给(量)?

六、供给量的变动与供给的变动

供给量的变动是指其他条件不变的情况下,商品本身价格变动所引起的供给量的变动。供给量的变动表现为同一条供给曲线上点的移动,如图3-5所示。

供给的变动是指商品本身价格不变的情况下,其他因素变动所引起的供给的变动。供给的变动表现为供给曲线的平行移动,如图3-6所示。

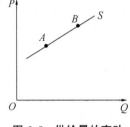
图3-5 供给量的变动

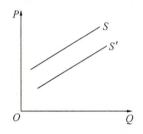
图3-6 供给的变动

从供给函数的角度上说,供给量的变动是供给函数的自变量(P)变动引起的因变量数值的变化,无论如何变化,都在函数的值域范围之内。因而表现在图形上为同一曲线(即供给曲线)上点的移动(从A点到B点的移动)。相反,供给的变动是由于函数外的原因(外生变量)的变化引起的函数整体的变化。在供给函数中表现为供给函数自变量外的因素如生产要素、生产技术水平等的变化引起的供给变化,因而使得整个函数改变,表现为整体曲线的平行移动(从S到S'的变动)。

想一想 影响需求与供给的因素有哪些相同之处,又有哪些不相同之处?

任务 3.2 弹 性

学习任务

掌握需求价格弹性的概念,会计算点弹性和弧弹性;了解需求价格弹性的种类和影响需求价格弹性的因素;了解供给价格弹性的种类和影响供给价格弹性的因素;会用弹性解释社会经济现象。

经济现象

农产品价格为什么大涨大落？

这些年,对农产品的市场价格波动,媒体经常发出惊呼,并造出了一堆"怪异"的新词,例如"蒜你狠""豆你玩""姜你军""葱击波""糖高宗"等等。所有这些表达,都有一个共同点:惊呼价格的上涨。而用于价格下降的"怪异"新词很少,好像就一个"跌跌不休"。可能因为媒体人是城市消费者,对价格上涨的感觉更直接更敏感。

对农产品市场价格波动的大惊小怪,可能有各种原因,但其中最根本的,应该是不了解农产品需求与供给的特点。根据这些特点,一些农产品价格的较大波动属于正常现象,很难避免。

例如,葱、姜、蒜这类产品,属于蔬菜中的配料或辅料,同一般蔬菜相比,需求数量很少,需求弹性很小。需求弹性小,是价格暴涨的基础原因。葱、姜、蒜供给数量减少10%,就足以把价格拉涨50%或更多。这是个保守的估计。在猪肉方面,有实际数据,大家也都普遍感受到过,这就是10年前发生的猪肉价格暴涨。当时,猪肉供给量减少了8%左右,而猪肉价格上涨了60%以上。葱、姜、蒜的弹性系数,应该比猪肉更小,同样比例的数量降低,会引起更高幅度的价格上涨。

葱、姜、蒜的产量减少10%,是很容易发生的。原因很简单,天气异常变化,包括多雨低温等,或者病虫害影响,都很容易导致10%或更大幅度的产量变化。而50%的价格上涨,足以大大刺激农民增加种植面积,乃至很多原来不种葱、姜、蒜的农民也开始转种葱、姜、蒜。我国以小规模农户经济为主,从众和跟风的市场反应行为非常普遍。结果呢,下一个生产周期结束时,市场上的葱、姜、蒜供给数量就不是增长10%了,而可能是20%、30%或更多。于是,价格必然下降。但即便下降了50%,葱、姜、蒜的消费需求也不会增加很多,又不能很好储藏,生产者都想卖出去,于是,只好竞相降价,价格就会跌得很惨;最后有部分产品,可能就只好任其烂掉了。然后,又开始新的周期:数量减少,价格升高,数量增加,价格下降……因此,农产品的市场价格波动也就是常见的了。

上述农产品价格变化的特点,可以概括为两点:第一,周期性;第二,放大性。放大性是个非常重要的特点。在反映供求关系方面,价格变化是一个信号:价格上涨,表示短缺;反之,则表示过剩。这是人皆知之的常识。但是,需要特别注意的是,这个价格信号具有放大性或夸大性。即:价格上涨得很高,并不意味着短缺特别严重;价格下降得很多,也不意味着过剩特别突出。

(资料来源:《农民日报》2017年9月9日第3版)

议一议 1. 为什么会出现这种情况？它说明了什么经济学原理？

2. 你认为应该如何来保持农产品价格的稳定？

一、弹性分析

弹性原来是物理学的名词,指一物体对外部力量的反应程度。在经济学中,弹性指的是在经济变量之间存在函数关系时,因变量对自变量的反应程度,其大小可以用两个变化的百分比的比率来表示，这就是弹性系数。弹性系数的计算公式为：

$$弹性系数 = \frac{因变量的变动率}{自变量的变动率}$$

即：
$$E = \frac{\frac{\Delta Y}{Y}}{\frac{\Delta X}{X}} = \frac{\Delta Y}{\Delta X} \times \frac{X}{Y}$$

式中，E 表示弹性，Y 表示因变量，X 表示自变量，ΔY 表示因变量的增量，ΔX 表示自变量的增量。

弹性一般分为点弹性和弧弹性。点弹性是指当自变量变化很小时所引起的因变量的相对变化。弧弹性是指当自变量变化较大时所引起的因变量的相对变化。

弹性又可分为需求价格弹性和供给价格弹性。

想一想 在日常生活中，我们经常看到有些产品降价了人们蜂拥抢购，而其他一些产品降价了却无人问津。这是为什么？

二、需求价格弹性

（一）需求价格弹性的概念及计算

1. 需求价格弹性的概念

需求价格弹性简称需求弹性，是指某一种产品需求量发生变化的百分比与其价格变化的百分比之间的比率，是用来衡量需求量变动对价格变动的敏感度的经济指标。各种商品的弹性是不同的，一般用需求弹性来表示弹性的大小。在这里，价格变动是自变量，需求量是因变量。需求价格弹性系数的计算公式为：

$$需求价格弹性系数 = \frac{需求量变动率}{价格变动率}$$

即：
$$E_d = -\frac{\frac{\Delta Q}{Q}}{\frac{\Delta P}{P}} = -\frac{\Delta Q}{\Delta P} \times \frac{P}{Q}$$

式中，E_d 代表需求价格弹性系数，P 代表商品价格，ΔP 代表价格变动量，Q 代表需求量，ΔQ 代表需求的变动量，$\frac{\Delta Q}{Q}$ 代表需求量的变动率，$\frac{\Delta P}{P}$ 代表价格的变动率。由于需求量与价格一般呈反方向变动，因此 ΔP 与 ΔQ 两者中必有一个负数，即 E_d 为负数。但在实际运用中，对弹性的考察只注重量的变化，所以一般都取 E_d 的绝对值来表示弹性的大小。

议一议 是不是所有商品需求量与价格都呈反方向变动？举例说明。

2. 需求弹性的计算

需求弹性可以分为需求弧弹性和需求点弹性。

（1）需求弧弹性及其计算。需求弧弹性表示需求曲线上两点之间的需求量的相对变动对于价格的相对变动的反应程度。计算需求弧弹性即要计算需求曲线上某两点之间一段弧的平均弹性。需求弧弹性可利用上面的公式计算,其中 $Q=\dfrac{Q_1+Q_2}{2}$, $P=\dfrac{P_1+P_2}{2}$。

例如,某商场销售的某品牌饮料在价格为30元/箱时,每天能够销售50箱,当价格调整为36元/箱时,每天能够销售40箱,则其弧弹性为:

$$E_d=-\dfrac{\dfrac{\Delta Q}{Q}}{\dfrac{\Delta P}{P}}=-\dfrac{\dfrac{Q_1-Q_2}{Q_1+Q_2}}{\dfrac{P_1-P_2}{P_1+P_2}}=-\dfrac{\dfrac{40-50}{40+50}}{\dfrac{36-30}{36+30}}=1.22$$

(2)需求点弹性及其计算。需求点弹性表示需求曲线上某点的需求量无穷小的变动率对于价格无穷小的变动率的反应程度。其计算公式为:

$$E_d=\lim-\dfrac{\dfrac{\Delta Q}{Q}}{\dfrac{\Delta P}{P}}=-\dfrac{\mathrm{d}Q}{\mathrm{d}P}\times\dfrac{P}{Q}$$

若需求函数为已知,即可根据上式求出任一价格下的点弹性系数。

例如:设某商场的某品牌饮料的需求函数为:$Q=30-5P$。

由于 $\dfrac{\mathrm{d}Q}{\mathrm{d}P}=-5$,所以,$E_d=\left|-\dfrac{5\times P}{Q}\right|=\dfrac{5P}{30-5P}$。这表明点弹性 E_d 是价格 P 的函数。

若 $P=2$,则 $Q=20$,$E_d=0.5$。
若 $P=3$,则 $Q=15$,$E_d=1.0$。
若 $P=4$,则 $Q=10$,$E_d=2.0$。

从以上结果可以看到,对一个既定的需求函数,在不同的价格之下会有不同的点弹性值。

做一做 设某商场某品牌饮料的需求函数为:$Q=200-50P$,求价格为10元、20元、30元时的点弹性。

(二)需求弹性的类型

根据弹性系数数值的大小,可以将商品的需求弹性分为5类,如图3-7所示。

(1)$E_d=1$(单位需求价格弹性)。说明需求量变动幅度与价格变动幅度相同。即价格每提高1%,需求量相应地降低1%;价格每降低1%,需求量相应地提高1%,如图3-7中的D_1。单位弹性是一种理论状态,在现实生活中很难找到弹性系数恰巧等于1的商品。

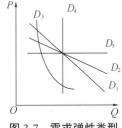

图3-7 需求弹性类型

(2)$E_d>1$(需求富有弹性)。说明需求量变动幅度大于价格变动幅度。即价格每变动

1%,需求量变动大于1%,如图3-7中的D_2。在各种商品中,奢侈品如珠宝、汽车等具有较高的弹性。

(3) $0<E_d<1$(需求缺乏弹性)。说明需求量变动幅度小于价格变动幅度$\left(\frac{\Delta P}{P}>\frac{\Delta Q}{Q}\right)$。即价格每变动1%,需求量变动的百分率小于1%,如图3-7中的D_3。一般来说,生活必需品具有较低的弹性。

(4) $E_d=0$(需求完全无弹性)。在这种情况下,需求量不随价格的变动而变动。不管价格怎样变动,需求量总是固定不变,如图3-7中的D_4。这种情况比较罕见。

(5) $E_d=\infty$(需求完全有弹性),此时,说明在既定价格之下,需求量可以任意变动,如图3-7中的D_5。这种情况也是罕见的,例如在战争年代政府对军火的需求是无限的。

议一议 下列这些商品的价格弹性属于上面的哪种类型:
家用电冰箱、蔬菜、食盐、粮食、飞机票、非典期间的板蓝根。

(三) 影响需求弹性的因素

影响需求弹性的因素是多方面的,具体表现在:

1. 消费者对某种商品的需求强度

如果需求强度大而且稳定,意味着消费者对该商品的依赖程度就高,所以商品的需求弹性就小;反之,消费者对该商品的依赖程度较低,其需求弹性就大。例如,消费者对奢侈品、高档消费品的依赖较低,其需求弹性就比较大。

2. 商品用途的广泛性

一种商品的用途较广,其需求弹性较大;反之,当一种商品用途较少时,其需求弹性较小,因为该商品降价后不可能有其他用途,需求量不会增长很多。

3. 商品的可替代程度

一种商品的替代品数目多,替代品之间相近,则该商品的需求弹性较大;反之,一种商品的替代品数目少,替代品差别大,则该商品的需求弹性较小。

4. 商品的使用时间

使用时间长的商品,其需求弹性较大;反之,使用寿命短的商品,其需求弹性就小。

5. 人们用于购买该商品的支出在总支出中所占的比重

一种商品的花费占收入的比率越高,当该商品涨价时,人们会越来越多地被迫减少对它的消费,该商品的需求弹性就越大,反之需求弹性则越小。

> **小故事**
>
> **机票价格为什么不一样**
>
> 小王的领导临时通知他去杭州出差,他想妻子早就想去杭州玩了,就多买了一张机票带她一起去。他们高高兴兴地上了飞机坐下来,旁边是一位去杭州旅游的妇女,于是他们聊了起来。聊着聊着,小王的妻子发现同样的飞机、同样的座位,可这位妇女买票花的钱只是她的二分之一。这是怎么回事呢?她搞不懂了。
>
> (资料来源:陈鹏飞,《经济学的100个故事》,新华出版社2008年版)

> 想一想　为什么会出现上述故事中同样的飞机、同样的座位,但机票价格不同的现象?

三、供给价格弹性

(一) 供给价格弹性的概念

供给价格弹性简称供给弹性,是指某一种产品供给量发生变化的百分比与其价格变化的百分比之间的比率,是用来衡量供给量变动对价格变动敏感度的经济指标。一般用供给弹性系数来表示弹性的大小。供给弹性系数的计算公式为:

$$供给弹性系数 = \frac{供给量变动率}{价格变动率}$$

即:

$$E_s = \frac{\frac{\Delta Q}{Q}}{\frac{\Delta P}{P}} = \frac{\Delta Q}{\Delta P} \times \frac{P}{Q}$$

式中,E_s 代表供给价格弹性系数,P 代表商品价格,ΔP 代表价格变动量,Q 代表供给量,ΔQ 代表供给的变动量,$\frac{\Delta Q}{Q}$ 代表供给量的变动率,$\frac{\Delta P}{P}$ 代表价格的变动率。

由于供给量与价格一般呈同方向变动,因此供给弹性系数 E_s 一般为正数。

(二) 供给弹性的类型

供给弹性根据弹性的大小也可以分为 5 种类型,如图 3-8 所示。

$E_s = \infty$ 表示供给完全弹性,如 S_1。
$E_s = 0$ 表示供给完全无弹性,如 S_2。
$E_s = 1$ 表示供给单一弹性或单位弹性,如 S_3。
$E_s < 1$ 表示供给缺乏弹性,如 S_4。
$E_s > 1$ 表示供给富于弹性,如 S_5。

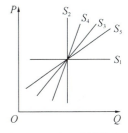

图 3-8　供给弹性类型

(三) 影响供给弹性的因素

影响供给弹性的因素也是多方面的,具体表现在:

(1) 生产时间的长短。当市场上商品价格发生变化时,供应商对供给量的调整需要时间,若时间较短,供应商增减产量都存在一定的困难。也就是说,从价格的变化到供给量的变化有一个过程,存在一个时滞,时间越短,供给弹性越小,时间越长,供给弹性就越大。

(2) 生产的难易程度。一般而言,容易生产而且生产周期短的产品对价格的反应快,其供给弹性就大;反之,不易生产而且生产周期长的产品对价格变动的反应慢,产品的供给弹性也就小。

(3) 生产要素的供给弹性。一般来说,产品的供给取决于生产要素的供给。因此,生产要素的供给弹性大,产品的供给弹性也就大;反之,生产要素的供给弹性小,产品的供给弹性也小。

（4）生产所采用的技术类型。一般而言，技术水平高、生产过程复杂的产品，其供给弹性小；而技术水平低、生产过程简单的产品，其供给弹性大。

议一议　影响手机供给弹性的因素有哪些？手机的供给弹性是大还是小？

实例链接

影响我国生猪生产的主要因素

国家发改委发布的2016年3月生猪及能繁母猪存栏数据显示，生猪存栏环比上涨0.9%，同比下降4%，能繁母猪存栏数量环比持平，同比下降6.3%；另外，目前整体养殖利润丰厚，极大地刺激了养殖户补栏情绪，导致市场仔猪难求，仔猪价格居高不下。短期来看，虽然能繁母猪存栏量依旧持续下跌，但丰厚的养殖利润有利于产能恢复加快，加上整体较为低迷的消费环境，中期来看2016年国内生猪存栏量将逐步提升。目前生猪存栏量已有反弹，能繁母猪存栏量环比持平，预计4月出现正增长。

从生产效率的角度来看，目前，我国母猪年生产力不仅与国外差距很大，而且国内的猪场间差距也很大，例如国内广东温氏能繁母猪PSY水平为26~27头，中小散户平均只有15~16头。母猪的育繁环节主要包括配种环节、妊娠环节、分娩环节、哺乳环节及断奶环节，无论是饲料精细化管理水平还是设施设备整体条件，与世界发达国家相比，我国仍有较大提升空间。

从宏观政策来看，第一，随着国家对环保政策执行越来越严格，各地在2016年底前陆续完成禁养区的划定工作，并在"十三五"末基本完成污染整治工作；第二，从补贴政策来看，能繁母猪补贴制度、生猪保险补贴制度等都得到了保障和落实；第三，国家根据生猪生产方式、成本和市场需求变化等因素适时调整预警指标及具体标准，对生猪价格起到了一定的调控作用。

（资料来源：猪易网财经频道，https：//cj.zhue.com.cn/a/201604/19-191940.html）

四、弹性理论的运用

弹性理论是分析供求的重要工具之一，对于分析解决经济问题和帮助做出经济决策是十分重要的。这里我们着重通过分析需求弹性与总收益的关系来看如何运用弹性理论。

总收益也可以称为总收入，指厂商出售一定量商品所得到的全部收入，也就是销售量与价格的乘积，如果以 TR 代表总收益，Q 为销售量，P 为价格，总收益的计算公式为：

$$TR = P \times Q$$

假设需求量就是销售量，不同商品的需求弹性不同，价格变动引起的销售量（需求量）的变动不同，从而总收益的变动也就不同。下面主要分析需求富有弹性的商品与需求缺乏弹性的商品需求价格弹性与总收益之间的关系。

(一) 需求富有弹性的商品需求价格弹性与总收益之间的关系

1. 商品价格下降对销售者总收益变动的影响

如果某种商品的需求是富有弹性的,那么该商品的价格下降时,需求量(销售量)增加的比率大于价格下降的比率,销售者的总收益会增加。

2. 商品价格上升对销售者总收益变动的影响

如果某种商品的需求是富有弹性的,那么该商品的价格上升时,需求量(销售量)减少的比率大于价格上升的比率,销售者的总收益会减少。

(二) 需求缺乏弹性的商品需求价格弹性与总收益之间的关系

1. 商品价格下降对销售者总收益变动的影响

如果某种商品的需求是缺乏弹性的,那么当该商品的价格下降时,需求量(销售量)增加的比率小于价格下降的比率,销售者的总收益会减少。

2. 商品价格上升对销售者总收益变动的影响

如果某商品的需求是缺乏弹性的,那么当该商品的价格上升时,需求量(销售量)减少的比率小于价格上升的比率,销售者的总收益会增加。

总之,需求价格弹性系数的大小与销售者的收入有着密切联系:如果需求价格弹性系数小于1,那么价格上升会使销售收入增加,价格下降会使销售收入减少;如果需求价格弹性系数大于1,那么价格上升会使销售收入减少,价格下降会使销售收入增加,这就是企业实行薄利多销策略的一个主要理论依据;如果需求价格弹性系数等于1,那么价格变动不会引起销售收入变动。

想一想 1. 为什么化妆品可以薄利多销而药品就不行?是不是所有的药品都不能薄利多销?

2. 粮食丰收了,可农民的收入却下降了,为什么会"谷贱伤农"?

知识链接

蛛网理论简介

蛛网理论是指某些商品的价格与产量变动相互影响,引起规律性的循环变动的理论。由于价格和产量的连续变动用图形表示犹如蛛网,经济学界将这种理论命名为蛛网理论。蛛网理论是一种动态均衡分析。由于需求弹性、供给弹性不同,价格和供给量的变化可分三种情况:

① 收敛型蛛网。当产品供给弹性小于需求弹性时,价格和产量的波动越来越小,并逐步收敛,最后趋于均衡(图3-9)。

② 发散型蛛网。当供给弹性大于需求弹性时,价格与产量的波动越来越大,价格和产量离均衡点越来越远,不能趋于均衡(图3-10)。

③ 封闭型蛛网。当供给弹性等于需求弹性时,价格与产量的波动始终按同一幅度进行,波动幅度既不是越来越小,也不是越来越大。价格与产量既不能回到均衡点,也

不会离均衡点越来越远(图 3-11)。

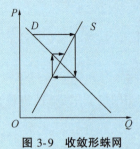
图 3-9 收敛形蛛网

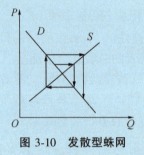
图 3-10 发散型蛛网

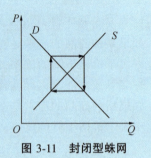
图 3-11 封闭型蛛网

任务 3.3 市场均衡

掌握市场均衡的条件、形成和变动;掌握价格分析方法;知悉供求规律以及会用供求规律分析现实的经济问题。

 经济现象

中国经济向好 大宗商品需求旺盛

2016 年以来,国际主要大宗商品价格持续走强。作为大宗商品最主要的需求市场之一,中国经济今年持续向好,相关大宗商品需求也更为旺盛,成为支撑商品价格持续走强的重要因素。

今年以来,全球主要大宗商品,特别是中国市场相关需求旺盛的商品普遍走入"牛市"。其中,贵金属携手基本金属价格大幅上涨。去年表现欠佳的国际原油和天然气价格也恢复涨势。与中国需求关联十分紧密的铁矿石今年以来价格累计上涨将近 50%。海外机构普遍认为,中国经济今年持续向好成为大宗商品价格走强的主要原因。未来如果这一趋势能够持续,大宗商品价格就有望继续保持强势。

花旗银行分析师表示,考虑到英国"脱欧"公投的影响逐步消退,全球经济保持增长,以及投资者将配置更多资金进行投资,该行特别看好大宗商品在 2017 年的表现。尽管英国"脱欧"公投导致市场对经济增长前景的担忧上升,但预计美国和中国经济增速将进一步加快,并将提振全球经济的表现,届时全球原材料需求也将继续增长。

彭博分析师表示,从澳大利亚近期数据来看,其此轮煤炭和铁矿石价格上涨的主要动因仍来源于中国。这一方面凸显出中国经济数据持续向好,带动了大宗商品需求上升,另一方面也再次显示出澳大利亚对中国这个全球第二大经济体的依赖。

高盛集团也指出,中国需求强劲(疲软)等同于大宗商品价格上涨(下跌)已经成为大宗商品市场显而易见的关系。此外,今年由于股市和债市出现一定波动,许多投资者希望规避风险,大宗商品无疑成为可选项之一,因此大量资金涌入大宗商品相关投资,并带动其价格走强。

(资料来源:《中国证券报》2016年11月7日第1版)

议一议 为什么中国需求增加会导致大宗商品价格的上涨?

一、均衡的概念

(一)均衡的概念

在项目1中,我们已经向大家介绍了均衡的概念。经济学中的均衡是指经济中各种对立的、变化的经济力量处在一种相对静止的状态下,均衡形成后,如果有一个力量使它离开原来的均衡位置,则会有其他力量使它恢复均衡。均衡总是有条件的,条件变化,原来的均衡就变化,从动态角度观察,社会经济发展就是破坏旧均衡和建立新均衡的连续过程。

均衡按照时间因素变化可以分为暂时均衡、短期均衡和长期均衡。暂时均衡是指市场中某商品供给与需求在瞬间达到的均衡。短期均衡指在生产技术不变的条件下,根据市场需求状况,在一定限度内调整一种生产要素从而使市场供求一致的均衡。长期均衡指在较长的充分时间内,能够调整所有的生产要素以适应市场需求变化的均衡。暂时、短期、长期的区别不能仅仅看成时间的长短,主要是看经济条件变化的程度与状态。

> **小故事**
>
> **鸡蛋的故事**
>
> 1991年11月,天津市全面放开了鸡蛋收购和销售的价格,1995年7月,鸡蛋价格全面上涨,市场价格达到3.50元/斤(1斤=500克),大大突破了市政府的限价3.15元/斤。鉴于此,天津市政府于1995年8月成立了由市长、秘书长和有关部门负责人组成的天津市鸡蛋调市工作组,对鸡蛋价格实行严格的管制。工作组对设在郊县的鸡蛋生产基地逐层下达了鲜蛋调市任务,规定各养鸡场每售一斤平价鸡蛋(3.15元/斤)补贴0.10元。结果政府补贴了几千万元,市场价格不降反升,一度达到了4.10元/斤。1996年天津市政府被迫放弃了鸡蛋价格管制,当年鸡蛋的价格就降了下来,维持在3元/斤左右。

想一想 天津市的鸡蛋价格为什么会降下来?

（二）均衡价格与均衡数量

均衡价格是指某商品需求量与供应量相等、需求价格与供给价格相等时的市场价格。这时消费者愿意并能够购买的某商品需求量正好等于生产者愿意并能够提供的某商品的供给量，或者说均衡价格是指某一商品需求量与供给量相等时的价格。

将需求曲线与供给曲线组合在一个坐标图中（图3-12），即可以看到均衡价格和均衡数量是如何被确定的。纵轴表示价格，横轴表示交易量，需求曲线 D 与供给曲线 S 相交于 E 点，E 点是均衡点。由 E 决定的价格 P_0 是均衡价格，交易量 Q_0 是均衡数量。

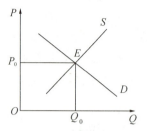

图3-12 均衡价格与均衡数量

> **实例链接**
>
> **为什么一线城市的房子总是受欢迎**
>
> 如果在经济条件允许的情况下让人们做出购房选择，那么多数人恐怕都愿意将资金花在购买一线城市的房子上，原因很简单，一线城市的房价更高，房子更值钱，也更有机会创造更大的价值。对北京、上海等一线城市的房价进行分析，发现10年前和10年后的房价差距巨大，那些10年前在一线城市购买房子的人，如今依靠一套房子价值的增值就可以抵得上很多人几十年的努力了。
>
> 许多人感到疑惑，同样是房子，同样都是用来住人，为什么一线城市的房价会高达几万元一平方米，而在一些小地方，房价普遍只有几千元一平方米。这从本质上来说是供需问题。以北京为例，整个北京的土地面积是固定的，用来建造房子的土地更是固定的，不仅如此，北京的教育资源、医疗资源、就业资源、社会保障都是固定的，而且还都是一些优质资源，但北京的人口很多，当那么多人都集中到一起抢土地、抢房子、抢学校的时候，供需就会失衡，当供应远远跟不上需求时，市场为了达到均衡，房价就必然会水涨船高，快速上涨到几万元一平方米的高位了。
>
> （资料来源：王力哲，《经济学思维课》，中国友谊出版公司2020年版）

二、均衡价格的形成

均衡价格表现为市场上需求和供给这两种相反力量共同作用的结果，它是在市场供求力量的自发调节下形成的。当供给与需求出现变动时，市场上会出现需求量和供给量不相等的非均衡状态。由于供求的相互作用或市场机制的自发调节，在偏离均衡后，会出现自动恢复的趋势，达到新的均衡。

具体来说，当市场价格高于均衡价格时，供给量大于需求量，市场上将会出现供过于求，一方面，未能实现购买的需求者将等待价格下降来得到他所要购买的商品量；另一方面，供给者将被迫降低价格以便售出过剩的商品。这样，该商品的价格必然会下降，随之需求量就增加,而供应量就会减少,使供给与需求相等并到达均衡位置。相反,当市场价格低于均衡价格时,商品的需求量大于供给量,市场上将会出现供不应求,一方面,未能实现购买的需求者将会提高价格以便获得他所要购买的商品量;另一方面,供给者将会增加商品的供给量以获得更多的利润。这样,该商品的价格必然上升,随之供应量就增加,而需求量就会减少,使供给与需求相等并到达均衡位置。由此可见,当市场价格偏离时,市场上总存在着变化的力量,最终达到市场的均衡,此时市场不存在短缺与过剩(图3-13)。

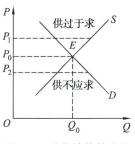

图3-13　均衡价格的实现

三、均衡价格的变动

(一) 当供给不变,需求变动时

当供给不变,需求增加,即需求曲线向右上方移动时,均衡点由E_0点移至E_1点。此时,均衡价格由P_0提高到P_1,均衡数量由Q_0增加到Q_1。而当供给不变,需求减少,即需求曲线向左下方移动时,均衡点由E_0移至E_2点。此时,均衡价格由P_0降到P_2,均衡数量由Q_0减少到Q_2[(图3-14(a)]。

由此可得出结论:当供给不变,而需求变动时,均衡价格与均衡数量及需求呈同方向变化。

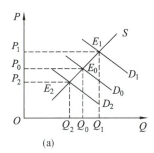
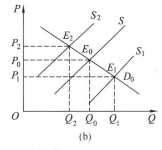

(a)　　　　　　　　　　　　(b)

图3-14　均衡价格的变动

(二) 当需求不变,供给变化时

当需求不变,供给增加,即供给曲线向右下方移动时,均衡点由E_0点移至E_1点。此时,均衡价格由P_0下降到P_1,均衡数量由Q_0增加到Q_1。而当需求不变,供给减少,即供给曲线向左上方移动时,均衡点由E_0移至E_2点。此时,均衡价格由P_0增加到P_2,均衡数量由Q_0减少到Q_2[图3-14(b)]。

由此可得出结论:当需求不变,而供给变动时,均衡价格与供给呈反方向变动,均衡数量则与供给呈同方向变动。

根据以上关于需求与供给变动对均衡的影响分析可以得出供求定理:需求增加,均衡价格上升,均衡数量增加;需求减少,均衡价格下降,均衡数量减少;供给增加,均衡价格下降,均衡数量增加;供给减少,均衡价格上升,均衡数量减少。

议一议 2006年春节刚过,在一个著名的"大视野"电视谈话节目中,几位文化和民俗研究者谈起刚刚过去的春节。中国文化研究院的一位学者说,春节期间要坐火车回家的人很多,很多人消费的东西应该便宜才对,可我们的火车票反而很贵。这是成心限制人家回家过春节。你认为这种说法对吗?为什么?

四、均衡价格理论的应用

在市场经济中,经济的运行是由价格这只"看不见的手"调节的,也就是说,资源是由配置的价格决定的。价格是如何调节供求作用的呢?

(一)价格对经济的调节作用

1. 价格作为指示器反映市场的供求状况

市场的供求受各种因素的影响,每时每刻都在变化,这种变化可以在价格的变化上反映出来,人们可以通过价格的变动及时、准确地了解供求的变化。价格作为供求状况的指示器作用是任何东西所不能替代的。

2. 价格变动可以调节需求

消费者根据市场价格的变动决定自己的购买与消费,以实现效用的最大化。市场经济中消费者购买决策只受价格影响,当商品的价格下降时,消费者会增加购买,反之将减少购买。

3. 价格变动可以调节供给

厂商同样也要按市场价格的变动来进行生产、销售的决策,以实现利润的最大化。在市场经济中生产者的生产也只受价格的影响,当商品的价格下降时,生产者会减少产量,反之将增加产量。

4. 价格的调节可以使资源配置达到最优

通过价格对需求与供给的调节,最终使需求等于供给。此时,消费者的欲望得到了满足,生产者的资源得到了充分的利用。社会资源通过价格分配于各种用途上,这种分配使消费者效用最大化和生产者利润最大化得以实现,从而实现资源配置的最优化。

想一想 近年来,房地产的价格一涨再涨,可人们却是越涨越买。在这个市场上,价格调节为什么不起作用?

(二)价格调节的不完善性

根据价格理论,市场价格应该是供求均衡时的价格,它完全由供求关系自发调节。但是由价格机制调节的结果并不一定符合整个社会的长远利益或政府的政策目标。

例如,在发生自然灾害时,大多数生活必需品严重短缺,价格会很高,在这种价格水平下,收入水平低的人无法满足基本的生活需求,必然会影响社会的稳定。所以,在这个时候,自发调节的市场价格并不符合整个社会的利益。为此,通过一定的经济政策来纠正这种现象是必须的,也是必要的。

做一做 举例说明有哪些商品的市场自发调节不利于整个社会的利益。

如果出现这种情况,政府就会采取适当的价格政策来干预市场价格,政府对市场价格的干预有很多形式,这里主要介绍支持价格和限制价格两种形式。

(三) 支持价格和限制价格

1. 支持价格

支持价格又叫保护价格,是指政府为了扶持和保护某一行业的生产,对该行业产品规定高于市场均衡价格的最低价格。图 3-15 说明实行支持价格后对市场供求产生的影响。

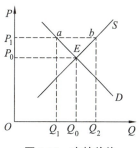

图 3-15 支持价格

如图 3-15 所示,市场上某种产品的需求曲线 D 和供给曲线 S 相交于 E 点,相对应的均衡价格是 P_0,均衡产量是 Q_0。政府为了扶持该产品的生产,规定一个高于 P_0 的最低价格 P_1,这样生产者在出售该商品时就可以得到更多的收入。但是,从图 3-15 可以看出,在 P_1 价格下,需求量为 Q_1,供应量为 Q_2,产品供过于求,会有 $\Delta Q=Q_2-Q_1$ 的剩余量,这部分不能被市场所消化,应由政府按 P_1 价格收购。

许多国家对某些在竞争中处于劣势的产业(如农业)以及涉及国家发展战略的核心行业等常进行必要的价格支持。目的是为了维护该行业的发展。从长期来看,虽然支持价格对经济的稳定和发展具有积极意义,但也会带来政府财政负担加重等副作用。

2. 限制价格

限制价格是指政府为了限制某些生活必需品的价格上涨或抑制某些产品的生产而规定的低于市场均衡价格的最高价格。图 3-16 说明实行限制价格后对市场供求产生的影响。

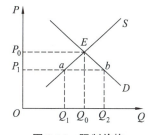

图 3-16 限制价格

如图 3-16 所示,市场上某种产品的需求曲线 D 和供给曲线 S 相交于 E 点,相对应的均衡价格是 P_0,均衡产量是 Q_0。但在这种价格时,穷人无法得到必需的生活品,政府为了限制过高的价格,规定一个低于 P_0 的最高价格 P_1,这时的需求量为 Q_2,供应量为 Q_1,产品供给不足,会有 $\Delta Q=Q_2-Q_1$ 的供应不足部分。

限制价格的手段比较简单,一般由政府硬性规定价格上限。实施限价后,供给将会减少,因此会出现短缺或过度需求。政府为了解决供给不足,主要会通过采取配给制等方式来强制压缩超过供给部分的需求。因此,限制价格虽然有利于社会平等和社会安定,但也会带来诸如产品长期存在短缺以及在资源极度缺乏的同时造成严重的浪费等副作用。

想一想 均衡价格形成的过程就是资源配置的过程,可以这样理解吗?

项目 4

消费者行为

了解效用的基本原理。
理解边际效用与边际效用递减规律。
熟悉无差异曲线的含义与特征。
运用消费者行为理论分析消费者的购买行为。

任务4.1 效　用

掌握效用的含义,理解基数效用和序数效用的区别,能够利用边际效用递减规律解释生活中的经济现象。

到底是开发还是保护环境

当冲浪者看着潮水上涨时,海浪将带有咸味的海水洒在微风中。飞艇射向空中,然后又冲进浪花里。在这个温暖的秋日,在拉各纳沿岸有花雕石头房子和满是树丛陡壁的港湾中,只有两个日光浴者与飞翔的海鸟分享海滩。

过去,这里的游客不太多,大多是从珍宝岛下来,把顶着花的旅游车停下来眺望原卡特琳那岛。退休者、中产阶级家庭和周末从岛中心与雾中来的流浪者分享这天国景色。未来将会有许多游客不再去活动房营地而来到这里。这里为富人准备了一座有275个房间的休闲旅馆,18座固定房间和19个单元房,还为其他游客准备了海滩拖车、观景点和70个停车位。

在这里和在从圣地亚哥县到圣巴巴拉之间所选的海岸地点,未来几十年内沿着旧旅馆旁边将有四五座豪华宾馆建成。受经济、人口和政治因素的推动,在南加州至少有14个这样的项目正处在各个开发阶段上。

构成这些因素的基础是繁荣的时代和众多的老年人口。分析家说,几百万出生于婴儿潮时期、正处于赚钱高峰年份的人需要高水平的休闲,往往是一年中要有几次短暂外出而不是他们孩提时代长期的暑假。

但是,这样的开发带来了环境组织的抗议。在开发商与海岸线之间总是有像希拉俱乐部这样关心环境的组织,它们采取一些措施使一些海滩的大项目拖延了好几年。

现在的问题是:

1. 在婴儿潮时期出生的人们正处于赚钱的顶峰,他们需要高质量的休闲,而这种休闲是一年中数次短期的休假,而不是一个长假期。

2. 为了满足这种需求,在南加州所选择的海岸地点至少有14个用豪华宾馆代替活动房营地的项目正在各个开发阶段中。关心环境的人反对并拖延这些大型海岸项目。

(资料来源:于善波,《西方经济学案例》,中国商务出版社2008年版)

 当地政府应该怎么办?是开发还是保护自然环境?为什么会产生这样的问题?

六、效用

效用就是满足,更准确地说,效用是人们从消费某种商品或服务中得到的主观上的满足程度。商品或服务效用的大小取决于它能够在多大程度上满足人们的欲望或需要,例如,面包可以满足人们充饥的需要,衣服可以满足人们御寒的需要,旅游可以满足人们休闲的需要,等等。

> **小故事**
>
> **没有结果的研讨会**
>
> 一次,鸡、鸭、猫、羊、狗等几只小动物聚在一起争论"什么东西最好吃"。它们互不服气,各执己见,都是很认真的样子。鸡首先很自信地说:"米是最好吃的东西,那可是我的上乘佳点。"鸭不同意了,说:"小鱼的滋味最令我神魂颠倒,我对鱼的感情最深。"小猫则说:"我觉得老鼠的肉堪称极品。"而山羊的理论是:吃荤杀生违背佛法,青草又鲜又嫩,才是最佳食品。狗是这次聚会的主持人,看着大家的意见出现分歧,认真地开导大家说:"带肉的骨头可以提高动物智商,不吃肉才是不折不扣的傻瓜呢。"大家都不赞同,纷纷议论,各说各的理由,整个研讨会就这样不了了之。

 以上故事中的研讨会为什么会没有结果?

效用是消费者的主观心理感觉。效用本身并不包括有关是非的价值判断,仅仅看它是否能满足以及能够多大程度地满足人们的欲望和需要。例如,吸烟从医学上看对身体健康有害,但能满足吸烟者的欲望,因此它对吸烟的人而言是有效用的。

效用因人、因时、因地而异。例如,穷人的一元钱比富人的一元钱效用大,北方冬天穿一双破的鞋也比光脚舒服。

同一物品的效用大小对同一消费者来说是可比的,对不同消费者来说却是不可比的。例如,一人爱喝酒,一人根本不喝酒,一瓶酒对这两人的效用就不一样。

议一议 既然效用是一种主观感受,那么效用的大与小、多与少是否可以度量呢?

二、效用理论

西方经济学家在分析消费者行为时,先后提出了基数效用和序数效用的概念,并在此基础上形成了分析消费者行为的两种方法——基数效用论者的边际效用分析方法和序数效用论者的无差异曲线分析方法。

基数效用论者认为,效用如同长度、重量等概念一样,可以具体衡量并加总求和,具体的效用量之间的比较是有意义的。例如,对某一个人而言,喝一杯冰水的效用是20效用单位,喝一杯牛奶的效用是30效用单位,则可以认为两种消费的效用之和为50效用单位,且后一种消费的效用是前一种的1.5倍。

序数效用论者认为,效用是一个类似香、臭、美、丑的概念,无法衡量其大小,效用之间的比较只能通过顺序或等级来表示。仍以上面的例子阐述,消费者难以确定冰水和牛奶的效用到底是多少,只能根据自己的偏好选择更喜欢哪一种消费,优先选择的效用列第一位,次优选择的效用列第二位。

知识链接

效用的含义

人们对"效用"的理解存在根本性的区别。

马克思从物品本身的客观属性出发,认为效用是满足人们欲望的能力,是指物品的有用性,即物品的使用价值,是物品能够满足人们某种需要的属性。一般意义的使用价值不是政治经济学的研究内容,是物理学、化学等自然科学的研究范畴。

西方经济学对效用的理解是从人们的主观感受出发,并演绎出"效用理论",以此为其经济学理论大厦的基础。在效用理论中,由于人们对效用计量方法的不同,产生了基数效用分析和序数效用分析,从而形成了两种理论,即基数效用理论和序数效用理论。

三、基数效用

要了解基数效用,首先要了解"边际"的概念。

(一) 关于边际的含义

"边际"是经济学的关键术语,在经济学上,边际量是指生产、交换、分配和消费在一定条件下的最后增加量。研究这个增加量的性质和作用,构成了边际分析的基本内容。经济学认为一切经济主体的经济行为取决于其边际值。

(二) 总效用和边际效用

总效用是消费者消费一定数量的商品和劳务所获得的总的满足程度。基数效用论认为,总效用与商品消费量之间的关系可以用效用函数来表示。以 TU 表示总效用,以 Q 表示消费量,效用函数为:

$$TU=f(Q)$$

这说明,总效用 TU 是消费量 Q 的函数,它随消费量的变化而变化。

边际效用是通过消费一定增量的商品和服务所增加的满足程度,或者说是增加最后一单位商品和服务给消费者带来的满足程度的增量,边际效用以 MU 表示:

$$MU=\frac{\Delta TU}{\Delta Q}$$

(三) 边际效用递减规律

小故事

吃三个面包的感觉

美国总统罗斯福连任三届后,曾有记者问他有何感想,总统一言不发,只是拿出一块三明治面包给记者吃。这位记者不明白总统的用意,又不便问,只好迷迷糊糊地吃了。

接着总统又拿出第二块,记者还是勉强吃了。紧接着总统拿出第三块,记者实在吃不下了,赶紧婉言谢绝。这时罗斯福总统微微一笑:"现在你知道我连任三届总统的滋味了吧。"

想一想 现实生活中还有哪些这样的例子?

商品的边际效用具有一个重要性质:在其他条件不变的情况下,当一个消费者在一定时间内连续增加同一商品消费时,他从商品的增加中所获得的满足越来越小,即边际效用越来越小,这种变动趋势叫作边际效用递减规律,又称戈森定律,如表4-1所示。

表4-1　　　　　　　　　　　　A 先生喝咖啡的效用

咖啡量/(千克/月)	总效用	边际效用	咖啡量/(千克/月)	总效用	边际效用
0	0	0	2.5	25	3
0.5	7	7	3	27	2
1	13	6	3.5	28	1
1.5	18	5	4	28	0
2	22	4	4.5	27	−1

造成边际效用递减现象的原因一般认为有以下两种：一是来自人们的欲望本身。人们的欲望是多种多样的，当消费某种商品时，其欲望获得部分满足，因而对这种商品的欲望降低。同时，对其他商品的需求欲望则变得强烈。二是来自商品本身的用途。每种商品都有多种多样的用途，当某种商品数量很少时，人们会根据自己的判断把它用到最需要的地方，如果数量增加，人们就会用于其他用途。正如在沙漠中行走的人决不会用水洗澡，而在水源充足的地方，不仅可以洗澡，还可以洗衣、冲刷地板等，这就形成了边际效用递减的现象。

做一做 画出总效用和边际效用的曲线，并尝试归纳两种效用曲线的关系。

（四）消费者剩余

小故事

买贵了还高兴

欣欣是个喜欢收藏挂物饰品的女孩儿。有一次，她出差之余出去逛街，看到一对可爱的瓷娃娃，雪白的底色没有一点瑕疵。她飞快地跑到柜台前，心里想："这么漂亮的瓷娃娃，一定贵得要命，大概要一千元吧，我可怜的钱包会又一次挨饿了。"正想转身走开时，又觉得遗憾，"不买就没机会了。"于是又转身回去。她问售货员："那对瓷娃娃多少钱？""500元。"售货员很有礼貌地回答。"这么便宜呀！"欣欣非常高兴，刚要开口说买下来时，售货员又说："看你这么喜欢，我们又快到下班时间了，你要想买的话，450元钱你拿走算了。"

"啊！"欣欣美得差点跳起来，赶紧付了钱，乐滋滋地走了。

其实这对瓷娃娃的进价只有100元，售货员开出500元的价位，看顾客神情还在犹豫就主动降了50元。对于欣欣来说，可是觉得大赚了一笔，比她预计的一千元便宜了好多，这个意外收获绝对会让她美上好几天。

（资料来源：庆裕，《一本书看懂经济学》，新世界出版社2010年版）

议一议 俗话说，只有错买，没有错卖，为什么？

消费者剩余是指消费者愿意支付的价格高于实际价格的差额，或者是指一个消费者消费一定量商品获得的总效用与为此花费的货币的总效用的差额。消费者购买商品时，对每一单位商品所愿意支付的价格取决于这一单位的边际效用。由于边际效用递减规律的存在，消费者对某一商品所愿意支付的价格是逐步下降的，但是，在实际的市场购买中，消费者在购买商品时是按照市场价格支付的，而消费者对每一单位的商品所愿意支付的价格有可能高于或者低于实际价格，于是，在消费者愿意支付的价格和实际的市场价格之间就产生了一个差额，这就构成了消费者剩余的基础。

例如，某商品的市场价格为5元，消费者在购买第一件时，根据这个商品的边际效用，他认为值得付出7元去购买，即创造了2元的剩余。在以后的购买中，由于边际效用递减，他购买第二、第三、第四件该商品时所愿意支付的价格分别是6元、5元和4元，这样，他购买4件该商品所愿意支付的价格为7+6+5+4=22元，而实际市场需要的价格是5×4=20元，两者的差额为22−20=2元，这就是消费者剩余。

有必要指出,消费者剩余不是消费者从市场上获得的实际收入,而是一种心理感受和主观评价,消费者在自己的日常购买行为中很少想到它。在购买商品时,每个消费者都希望以低于自己支付意愿的价格买到商品,而拒绝以高于意愿支付的价格购买。因此,商家常常利用消费者的这种心理,将商品标价提高,留出消费者剩余的空间,也因此获得丰厚的盈利。

议一议 小王喜欢喝可乐,对可乐的需求状态是:每瓶卖 4 元时,小王对可乐的需求是 3 瓶。现假设小王对第一瓶可乐愿意支付 8 元,第二瓶他愿意支付 6 元,第三瓶他愿意支付 4 元,消费者剩余是多少?

任务 4.2 消费者选择

学习任务

明确无差异曲线及其特点,掌握边际替代率递减规律,了解预算线的含义,理解消费者均衡的条件,知悉影响消费者行为的主要因素,能够运用消费者行为理论分析消费者的购买行为。

经济现象

经济现象:旅游胜地的选择

张明、王圣和李成是某公司的三位业务员,公司为了表彰他们出色的工作业绩,决定出资让他们到风景名胜地旅游一次,可供选择的旅游胜地有黄山、九寨沟和张家界。

张明去过九寨沟和张家界,这次毫不犹豫地选择去黄山。

王圣去过两次九寨沟、一次张家界,没有去过黄山,且公司所在城市离黄山的路程更远,费用更贵,即公司出资额也更多。但他非常喜欢九寨沟宁静悠然的环境,尽管也想去黄山看看不同的风貌,然而王圣还是选择利用这次机会三度游览九寨沟。

李成去过九寨沟,没有去过张家界,他听说张家界的喀斯特地貌非常奇特,而他又非常喜欢这种风景,便选择去了张家界。

三人都觉得自己的决定很正确、很合理。

一周后,三个人都带着旅游的兴奋心满意足地回到了公司。

议一议 1. 设想王圣如果去过很多次九寨沟,未去过黄山,他仍会选择去九寨沟吗?
2. 三个人的决定真的都合理吗?为什么?

一、序数效用

（一）消费者偏好

消费者偏好是消费者根据自己的意愿从主观上对可能消费的商品组合进行排列，即判断不同的商品对于自己需求满足程度的不同。

对于消费者对商品组合的偏好，序数效用理论提出了三个基本的假设条件。

1. 偏好的完全性

对于任何两个商品组合 A 和 B，消费者总是可以且仅仅只能做出以下三种判断中的一种：对 A 的偏好大于对 B 的偏好；或者对 A 的偏好小于对 B 的偏好；或者对 A 和 B 的偏好相同，即 A 和 B 是无差异的。偏好的完全性假定可保证消费者对于偏好的表达方式是完备的，消费者总是可以把自己的偏好评价准确地表达出来。

2. 偏好的可传递性

对于任何三个商品组合 A、B 和 C，如果某消费者对于 A 的偏好大于对 B 的偏好，对 B 的偏好大于对 C 的偏好，则在 A、C 两个组合中，该消费者对 A 的偏好必定大于对 C 的偏好。偏好的可传递性假定保证了消费者偏好的一致性，因而也是理性的。

3. 偏好的非饱和性

如果两个商品组合的区别仅在于商品组合中数量的不同，则消费者总是偏好于含有商品数量较多的那个组合。这意味着，消费者对每一种商品的消费都没有达到饱和状态。

（二）无差异曲线

无差异曲线表示消费者在一定的偏好、一定的技术条件和一定资源条件下选择商品时，不同组合的商品带给消费者的满足程度是没有差别的。无差异曲线是现代西方经济学家进行微观分析时经常使用的一种重要工具，如图 4-1 所示。

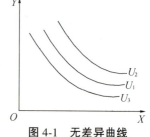

图 4-1 无差异曲线

无差异曲线具有以下特点：

（1）在同一平面图上可以有无数条无差异曲线，同一条无差异曲线代表相同的效用水平，不同的无差异曲线代表不同的效用水平，离原点越远的无差异曲线代表的效用水平越高。

（2）无差异曲线是凸向原点的曲线。如图 4-1 所示，无差异曲线是为了维持同等效用，不断改变 X、Y 两商品的组合。随着 Y 商品的不断减少，替代 Y 商品的 X 商品不断增加，这样 X 商品的边际效用随着数量增加而越来越低。与此同时，Y 商品的边际效用则随着数量的减少而不断增加。这时，需要用越来越多的 X 商品才能弥补 Y 商品减少所带来的效用的减少。这正是由边际效用递减规律决定的。

（3）在同一平面上的任意两条无差异曲线绝不会相交。

二、边际替代率递减规律

通过对无差异曲线的分析可以看出,当消费者的购买沿着一条既定的无差异曲线向下滑动时,两种商品的组合会发生变化,但消费者所得到的效用水平却是不变的,由此可以得出商品的边际替代率的概念。边际替代率是指在维持效用水平不变的前提下,消费者增加一单位某种商品的消费数量时所需放弃的另一种商品的消费数量。

以 MRS 代表商品的边际替代率,则商品 X 对商品 Y 的边际替代率的公式为:

$$MRS_{XY} = -\frac{\Delta Y}{\Delta X}$$

其中,ΔY 为 Y 商品的变动量;ΔX 为 X 商品的变动量。

某种商品的消费数量连续增加,消费者为得到每一单位这种商品所需要放弃的另一种商品的消费数量是递减的。

以表 4-2 说明这个问题。假定表中不同的组合具有相同的效用,也即它们都是一条无差异曲线上的点,那么 A 点的商品组合为 2 个单位的 X 商品和 20 个单位的 Y 商品,B 点为 3 个单位的 X 商品和 15 个单位的 Y 商品。这就意味着如果消费者购买的商品从 A 点的组合变成 B 点的组合,消费者获得 1 个 X 商品时将放弃 5 个单位的 Y 商品,这时的边际替代率为 5,即 $MRS_{XY} = -\frac{\Delta Y}{\Delta X} = -\frac{-5}{1} = 5$。同理,如果从 C 点的组合换到 D 点的组合,意味着商品的边际替代率为 2,即 $MRS_{XY} = -\frac{\Delta Y}{\Delta X} = -\frac{-2}{1} = 2$。

表 4-2　　　　　　　　　边际替代率递减

不同的组合	X 商品数量	Y 商品数量	边际替代率
A	2	20	—
B	3	15	5
C	4	12	3
D	5	10	2

从表 4-2 中可以看出,增加 1 单位的 X 商品,减少 Y 商品的数量分别为 5、3、2,边际替代率由 5 减至 2,呈递减趋势。

三、预算约束

预算约束是指消费者在购买商品时,受到收入水平和市场上的商品价格的限制。预算约束可以用预算线来说明。

预算线又称为消费可能线或价格线,表示在消费者的收入和商品的价格给定的条件下,消费者的全部收入所能购买到的商品最大数量的所有组合。

假定某消费者可用于支出的收入为 400 元,他需要购买甲、乙两种商品。甲商品的价格为2元/千克,乙商品的价格为10元/千克。如果他用全部的收入购买这两种商品,表4-3显示了在价格既定的条件下购买甲、乙商品的各种可能组合,可据此画图来分析预算线。

表4-3　　　　　　　　　　　消费可能组合

消费可能	甲商品/千克	乙商品/千克	消费可能	甲商品/千克	乙商品/千克
a	0	40	d	150	10
b	50	30	e	200	0
c	100	20			

根据表4-3,可作预算线如图4-2。

图中 a 点为全部支出购买乙商品的数量,e 点则是全部支出用来购买甲商品的数量,连结 a、e 点的线就是预算线。在 ae 线上任何一点都表示以现有的收入(400元)能购买的甲、乙商品的可能组合。在线内的点表示所购买的组合都可以实现,但收入还有剩余,也就是说不是最大数量的组合。在线外的点,表示现有收入无力支付甲、乙商品数量的组合。

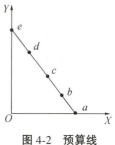

图4-2　预算线

在研究消费者行为时,除了假设无差异曲线图为已知和固定不变的外,还假设商品的市场价格已知且不变以及消费者的支出总额固定不变。

做一做　如果可乐的价格为5元,辣鸡翅的价格为10元,请画出收入为100元的预算线。

议一议　图4-2中的预算线是在消费者收入和商品价格既定的条件下作出的,如果消费者的收入和商品的价格发生了改变,预算线就会变动,会出现什么情况?

四、消费者均衡

消费者均衡的含义:在消费者的收入和商品的价格既定的条件下,当消费者选择的商品组合获取了最大的效用满足,并将保持这种状态不变时,称消费者处于均衡状态,简称为消费者均衡。

根据序数效用论的无差异曲线分析,在消费者的收入和商品价格既定的条件下,消费者实现效用最大化的均衡条件是,两种商品的边际替代率等于这两种商品的价格之比。

基数效用论和序数效用论得出的消费者效用最大化的均衡条件,实质是相同的。

如图4-3所示,消费者均衡点 E 既在 U_1 这条无差异曲线上,又在预算线上,在这一点上消费者可以在收入和价格既定的前提下获得最大的效用。也就是说,消费者购买 OM 的 X 商品和 ON 的 Y 商品将能获得最大的效用。在图中,无差异曲线 U_2 由于远离预算线,故它的效用无法实现,无差异曲线 U_3 在预算线之内,效用得不到最大化。

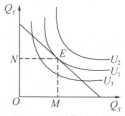

图4-3　消费者均衡

E 点有两个显著的特征:一是位于预算约束线上;二是由预算约束线与一条无差异曲线的切点所决定。

第一个特征用函数表示：$P_X Q_X + P_Y Q_Y = m$，说明消费者的收入是有限的。

第二个特征表明在这一点上预算线的斜率与无差异曲线的斜率相等，预算线的斜率为边际替代率，所以，它表明边际替代率之比等于价格比，即：

$$\frac{MU_X}{MU_Y} = \frac{P_X}{P_Y}$$

因此，该均衡条件又可写为：
$$\begin{cases} MRS_{XY} = \dfrac{P_X}{P_Y} \\ P_X Q_X + P_Y Q_Y = m \end{cases}$$

它表示，在一定的收入约束条件下，为了取得最大的效用满足，消费者要选择的最佳商品数量应该使得两种商品的边际替代率等于这两种商品的价格之比。举个例子来说，假定某人购买10单位X商品时，X的边际效用为20，如果$P_X = 5$元，则每1元购买X时得到的边际效用为4。再假定他购买14单位Y商品时，Y的边际效用是12，如果$P_Y = 6$元，则每1元购买Y时买到的边际效用为2。这时消费者一定会感到与其用货币购买那么多Y，不如用货币多买点X，因为买X时每1元可以买到的边际效用是4，而买Y时只有2，即20/5>12/6。假定他逐渐多买X到16单位时，X的边际效用下降到15，而逐渐减少Y购买到只买9单位时，Y的边际效用增加到18，则该消费者就会决定买16单位X和9单位Y，因为这时他用1元无论买X还是买Y都会得到数量为3的边际效用，即15/5 = 18/6。如果这时他继续多买X，少买Y，则X的边际效用会进一步减少，Y的边际效用会进一步增加，从而使他的每1元在买X和买Y时所获得的边际效用不相等，进而使总效用减少。假定该消费者用于购买X和Y的金额为134元，则上述情况如表4-4所示。

表4-4　　　　　　　　　　　　消费可能组合

X	P_X	XP_X	MU_X	λ	TU_X	Y	P_Y	YP_Y	MU_Y	λ	TU_Y	$TU_X + TU_Y$
10	5	50	20	4	50×4 = 200	14	6	84	12	2	84×2 = 168	368
16	5	80	15	3	80×3 = 240	9	6	54	18	2	54×3 = 162	402

知识链接

效用最大化

假定1元钱的边际效用是5个效用单位，一件上衣的边际效用是50个效用单位，消费者愿意用10元钱购买这件上衣，因为这时1元钱的边际效用与用于一件上衣的1元钱的边际效用相等。此时消费者实现了消费者均衡，也可以说实现了消费(满足)的最大化。低于或高于10元钱，都没有实现消费者均衡。我们可以简单地说在收入既定、商品价格既定的情况下，花钱最少得到的满足程度最大就实现了消费者均衡。

通俗地说，假定你有稳定的职业收入，你银行存款有50万元，但你非常节俭，吃、穿、住都处于温饱水平。实际上这50万元足以使你实现小康生活。要想实现消费者均衡，你应该用这50万元的一部分去购房，用一部分去买一些档次高的服装，银行也要有一些积蓄；相反，如果你没有积蓄，购物欲望非常强，见到新的服装款式甚至借钱去买，买的服装很多,而效用降低,如果遇到一些家庭风险,便会使生活陷入困境。

还比如你在现有的收入和储蓄条件下是买房还是买车,你会做出合理的选择。你走进超市,见到琳琅满目的物品,你会选择你最需要的。你去买服装肯定不会买回你已有的服装。所以说经济学是选择的学问,而选择就是在你资源(货币)有限的情况下,实现消费满足的最大化,使每1分钱都用在刀刃上,这就实现了消费者均衡。

(资料来源:庆裕,《一本书看懂经济学》,新世界出版社2011年版)

五、影响消费者行为的主要因素

(一) 收入

消费者均衡是消费者收入和商品价格既定的情况下消费者如何选择商品以求效用最大化。如果商品的价格未变而收入变化了,消费者需求就会发生改变。消费者收入及其消费量的关系实际上是收入和消费支出的关系。德国经济学家恩格尔的统计分析表明,随着人们收入的提高,用于食品的支出在他们总支出中的比重将会下降,用于住宅和穿着方面的支出基本不变,而其他支出将上升。这是因为,当人们收入很低时,他们一定会首先考虑购买食物,而后才是其他。因此,可以用食物在消费总支出中的比重来衡量一个国家和地区的富裕程度,这一比例被称为恩格尔系数。我国改革开放后的恩格尔系数就充分说明了这一点。1978年中国农村家庭恩格尔系数为67.7%,城镇居民为57.7%。到2017年,我国居民恩格尔系数为29.3%,达到了联合国划分的20%~30%的富裕标准。

(二) 价格

各种商品价格不是同比例变化时,会使各种商品价格之间的比例发生变化,这就是商品价格的相对变化。假定其他商品价格不变,而其中某一商品的价格上升,这时消费者对该商品的需求就会减少,一是因为他们会购买可替代的没涨价的商品,二是因为商品涨价意味着消费者在该商品上的购买力减弱了,这在经济学中被称为替代效应和收入效应,这两种效应的作用使消费需求下降。

(三) 偏好

消费者对商品的偏好是会变化的,例如,随着物流技术和冷链技术的发展,人们对生鲜产品的需求量增大了,再例如,政府禁止燃放烟花爆竹,会使人们对烟花爆竹的需求量下降,等等。

(四) 利率

银行利率的变化也会影响到人们的消费行为。当利率提高时,人们觉得储蓄是有利的,就会更多地储蓄而减少消费;而当利率下降时,人们会减少储蓄而增加消费。

(五) 观念

中国城乡居民和西方发达国家居民的消费观念的重大区别之一是西方发达国家居民的

储蓄率通常都较低,可支配收入大部分用于消费,而我国城乡居民往往不舍得花钱,这和千百年来人们的传统观念息息相关。

想一想 日常生活中还有哪些因素会影响消费者行为?

知识链接

替代效应和收入效应

商品价格变动会引起两种效应:替代效应和收入效应。

一种商品价格变动,会对消费者产生两方面的影响,一是使商品的相对价格发生变动;二是使消费者的实际收入相对于以前发生变动。

替代效应的含义:由于一种商品价格变动而引起的商品的相对价格发生变动,从而导致消费者在保持效用不变的条件下对商品需求量的改变,称为价格变动的替代效应。

收入效应的含义:由于一种商品价格变动而引起的消费者实际收入发生变动,从而导致的消费者对商品需求量的改变,称为价格变动的收入效应。

一种商品价格变动对商品需求量的总效应,可以分解为替代效应和收入效应两个部分,即:

$$总效应=替代效应+收入效应$$

项目 5

企业生产、成本与利润

学习目标

了解企业的本质和生产要素。
掌握短期生产函数和长期生产函数的基本知识。
了解规模经济的含义、类型及其制约因素。
了解企业生产的各种成本概念及不同点。
了解会计利润与经济利润的差别,知悉企业如何实现利润最大化。

任务 5.1 生产函数

学习任务

了解企业的生产情况;掌握总产量、平均产量和边际产量的基本关系,理解边际产量递减、边际技术替代率递减等基本规律,懂得区分企业的短期生产和长期生产;会应用等产量线和等成本线分析企业最优要素投入的组合情况;了解规模经济的含义、类型及其制约因素;熟悉规模收益变动与规模经济区间的内在关系。

经济现象

景点和饭店在淡季为什么不关门?

青岛是我国著名的海滨旅游胜地,这里环境优美,风景秀丽,海滨还可以游泳。一到夏季,这里便游人如织,但是,每年的10月到第二年的4月,长达半年的时间里,海滨的高级饭店和旅游景点的生意就很清淡,游人很少。不过即使是在旅游淡季,饭店和景点仍然开门营业,惨淡经营。既然这个时段亏本,他们为什么不关门,到第二年旺季的时候再营业呢？

(资料来源：崔卫国、刘学虎，《小故事 大经济》，经济日报出版社2008年版)

 想一想 旅游淡季时饭店和景点为什么要营业？

一、企业的生产行为

(一) 企业的本质及其资源配置

1. 企业的含义与组织形式

企业也称为厂商，就是生产者，是为达到一定目的而从事商品生产或服务的单个经济决策单位。在市场经济的运行中，它是最基本、最重要的市场竞争主体，是市场经济的微观基础。

> **知识链接**
>
> **什么是企业？**
>
> 英国经济学家罗纳德·哈里·科斯(Ronald Harry Coase)指出，企业本质上是一种资源配置的机制，企业与市场是两种可以互相替代的资源配置方式。企业是为了节约市场交易费用或交易成本而产生的。企业产生以后，社会上就形成了两种交易，即企业外部的市场交易和企业内部的交易，两种交易方式都要支付交易费用或成本，当企业交易方式的交易费用小于市场交易方式的交易费用时，企业就产生了。交易成本的节约是企业存在的根本原因，即企业是市场交易费用节约的产物。导致市场机制和企业交易费用不同的主要因素在于信息的不完全性。企业作为生产的一种组织形式，在一定程度上是为降低交易成本而对市场的一种替代，通过企业这一组织形式，可以使一部分市场交易内部化，从而消除或降低一部分市场交易所产生的高的交易成本。

企业的组织形式是指企业财产及其社会化大生产的组织状态，它表明一个企业的财产构成、内部分工协作与外部社会经济联系的方式。根据市场经济的要求，现代企业的组织形式按照财产的组织形式和所承担的法律责任来划分。国际上通常分类为：独资企业（个人独资经营的企业）、合伙企业（两个或两个以上的个人合伙经营的企业）和公司企业（由股东所有的企业）。

想一想 股份制公司是哪种组织形式的企业？

2. 企业的目标

一般情况下，厂商的目标是追求利润的最大化，这也是微观经济学对企业目标的基本假定，也是理性经济人假定在生产和厂商理论中的具体化。实现利润最大化是一个企业生存和竞争的基本准则。

> **知识链接**
>
> **企业目标的选择**
>
> 在现实经营中,企业有时并不一定选择实现利润最大化的目标。现代公司制企业实行所有权和经营权分离,企业所有者和企业经理之间是委托人和代理人之间的契约关系,经营者往往会追求自身效用的最大化,而不是公司利益的最大化。由于信息的不完全性,尤其是在信息不对称的情况下,所有者并不能完全监督和控制公司经理的行为,经理会在一定程度上偏离企业利润最大化的目标,而追求其他一些有利于自身利益的目标。例如,厂商追求的目标是实现销售收入的最大化;由于投资者和董事会会根据经理经营业绩进行投资或聘任选择,经理对利润最大化目标的偏离在很大程度上受到制约。但在长期中,我们仍然假设厂商追求利润最大化。

(二) 生产和生产要素

在经济学中,企业被假定为以追求利润最大化为生产经营活动的唯一目标。企业为获得最大利润,就必须进行生产。所谓生产就是把各种生产要素组织起来转化为产品的过程。

任何一种生产都需要投入各种不同的生产要素,也就是在生产中所使用的各种经济资源。它是维系国民经济运行及市场主体生产经营所必须具备的基本因素。现代西方经济学认为生产要素包括劳动力、土地、资本、企业家才能四种。随着科技的发展和知识产权制度的建立,技术、信息也作为相对独立的要素被投入生产。这些生产要素进行市场交换,形成各种各样的生产要素价格及其体系。

议一议 在现实经济中,每天都有无数小企业像雨后春笋一样诞生。但是小企业并不是适合于任何行业和任何门类的。在市场中大企业具有绝对的价格优势。比如,湖南有一家"老百姓大药房",开业的时候对外宣称,5 000多种药品的价格将比原来国家核定的零售价降低45%,有的降价竟达到了60%以上。同样的,在很多大型超市里,它们的商品价格的确很低,它们出售的商品甚至比其他一些商家的进货价格还要低。为什么会存在这种现象呢?

(三) 短期生产和长期生产

所谓短期和长期,并不是指一个具体的时间跨度,而是指厂商通过调整生产规模即调整全部生产要素的投入数量来实现调整产量的目的所需要的时间长度。

短期生产,是指时间短到厂商来不及通过调整生产规模来达到调整产量的目的,而只能在原有厂房、机器、设备条件下调整产量。在短期中,只有一部分要素如劳动投入量及原材料数量是可变的,而另一些生产要素不随产量变动而变动,如机器、厂房、设备、高级管理人才等。

长期生产,是指时间长到可以使厂商通过调整生产规模来达到调整产量的目的。在长期中,一切生产要素都是可以变动的,不仅劳动投入量、原材料使用量可变,而且资本、设备量也可变。

想一想 "短期""长期"的区分是相对的还是绝对的？为什么？

（四）生产函数

生产活动包括物质资料的生产，也包括劳务等无形产品的生产。而生产过程则是从生产要素的投入到产品产出的过程。从物资技术角度分析，生产过程可分为两方面：一是投入，即在生产过程中投入使用各种要素，包括劳动、土地、资本和企业家才能；二是产出，即生产出来的各种产品的数量。生产函数就是用来表示投入和产出或生产要素和产量之间关系的函数。

生产函数表示在一定时期内，在技术水平不变的情况下，生产中所用的各种生产要素的数量与所能生产的最大产量之间的关系。假定用 Q 表示所能生产的最大可能产量，用 X_1, X_2, $\cdots$, X_n 表示某产品生产过程中各种生产要素的投入量，则生产函数一般表达为：

$$Q = f(X_1, X_2, X_3, \cdots, X_n)$$

该生产函数表示在既定的生产技术条件下，生产要素组合 $(X_1, X_2, \cdots, X_n)$ 在某一时期所能生产的最大可能产量为 Q。

在经济学中，为了分析方便，通常假定只使用劳动和资本两种生产要素，如果用 L 表示劳动投入量，用 K 表示资本投入量，则生产函数可用下式表示：

$$Q = f(L, K)$$

二、短期生产函数

（一）短期生产函数的形式

短期生产函数是指只有一种投入可以改变，而其他投入不可以改变，假设短期内资本（K）数量不变，只有劳动（L）可随产量变化，则短期生产函数的基本形式为：

$$Q = f(L)$$

（二）总产量、平均产量与边际产量

1. 总产量、平均产量与边际产量的概念

总产量（TP）是指投入一定量的生产要素以后所得到的产出量的总和。

平均产量（AP）是指平均每单位生产要素投入的产出量，如果用 X 表示某生产要素投入量，那么 $AP = TP/X$。

边际产量（MP）是增加或减少 1 单位生产要素投入量所带来的产出量的变化，如果用 ΔTP 表示总产量的增量，ΔX 表示生产要素的增量，那么 $MP = \Delta TP/\Delta X$。

【例】投入劳动的数量为 0 时，总产量为 0；投入劳动的数量为 1 时，总产量为 2 500，则边际产量 =（2 500-0）/（1-0）= 2 500，平均产量 = 2 500/1 = 2 500；投入劳动的数量为 2 时，总产量为 3 600，则边际产量 =（3 600-2 500）/（2-1）= 1 100，平均产量 = 3 600/2 = 1 800。

做一做 宏达公司的工人人数为 12 人时，其总产量为 2 500 个；当工人人数为 13 人时，其总产量为 2 600 个。请问：工人人数为 13 人时，该企业的边际产量是多少个？平均产量又是多少个？

2. 总产量、平均产量与边际产量的曲线

总产量、平均产量与边际产量的曲线如图 5-1 所示。由图 5-1 可以得出总产量、平均产量和边际产量之间的关系有这样几个特点：

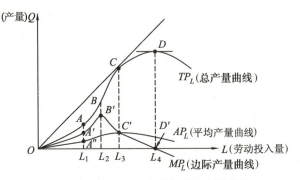

图 5-1　总产量、平均产量与边际产量曲线

第一，在资本量不变的情况下，随着劳动量的增加，最初总产量、平均产量和边际产量都是递增的，但各自增加到一定程度以后就分别递减。所以总产量曲线、平均产量曲线和边际产量曲线都是先上升而后下降。

第二，边际产量曲线与平均产量曲线相交于平均产量曲线的最高点。在相交前平均产量是递增的，边际产量大于平均产量，即 $MP_L>AP_L$；在相交后，平均产量是递减的，边际产量小于平均产量，即 $MP_L<AP_L$；在相交时，平均产量达到最大，边际产量等于平均产量，即 $MP_L=AP_L$。

第三，当边际产量为零时，总产量达到最大，以后，当边际产量为负数时，总产量就会绝对减少。

想一想　一家生产厂商在考虑再雇佣一名工人时，在劳动的平均产量和边际产量中，生产厂商更关心哪一项？为什么？

【例】已知生产函数 $Q=72L+15L^2-L^3$，则有 $TP_L=Q=72L+15L^2-L^3$，$AP_L=Q/L=72+15L-L^2$，$MP_L=dQ/dL=72+30L-3L^2$。假设投入资本量不变，为 9 个单位，劳动量从 0 个单位逐渐增加为 13 个单位，则相应的总产量、平均产量与边际产量如表 5-1 所示。

表 5-1　　　　　　　　　　　总产量、平均产量与边际产量

劳动量 L	资本量 K	总产量 Q	平均产量 Q/L	边际产量 dQ/dL
0	9	0	0	0
5	9	610	122	147
7.5	9	961.875	128.25	128.25
12	9	1 296	108	0
13	9	1 274	98	−45

根据表 5-2 的计算,我们可以画出图 5-2。很显然,总产量曲线、边际产量曲线和平均产量曲线之间是符合上述关系的。

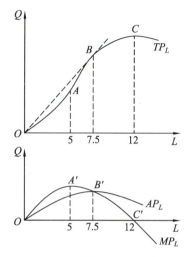

图 5-2　总产量曲线、边际产量曲线与平均产量曲线的变化

3. 生产的三个阶段

西方经济学通常根据总产量曲线、平均产量曲线和边际产量曲线的关系,把产量的变化分为三个区域,见图 5-3。

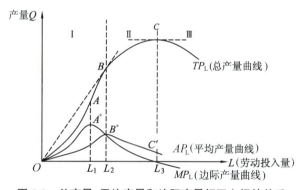

图 5-3　总产量、平均产量和边际产量相互之间的关系

第Ⅰ区域,即劳动投入量从 0 到 L_2 的区域,是平均收益递增阶段。可变要素劳动量 L 投入的增加,会使平均产量增加。这时,每增加一个单位的劳动都能提高平均产量,因而边际产量高于平均产量。这表明,与可变要素劳动量 L 相比,固定要素(如资本 K 等)投入太多,很不经济。在这一区域,增加劳动量投入是有利可图的,它不仅可以充分利用固定要素,而且可以带来总产量以递增的比率增加,任何理性的厂商通常都不会把可变要素投入限制在这一区域内。

第Ⅱ区域,即劳动投入量从 L_2 到 L_3 的区域,是平均收益递减阶段。从平均产量最高点开始,随可变要素劳动量 L 投入的增加,边际产量虽递减但大于 0,故总产量仍递增,一直达到最大时为止。另一方面,平均产量开始递减,因为边际产量已小于平均产量。

第Ⅲ区域,即劳动投入量大于 L_3 的区域,是边际负收益阶段。从总产量达到最高点开始,随着可变要素劳动量 L 投入的增加,边际产量成为负值,总产量开始递减,这时每减少一个单位的可变要素投入反而能提高总产量,这表明与固定要素投入相比,可变要素投入太多了,也不经济。显然,理性的厂商也不会在这一区域进行生产。

可见,理性的厂商必然会在第二区域进行生产。这一区域为生产要素合理使用区域,又称经济区域。

议一议 假定甲、乙两市各有一钢铁企业,甲市的钢铁企业生产一吨钢需 12 人,而乙市只需 5 人。能否认为乙市的钢铁企业比甲市的钢铁企业效率高?为什么?

(三) 生产要素报酬递减规律

在一定技术水平条件下,若其他生产要素不变,连续地增加某种生产要素的投入量,在达到某一点之后,总产量的增加会递减,即产出增加的比例小于投入增加的比例,这就是生产要素报酬递减规律,亦称边际收益递减规律。

生产要素报酬递减规律要发生作用必须具备以下三个前提条件:

(1) 生产要素投入量的比例是可变的,即技术系数是可变的。这就是说,在保持其他生产要素不变而只增加其中某种生产要素投入量的时候,边际收益才发生递减,如果各种生产要素的投入量按原比例同时增加,边际收益不一定递减。

(2) 技术水平保持不变。如果技术水平提高,在保持其他生产要素不变而增加某种生产要素时,边际收益不一定递减。

(3) 所增加的生产要素具有同样的效率。如果增加的第二个单位的生产要素比第一个单位的更为有效,则边际收益不一定递减。

实例链接

在土地上施肥量越多越好吗?

早在 1771 年,英国农学家和经济学家杨格(Arthur Young,1741—1820)就用在若干相同的地块上施以不同量肥料的实验,证明了肥料施用量与产量增加之间存在着这种边际产量递减的关系。这不是偶然的现象而是经验性规律。假如农民在 1 亩土地上撒一把化肥能增加产量 1 千克,撒两把化肥增产 3 千克,但一把一把化肥的增产效果会越来越差,过量施肥甚至导致土壤板结、粮食减产。边际产量递减规律是从社会生产实践和科学实验中总结出来的,在现实的绝大多数生产过程中都是适用的。如果是边际产量递增,全世界有 1 亩土地就能养活所有的人,那才是不可思议的了。

三、长期生产函数

(一) 长期生产函数的形式

在长期内,所有生产要素的投入量都是可变的。长期生产函数表示长期内在技术水平不变的条件下由 n 种可变生产要素投入量的一定组合所能生产的最大产量。假定生产者仅使用劳动和资本两种最重要的可变生产要素来生产一种产品,则两种可变生产要素的长期生产函数可以写为：

$$Q = f(L, K)$$

式中，L 为可变要素劳动的投入量；K 为可变要素资本的投入量；Q 为产量。

（二）等产量曲线的含义与性质

1. 等产量曲线的含义

等产量曲线表示其他条件不变时，为生产一定的产量所需投入的两种生产要素之间的各种可能组合的轨迹。

图 5-4 是等产量曲线图形。图中，L 与 K 都是自变量，Q 是因变量。

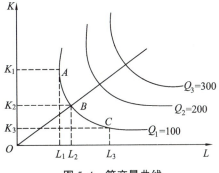

图 5-4　等产量曲线

图 5-4 中的三条等产量曲线分别表示产量为 100、200、300 单位。以代表 100 单位产量的等产量曲线 Q_1 为例，既可以使用 A 点的要素组合 (OL_1, OK_1) 生产，也可以使用 B 点的要素组合 (OL_2, OK_2) 或 C 点的要素组合 (OL_3, OK_3) 生产。这是连续性生产函数的等产量线，它表示两种投入要素的比例可以任意变动，产量是一个连续函数，这是等产量曲线的基本类型。

2. 等产量曲线的性质

（1）表示某一生产函数的等产量曲线图中，可以画出无数条等产量曲线，并且任何两条等产量曲线不能相交。否则，不合逻辑。

（2）等产量曲线上任一点的斜率等于该点以生产要素 L 代替生产要素 K 的边际技术替代率（MRTS），MRTS 不仅为负值，而且其绝对值是递减的。

（3）由于等产量曲线斜率绝对值递减，因此等产量曲线一般都凸向原点。

由于等产量曲线的几何特点与无差异曲线相似，它又被称为生产无差异曲线。但两者有区别，等产量曲线表示产量，无差异曲线表示效用，等产量曲线是客观的，无差异曲线是主观的。

> **知识链接**
>
> **生产要素的边际替代率及其递减法则**
>
> 生产要素的边际替代率，是指在产量不变的情况下，当某种生产要素增加一单位时，与另一生产要素所减少的数量的比率。生产要素的边际替代率递减法则是：在维持产量不变的前提下，当一种生产要素的投入量不断增加时，每一单位的这种生产要素所能替代的另一种生产要素的数量是递减的。其主要原因在于，任何一种产品的生产技术都要求各要素投入之间有适当的比例，这意味着要素之间的替代是有限的。

（三）等成本线

1. 等成本线的含义

等成本线是生产要素价格一定时，花费一定的总成本能购买的生产要素组合的轨迹，如图 5-5 所示。等成本方程为：

$$C = P_L \cdot L + P_K \cdot K$$

式中,P_L 和 P_K 分别代表每单位劳动和每单位资本的价格,L 和 K 分别代表劳动量和资本量,C 代表总成本。

2. 等成本线的特点

等成本线具有以下特点:

(1) 等成本线斜率的绝对值等于两种要素 L 和 K 的价格之比。

(2) 在等成本线上,L 和 K 的数值呈反方向变化,即增加 K 的购买量必减少 L 的购买量,增加 L 的购买量必减少 K 的购买量。

(3) 在要素价格给定时,每个总成本都有一条等成本线。生产要素价格不变时,成本增加,等成本线将向右上方平行移动;反之,向右下方平行移动。

图 5-5　等成本线

(四) 生产要素的最优组合

生产要素的最优组合可以是既定成本条件下的产量最大化,也可以是既定产量条件下的成本最小化。这两种情况的要素组合点表现在图形上,都是等成本线和等产量线相切之点,即生产者均衡点,如图 5-6 和图 5-7 所示。

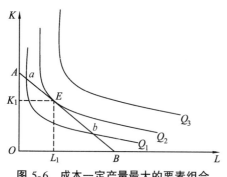

图 5-6　成本一定产量最大的要素组合

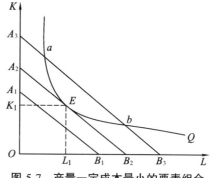

图 5-7　产量一定成本最小的要素组合

1. 既定成本条件下的产量最大化

成本既定表示只有一条等成本线,如图 5-6 中的曲线 AB,那么,等成本线 AB 必与无数条等产量线中的一条相切于 E 点。图 5-6 中,Q_3 代表的产量水平最高,但总成本太高,无法生产 Q_3 代表的产量;而 Q_1 与等成本线有 a、b 两个交点,说明等产量线 Q_1 代表的产量水平较低,不是既定成本下最大的产量。a、b、E 三点的既定成本一样,而 E 点的产量大于 a、b 所代表的产量水平,即 $Q_2 > Q_1$,在切点 E 上就实现了生产要素最优组合。

2. 既定产量条件下的成本最小化

产量既定表明只有一条等产量线,如图 5-7 中的曲线 Q。三条等成本线中 A_1B_1 的成本水平太低,不能达到产量 Q。厂商也可选择 A_3B_3 与 Q 的两个交点 a、b 所对应的两种生产要素的组合。E 点与 a、b 两点的产量是相等的,但只有 E 点所代表的成本水平最低。因此,E 点所对应的两种生产要素组合是既定产量条件下的成本最小化。

3. 满足要素投入最优组合的条件

能满足要素投入最优组合的两个条件是：① 要素投入的最优组合处在等成本线上，这意味着厂商必须充分利用资金，而不让其有剩余。② 要素投入的最优组合发生在等产量线和等成本线相切之点上，即要求等产量曲线的切线斜率与等成本线的斜率相等。

4. 生产要素的效应

以上分析没有考虑生产要素价格变动对要素组合的影响。实际上，在生产要素可以相互替代的情况下，当其中某种生产要素的价格下降时，厂商会更多地使用这种生产要素，以替代别的生产要素。这种效应叫作生产要素的替代效应。同时，这种生产要素的价格下降，导致总成本下降，在收益不变的前提下，总成本下降会导致厂商增加产量，从而导致对这种生产要素使用量的增加。这种效应叫作生产要素的产量效应。

> **知识链接**
>
> **生产的规模报酬**
>
> 一、规模报酬与要素报酬的区别
>
> 生产规模变动与所引起的产量变化的关系即为规模报酬问题。规模报酬是指在其他条件不变的情况下，企业内部各种生产要素按相同比例变化时所带来的产量变化，也就是一座工厂的规模本身发生变化时，产量如何变化。
>
> 二、规模报酬的三种类型
>
> 根据产量变动与投入变动之间的关系可以将规模报酬分为三种：规模报酬不变、规模报酬递增和规模报酬递减。
>
> 1. 规模报酬递增
>
> 规模报酬递增的特征是产量的变化比例大于投入的变化比例。
>
> 规模报酬递增的原因有三点：
>
> ① 生产专业化程度提高。当生产要素同时增加的时候，可以提高生产要素的专业化程度，例如，劳动者分工更细了，这会提高劳动生产效率。
>
> ② 生产要素具有不可分的性质。有些要素必须达到一定的生产水平，才能更有效率。这表明原有生产规模中含有扩大生产的潜力。
>
> ③ 管理更合理。生产规模扩大时，容易实行现代化管理。现代化的管理会造成一种新的生产力，合理的、先进的管理可以更进一步充分发挥各要素的组合功能，带来更大的效率和收益。当一个生产经营单位规模过小时，就不能取得应有的效率，这种情况可称为规模不经济，通过扩大规模，可提高效率，以取得规模经济。
>
> 2. 规模报酬不变
>
> 规模报酬不变的特征是产量的变化比例等于投入的变化比例。
>
> 规模报酬不变的原因主要是规模报酬递增的因素已吸收完毕，某种生产组合的调整受到了技术上的限制。
>
> 3. 规模报酬递减
>
> 规模报酬递减的特征是产量的变化比例小于投入的变化比例。

规模报酬递减的原因主要是规模过大造成管理效率的下降。表现在管理上就是，内部机制难以协调，管理与指挥系统十分庞杂，一些重要问题只能一级一级反映给决策者，而重要的决定要由决策者一级一级传达给生产者，这样会贻误时机，造成规模报酬的递减。

西方经济学认为，一般而言，随着企业生产规模的扩大，最初往往规模报酬递增，然后可能有一个规模报酬不变的阶段，如果厂商继续扩大生产规模，就会造成规模报酬递减。在长期内，追求利润最大化的厂商的主要任务是，通过生产规模的调整，尽可能降低长期平均成本。我国经济发展中，无论工业生产还是农业生产，都面临适度规模经营的问题，特别是农业，面对越来越大的竞争压力，实行规模经营，提高效率，降低成本已是重要选择。

四、规模经济

（一）规模经济的含义及类型

1. 规模经济的含义

规模经济又称规模利益，指由生产规模的扩大而产生的单个企业生产效率的显著改进或生产成本的大幅节约，它是规模报酬递增结果的货币表现。规模经济是一定科技水平下生产能力的扩大，使长期平均成本呈下降的趋势，即长期费用曲线呈下降的趋势。这里的规模指的是生产的批量，一种是生产设备即生产能力不变情况下的生产批量变化，另一种是生产设备条件即生产能力变化时的生产批量变化。规模经济概念中的规模指的是后者，即伴随着生产能力扩大而出现的生产批量的扩大，而经济则含有节省、效益、好处的意思。

人们根据生产因素数量组合方式变化规律的要求，自觉地选择和控制生产规模，求得生产量的增加和成本的降低，从而取得最佳经济效益。规模经济或生产力规模的经济性，就是如何确定最佳生产规模的问题。

议一议 为什么钢铁厂的规模总是很大，而在餐饮企业中，小型企业也有优势？

 小故事

分工与专业化

亚当·斯密在其名著《国民财富的性质和原因的研究》中根据他对一个扣针厂的参观描述了一个例子。斯密所看到的工人之间的专业化和引起的规模经济给他留下了深刻的印象。他写道：

"一个人抽铁丝，另一个人拉直，第三个人截断，第四个人削尖，第五个人磨光顶端以便安装圆头；做圆头要求有两三道不同的操作；装圆头是一项专门的业务，把针涂白是另一项；甚至将扣针装进纸盒中也是一门职业。"

斯密说，由于这种专业化，扣针厂每个工人每天能生产几千枚针。如果工人选择分开工作,而不是作为一个专业工作者团队,"那他们肯定不能每人每天制造出20枚扣针,或许连一枚也造不出来"。换句话说,由于专业化,大扣针厂可以比小扣针厂实现更高人均产量和每枚扣针更低的平均成本。

2. 规模经济的类型

依据规模经济的来源,人们把规模经济划分为马歇尔外部经济与张伯伦内部经济。

马歇尔外部经济是由英国经济学家马歇尔首先提出的经济概念,它是规模经济的一种表现形式,即指单个厂商由相关产业内生产相同产品的其他企业的生产规模的扩大所获得的生产成本的节约或生产效率的提高。在现实中,生产相同产品或者提供相同服务的企业,如地处同一工业园区或出口加工区的工业企业,属于同一个金融贸易区的金融机构或贸易公司,它们因地理上的邻近性会给对方带来有益的影响;此外公用部门,如运输业、电信业及电力业,其发展也会给每一个单个企业带来交易成本的巨大节约和生产效率的显著提高。

张伯伦内部经济也称垄断竞争,是规模经济的另一种表现形式,这是经济学家张伯伦首先提出的一个经济概念,即指生产差异化产品的单个厂商由自身生产规模的扩大所获得的生产成本的显著节约或生产效率的大幅提高。

(二) 规模经济的意义

规模经济是经济活动中的一种规律现象。项目拟建规模过大,会因市场容量过小导致产品滞销积压;拟建规模过小,会导致原材料、能源的浪费,无法取得最大的效益。

从工业项目角度谈规模,一般是指工业企业的生产规模,衡量生产规模的指标主要有产品产量、生产能力、销售收入、职工人数和固定资产价值等。规模经济理论就是研究各种类型的工业企业在现有的技术经济条件下,要求达到什么样的规模,才能最大地提高效率,取得最佳的经济效益和社会效益。

规模经济研究的意义是:在经济活动中,因投入要素的规模不同导致在报酬上有差异,而且带有规模性,即在投入要素规模较小时,报酬增加的幅度大于要素投入规模增加的幅度,规模收益递增;要素投入规模逐步增大后,继续加大投入会产生相反的结果,即报酬的增加幅度小于要素投入规模增加的幅度,规模收益递减。在规模收益递增和规模收益递减这二者之间还有一段是规模收益不变的情况。当规模收益递增时,称作规模经济;当规模收益递减时,称作规模不经济。

 实例链接

全球每四台微波炉就有一台格兰仕

面临着越来越广阔的市场,每个企业都有两种战略选择:一是多产业、小规模、低市场占有率;二是少产业、大规模、高市场占有率。格兰仕选择的是后者。格兰仕的微波炉,在国内已达到70%的市场占有率,在国外已达到35%的市场占有率。

格兰仕的成功就是运用了规模经济的理论,即某种产品的生产,只有达到一定的规模时,才能取得较好的效益。微波炉生产的最小经济规模为100万台。早在1996—1997年间,格兰仕就达到了这一规模。随后,规模每上一个台阶,生产成本就下降一个台阶。这就为企业的产品降价提供了条件。格兰仕的做法是,当生产规模达到100万台时,将出厂价定在规模80万台企业的成本价以下;当规模达到400万台时,将出厂价又调到规模为200万台的企业的成本价以下;而现在规模达到1 000万台以上时,又把出厂价降到规模500万台企业的成本价以下。这种在成本下降的基础上所进行的降价,是一种合理的降价。降价的结果是将价格平衡点以下的企业一次又一次大规模地淘汰,使行业的集中度不断提高,使行业的规模经济水平不断提高,由此带动整个行业社会必要劳动时间不断下降,进而带来整个行业的成本不断下降。

成本低,价格必然就低,降价最大的受益者是广大消费者。从1993年格兰仕进入微波炉行业到现在,微波炉的价格由每台3 000元以上降到每台300元左右,降掉了90%以上,这不能不说是格兰仕的功劳,不能不说是格兰仕对中国广大消费者的巨大贡献。

(资料来源:豆丁网,https://www.docin.com/p-1605492818.html)

(三) 规模经济的制约因素

制约规模经济的因素主要有:
(1) 自然条件,如石油储量决定油田规模。
(2) 物质技术装备,如化工设备和装置能力影响化工企业的规模。
(3) 社会经济条件,如资金、市场、劳力、运输、专业化协作影响企业的规模。
(4) 社会政治历史条件等。

 实例链接

经济规模为何不"经济"?

1991年,一汽大众成立,按照当时国际上推荐的"经济规模"是年产30万辆轿车。最小的"经济规模"为年产15万辆。一汽选择按年产15万辆的"经济规模"一次规划一次投资,投资规模为89亿元。

钱投进去了,一边是工程建设周期比预想的长,一边是贷款利息的偿付压得喘不过气,经济效益千呼万唤难出来。一汽大众1996年建成投产,1997年生产44 487辆时才开始盈利。

本来大家认为,建成"经济规模"的轿车工厂,应该给工厂带来规模效益。现在却相反,要达到建设规模,即年产15万辆轿车的经济规模,还需要一段不短的时间。工厂能力放空,"经济规模"反而不经济。

(资料来源:《经济日报》2001年3月20日第2版)

（四）企业规模的适度问题

规模经济是通过扩大规模来表现的，通过生产要素的合理配置使企业获得最佳的经济效益。由于扩大规模可以给企业带来规模经济，大多数企业高管普遍认为，他们的企业必须做到最大，才能做到最好。随着一个又一个行业开始整合，许多人以为，只有那些规模不断扩张的企业才能大获全胜，然而有研究发现，规模给企业带来的竞争优势是有限的，企业规模并非越大越好。

那么，如何确定企业的适度规模呢？

企业的适度规模，一般包括以下方面：产品规模、人员规模、资金规模、生产能力、市场需求和市场适度竞争的限度等等。

对于规模，企业需要审慎地对待，既要对企业的能力和运营环境有清醒的认识，也要对其他一些关键的影响因素予以充分的考虑。但是，对于一个企业来说，人才和资金是所有规模限度元素中最为重要的元素。所以确定企业是否在适当的规模范围内，主要是看企业的现金流是否能够支持企业的一个生产周期，人才的能力是否能够确保企业在上级主管出长差或者更迭时不会出现生产混乱等。

企业要在长期中实现适度规模，需要根据长期成本分析得出一个适度的具体标准。因此，在决定投资建立一家企业时，确定规模的标准不是市场需求，而是适度规模要求的平均成本最低。也就是说，如果市场需求达不到适度规模的产量，或者无法开拓潜在需求或从其他企业那里夺取市场份额，这样的企业就不该投资。如果投资的企业实现不了规模经济，最终将会由于成本高而被淘汰。

议一议 在经济繁荣时，人们认为像IBM、松下、现代等这样的大企业好；在萧条时期，当大企业陷入短期困境时，人们又认为德国、中国台湾、温州的中小企业好。怎样的规模才具有竞争力呢？

知识链接

范围经济与规模经济

范围经济是指由厂商的范围而非规模带来的经济，当同时生产两种产品的费用低于分别生产每种产品时，所存在的状况就被称为范围经济。只要把两种或更多的产品合并在一起生产比分开来生产的成本低，就会存在范围经济。

以银行业为例，扩大银行业务范围，允许银行适度混业经营，可以提高银行的收益率和绝对收益水平。范围经济形成的优势，是银行单纯扩大规模难以办到的。研究也证明，混业经营的银行比分业经营的银行更不容易倒闭。

规模经济与范围经济是有差异的，具体表现在：

1. 规模经济与范围经济的定义

规模经济是指在一个给定的技术水平上，随着规模扩大、产出增加则平均成本（单位产出成本）逐步下降。

范围经济是指多项活动共享一种核心专长，从而导致各项活动费用的降低和经济效益的提高。

2. 内部规模经济与内部范围经济

内部规模经济是指随着产量的增加,企业的长期平均成本下降。

内部范围经济是指随着产品品种的增加,企业的长期平均成本下降。

3. 外部规模经济与外部范围经济

外部规模经济是指在同一个地方同行业企业的增加,多个同行企业共享当地的辅助性生产、共同的基础设施与服务、劳动力供给与培训所带来的成本的节约。

外部范围经济是指在同一个地方,单个企业生产活动专业化,多个企业分工协作,组成地方生产系统,通过企业之间的分工与协作、交流与沟通带来成本的节约。

任务 5.2　成　本

掌握不同成本的内容构成,了解用图形表达不同成本的变动规律及它们之间的关系。

算 一 算

A. 某一服装厂,生产一批女上装 100 件,购买材料支付 10 000 元,支付工人工资 3 000 元,支付水、电费用 500 元,其他生产性杂费 300 元,问:生产 100 件女上装需要付出多少代价?

B. 某企业有一笔闲置资金,如果用来购买设备,当年可盈利 70 000 元,也可存入银行,每年得到利息 50 000 元,那么,企业主是否应将这笔钱用来购买设备?

C. 某企业准备将其所属的餐厅改为洗浴中心,预计洗浴中心未来一年内可获利润 70 000 元,如继续经营餐厅,一年能获利 65 000 元。在这种情况下,企业主是否应该将其所属的餐厅改为洗浴中心?他应该怎样决策?

D. 投资者王某可以选择股票和储蓄存款两种投资方式。他用 1 万元购进某种股票,经过一年的操作,投资股票的净收益为 450 元。如果当时他将这 1 万元存入银行,一年期定期储蓄存款的年利率为 2.25%,扣除利息税,则有 180 元的实际利息净收益。他该选择何种投资方式?

想一想　在我们的现实生活中会遇到哪些有关成本的问题?

一、成本的概念

成本是经济学中一个非常重要的概念,通常来说,人们要从事生产经营活动或达到一定的经济目的,就必须耗费一定的资源(人力、物力和财力),这些资源的货币表现及其对象我们称之为成本。

(一) 会计成本与机会成本

1. 会计成本

会计成本指厂商在生产经营过程中按市场价格支付的一切费用。例如某一服装厂,生产一批女上装100件,购买材料支付10 000元,支付工人工资3 000元,支付水、电费用500元,其他生产性的杂费300元。那么会计成本就是13 800元(材料10 000+工资3 000+水电500+其他300),其平均每件服装会计成本为138元(13 800÷100=138)。

找一找 请举出一些现实生活中会计成本的例子。

2. 机会成本

机会成本是指由于使用某些资源所放弃该资源其他用途的最高代价。例如,某农民有一块土地,如果选择养猪就不能选择养鸡,养猪的机会成本就是放弃养鸡的收益。假设养猪可以获得9万元,养鸡可以获得7万元,养鸭可以获得8万元,那么养猪的机会成本是8万元,养鸡的机会成本为9万元,养鸭的机会成本也为9万元。

找一找 请举出一些现实生活中机会成本的例子。

小故事

上大学值吗?

一个大学生上大学四年的会计成本是上大学的学费、书费和生活费,按照现行价格标准,一个普通家庭培养一个大学生的这三项费用之和是6万元。大学生如果不上学,会找份工作,按照现行劳动力价格标准假如也是6万元,也就是说一个大学生上大学四年的机会成本是6万元。大学生上大学经济学概念上的成本是12万元。这还没算在未进大学校门前,家长为了让孩子接受最好的教育从小学到中学的择校费用。

上大学成本如此之高,为什么家长还选择让孩子上大学?因为这种选择符合经济学理论中收益最大化的原则。我们算一下上大学与不上大学的孩子一生的成本与收益。不上大学18岁工作,工作到60岁,共42年,平均每年收入是2万元,共84万元。上大学22岁工作,工作到60岁,共38年,平均每年收入是4万元,共152万元,减去上大学的经济学成本12万元,剩下140万元。与不上大学的收入比较,上大学多得到的收入是56万元。这还没考虑学历高所带来的名誉、地位等其他效应。为什么家长舍得在子女教育上投入,也就不难理解了。

但对一些特殊的人,情况就不是这样了。比如,一个有足球天才的青年,如果在高中毕业后去踢足球,每年可收入200万元人民币。这样,他上大学的机会成本就是800

万元人民币。这远远高于一个大学生一生的收入。因此,有这种天才的青年,即使学校提供全额奖学金也不去上大学。不上大学的决策就是正确的。同样,有些具备当模特气质与条件的姑娘,放弃上大学也是因为当模特时收入高,上大学机会成本太大。

(资料来源:梁小民,《微观经济学纵横谈》,三联书店 2000 年版)

想一想 姚明为什么不先去上大学,而是先去打篮球?

(二)显性成本与隐性成本

1. 显性成本

显性成本是指厂商在生产经营中购买或租用所用生产要素的实际货币支出,包括支付给工人的工资,借入资本的利息,租用土地的地租,购买原材料、燃料、动力及运输等方面的支出。

2. 隐性成本

隐性成本是指厂商在生产经营中发生的,但不直接表现为现期货币支出的成本。主要包括:① 厂商使用自有生产要素应得的报酬,如厂商动用了自己的资本、土地等用于生产经营活动,有时还自己亲自管理企业;② 固定资产折旧,如厂房、设备等的折旧,虽然不是现期的货币支出,只是从每年的收入中提取一部分来补偿生产经营中厂房和设备的损耗,但确实是成本的组成部分,所以列入隐性成本。

(三)短期成本和长期成本

从生产周期的长短以及能否调整生产要素投入量的角度,可将成本分为短期成本和长期成本。

1. 短期成本

短期成本是指厂商在短期内生产一定产量需要的成本总额,包括固定成本和可变成本。

2. 长期成本

长期成本是指在长期内厂商可以调整的所有生产要素的成本支出。长期成本中不存在固定成本,所有成本都是可变的。

找一找 现实生产或生活中有哪些成本属于可变成本?注意区分固定成本和可变成本两个概念。

二、短期成本分析

在短期内,企业只能调整一种要素的数量而不能调整固定生产要素,从而短期成本可以分为固定成本与可变成本。

> **知识链接**
>
> 长期和短期
>
> 福特公司在只有几个月的时间内不可能调整其汽车工厂的数量与规模。它可以生产额外一辆汽车的唯一方法是,在已有的工厂中多雇佣工人。因此,其工厂的成本在短期中是固定成本。与此相比,在几年中,福特公司可以扩大其工厂规模,建立新工厂和关闭旧工厂。因此,其工厂的成本在长期中是可变成本。
>
> 当福特公司想把每天的产量从1 000辆汽车增加到1 200辆时,短期中除了在现有的中等规模工厂中多雇工人之外别无选择。由于边际产量递减,每辆汽车的平均总成本从1万美元增加到1.2万美元。但是,在长期中,福特公司可以扩大工厂和车间的规模,而平均总成本仍保持在1万美元的水平上。
>
> 对一个企业来说,进入长期要多长时间呢?这完全取决于企业。对福特汽车公司而言,这可能需要半年或更长。与此相比,一个人经营的柠檬水店可以在一小时甚至更短的时间内卖出一罐柠檬水。

短期成本共含7个概念,分为以下3类。

(一) 短期总成本

(1) 短期总成本(STC):短期内生产一定量产品所需要的成本总和。短期总成本由固定成本和变动成本两部分组成。

(2) 总固定成本(TFC):全部固定成本的总和,为一个常数。

(3) 总可变成本(TVC):全部可变成本之和。

(二) 短期平均成本

(1) 短期平均成本(SAC):短期内生产每一单位产品平均所需要的成本。

(2) 平均固定成本(AFC):平均每单位产品所耗费的固定成本。

(3) 平均可变成本(AVC):平均每单位产品所耗费的可变成本。

(三) 短期边际成本

短期边际成本(SMC)是指短期内厂商增加一个单位产量所增加的总成本量。这是企业经营管理中最重要的变量,是最重要的成本概念之一。

上述短期成本之间的数量关系及各成本曲线的变化规律如表5-2和图5-8所示。

表5-2　　　　短期成本之间的数量关系及各成本曲线的变化规律

成本概念	公式	曲线变化规律
总成本	$STC=TFC+TVC=SAC\times Q$	波浪形,在纵轴上有截距
总固定成本	$TFC=STC-TVC$	水平,不随产量变化
总可变成本	$TVC=STC-TFC$	波浪形,从原点出发

续表

成本概念	公式	曲线变化规律
平均成本	$SAC=AFC+AVC=STC/Q$	U形,相对平缓
平均固定成本	$AFC=TFC/Q$	滑梯形,急降后缓降
平均变动成本	$AVC=TVC/Q$	U形,先降后升,幅度居中
边际成本	$SMC=\Delta STC/\Delta Q=\Delta TVC/\Delta Q$	U形,急降而后急升

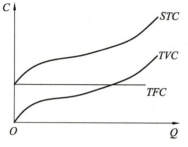
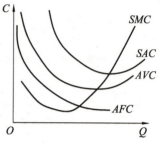

图 5-8　短期成本曲线及其关系

想一想　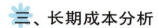 请分析 SMC 与 SAC、AVC、AFC 的关系并得出结论。

三、长期成本分析

(一) 长期总成本(LTC)

(1) 长期总成本:是指在规模可以变动,各种要素数量都能够变动的情况下,生产一定产量必须花费的可能的最低成本。长期总成本曲线表示长期总成本与产量之间的关系(图 5-9)。

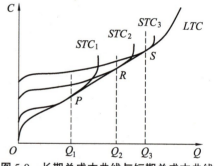

图 5-9　长期总成本曲线与短期总成本曲线

(2) 长期总成本的变动规律:由于厂商追求成本最小化,它是由每一产量所对应的最低短期成本所构成的,即长期总成本曲线是所有短期成本线的包络曲线。它从原点出发,随着产量增加,生产要素逐渐得到充分使用,增长速度逐渐降低;当产量增加到一定程度后,它在边际收益递减规律的作用下增长逐渐加快。长期总成本曲线呈波浪形。

(二) 长期平均成本(LAC)

(1) 长期平均成本:表示厂商在长期内按产量平均计算的最低总成本。长期平均成本曲线是短期平均成本曲线的包络曲线(图 5-10)。

(2) 长期平均成本的变动规律:在企业扩张的开始阶段,厂商扩大生产规模会使经济效益提高,出现规模经济,这时长期平均成本是下降的。但当经济达到一定规模以后,再扩大规模,就会出

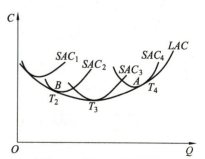

图 5-10　长期平均成本曲线与短期平均成本曲线

现规模不经济,使经济效益下降,这时的长期平均成本曲线会趋于上升。长期平均成本曲线呈 U 形。

(三) 长期边际成本(LMC)

(1) 长期边际成本:指在工厂规模变动条件下,厂商每增加一单位产量所增加的长期总成本,是在长期中增加一个单位产量所引起的成本的增加量,即:

$$LMC = \Delta LTC/\Delta Q \quad \text{或} \quad LMC = dLTC/dQ$$

(2) 长期边际成本的变动规律:长期边际成本曲线呈比短期边际成本曲线平缓一些的 U 形,但比长期平均成本曲线陡峭一些。最显著的特征是长期边际成本曲线与长期平均成本曲线相交于长期平均成本曲线的最低点。由此可以看出在不同的产量规模下长期边际成本与长期平均成本之间的关系。这一点有利于经营管理者控制市场规模和生产成本。

知识链接

成本函数的测量

经济学家对许多企业和行业的成本函数与成本曲线做了大量的研究,这些研究一般都根据成本和产量之间的历史数据进行统计分析。成本函数分析研究的一个重要成果就是发现大多数行业的长期成本曲线呈现出 L 形而不是 U 形,例如,汽车行业的长期成本曲线就呈明显的 L 形(图 5-11)。在经验研究所观测的数据范围内,没有证据表明长期平均成本在高产量水平转而上升而不是保持水平状态。

年产量由 1 000 辆增加到 5 万辆时,单位成本下降 40%;年产量由 5 万辆增加到 10 万辆时,单位成本下降 15%;年产量由 20 万辆增加到 40 万辆时,单位成本下降 5%;年产量超过 40 万辆时,单位成本下降幅度急剧降低;年产量超过 100 万辆后,再扩大规模就不存在规模经济。

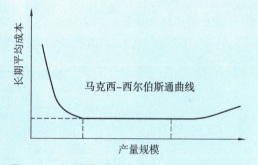

图 5-11 L 形长期成本曲线(汽车工业规模经济)

任务 5.3 收 益

学习任务

掌握不同收益的内容构成,了解用图形表达不同收益成本的变动规律及它们之间的关系;理解利润最大化原则。

 **经济现象**

大商场平时为什么不延长营业时间?

节假日期间许多大型商场都延长营业时间,为什么平时不延长?

从理论上说延长营业时间一小时,就要支付一小时所耗费的成本,这种成本既包括直接的物耗,如水、电等,也包括由于延时而需要支付的售货员的加班费,这种增加的成本就是边际成本。假如延长一小时增加的成本是1万元(注意,这里讲的成本是西方成本概念,包括成本和正常利润),那么如果在延长的一小时里他们由于卖出商品而增加的收益大于1万元,精明的企业家就会将营业时间在此基础上延长,因为这时他还有一部分该赚的钱没赚到手。相反如果他在延长的一小时里增加的成本是1万元,增加的收益不足1万元,他在不考虑其他因素的情况下就应该取消延时的经营决定,因为延长一小时的成本大于收益。

节假日期间,人们有更多的时间去旅游购物,使商场的收益增加,而平时紧张工作忙于家务的人们没有更多时间和精力去购物,就是延时服务也不会有更多的人光顾,增加的销售额不足以抵偿延时所增加的成本。这就能够解释在节假日期间延长营业时间而在平时不延长营业时间的经济学道理。

无论边际收益大于边际成本还是小于边际成本,厂商都要进行营业时间调整,说明这两种情况下都没有实现利润的最大化。只有在边际收益等于边际成本时,厂商才不调整营业时间,这表明已把该赚的利润都赚到了,即实现了利润的最大化。

(资料来源:梁小民,《西方经济学教程(修订版)》,中国统计出版社2015年版)

 想一想 1. 什么是边际收益?什么是边际成本?

2. 为什么边际收益等于边际成本时利润最大?

一、收益分析

(一) 收益的含义

收益是指厂商出售产品得到的收入,收益包括成本与利润。收益分为总收益、平均收益和边际收益。

 小故事

泛美国际航空公司的倒闭

1991年12月4日,世界著名的泛美国际航空公司关门倒闭。这家公司自1927年投入运行以来,曾经创造了辉煌的历史,其白底蓝字标志是世界上最广为人知的企业标志之一。然而,对于熟悉内情的人来说,这家公司的倒闭是意料之中的事情,奇怪的是什么支撑了这个航空业巨子这么多年?因为在整个20世纪80年代中,除了一年以外,这家公司年年都在亏损,亏损总额将近20亿美元。1991年1月,该公司正式宣布破产,然而这个日子距离公司关闭的日子又将近一年。究竟是什么力量支持垂死的巨人又多活了一段时间?而且,在1980年出现首次亏损后,为什么没有马上停止该公司的业务?又是什么因素使得这家公司得以连续亏损经营12年之久?

(资料来源:梁小民,《微观经济学纵横谈》,三联书店2000年版)

想一想 为什么泛美航空公司能够在亏损状态下经营了这么长的时间?

(1)总收益(TR),是指厂商销售一定产品所得的全部收入,即价格与销售量的乘积:

$$TR = P \cdot Q$$

其中:价格P为固定值,Q为销售量。

总收益曲线如图5-12所示。

(2)平均收益(AR),是指厂商销售单位产品所获得的收入,即总收益与销售量之比:

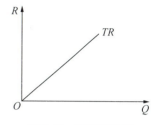

图5-12 总收益曲线

$$AR = TR/Q = P$$

(3)边际收益(MR),是指每增加一单位产品所增加的销售收入:

$$MR = \Delta TR/\Delta Q = P$$

想一想 收益与会计知识中的收入是什么关系?

知识链接

经济学上的收益概念

亚当·斯密在《国富论》中,将收益定义为"那部分不侵蚀资本的可予消费的数额",把收益看作财富的增加。后来,大多数经济学家都继承并发展了这一观点。1890年,马歇尔在其《经济学原理》中,把亚当·斯密的"财富的增加"这一收益观引入企业,提出区分实体资本和增值收益的经济学收益思想。

20世纪初期,美国著名经济学家尔文·费雪发展了经济收益理论。在其《资本与收益的性质》一书中,首先从收益的表现形式上分析了收益的概念,提出了三种不同形态的收益:

(1)精神收益——精神上获得的满足。

(2)实际收益——物质财富的增加。

(3)货币收益——增加资产的货币价值。

在上述三种不同形态的收益中,既有可以计量的,也有不可计量的。其中:精神收益因主观性太强而无法计量,货币收益则因不考虑币值变化的静态概念而容易计量。因此,经济学家只侧重于研究实际收益。

经济学家林德赫尔将收益解释为资本在不同时期的增值,视收益为利息。按照林德赫尔的说法,在特定时期的利息和预期消费之间的差额就是储蓄(该期间内的资本增长额),而收益则是既定时期内消费与储蓄之和。

> 1946年,英国著名经济学家J.R.希克斯在《价值与资本》中,把收益概念发展成为一般性的经济收益概念。他认为,计算收益的实际目的是让人们知道在不使自己变为贫穷的情况下他们可以消费的金额。据此,他下了一个得到普遍认同的定义:"在期末、期初保持同等富裕程度的前提下,一个人可以在该时期消费的最大金额。"希克斯的定义,虽然主要是针对个人收益而言的,但对企业也同样适用。就企业来说,按照这一定义,可以把企业收益理解为:在期末和期初拥有同样多的资本前提下,企业成本核算期内可以分配的最大金额。
>
> 由于希克斯的收益概念没有明确说明什么叫作"同等富裕程度",因而这一收益概念构成了许多收益概念争论的基础,并对会计收益理论特别是资本保全理论产生了巨大的影响。在会计上,人们习惯于把"保持同等富裕程度"称为资本保全。

(二) 价格不变与价格递减条件下的收益曲线

(1) 价格不变:在完全竞争市场上,对某一个厂商而言,他总是按一个既定的价格出售产品,因此厂商每出售一个单位产品所得到的收益即平均收益和增加一个单位产品销售所增加的总收益即边际收益均与价格相等,即 $AR=MR=P$,收益曲线与横轴平行,见图5-13。

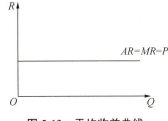

图 5-13 平均收益曲线

(2) 价格递减:就整个市场而言,随着产品销量的增加,价格下降,厂商的平均收益 AR 随着产品销量的增加而不断减少,平均收益曲线与厂商面临的需求曲线重叠(需求曲线是向右下倾斜的),与此同时厂商从每增加一个单位产品销售中所得到的边际收益 MR 也是递减的,且在每一个销量下,都小于平均收益 AR,即边际收益曲线 MR 位于平均收益曲线 AR 的下方,见图5-14。

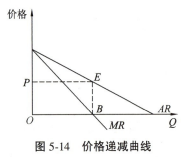

图 5-14 价格递减曲线

二、利润分析

企业家才能的报酬在经济学中称为正常利润,经济学中利润是指经济利润,等于厂商总收益与总成本的差额。厂商从事生产或出售商品的目的是赚取利润。

经济利润与会计利润是不一样的。会计利润是指厂商的总收益减去所有的显性成本或会计成本以后的余额,即:

$$会计利润 = 总收益 - 会计成本(显性成本)$$
$$经济利润 = 总收益 - 总成本(显性成本+隐性成本)$$

如果总收益等于总成本,厂商不亏不赚,只获得正常经济利润;如果总收益小于总成本,厂商便要发生亏损。

如果总收益大于总成本,就会有剩余,这个剩余就是超额利润。只要有利可图,厂商就会继续经营,没有愿做赔本生意的。需要指出的是,这里讲的利润,不包括正常利润,正常利润包括在总成本中,这里讲的利润是指超额利润。

> **知识链接**
>
> **经济学家和会计师眼中的利润**
>
> 利润在经济学家与会计师眼中是不同的。
>
> 为了说明这个问题我们假设一例。假设王先生用自己的银行存款30万元收购了一个小企业,如果不支取这30万元钱,在市场利息5%的情况下他每年可以赚到1.5万元的利息。王先生为了拥有自己的工厂,放弃了每年1.5万元的利息收入。这1.5万元就是王先生开办企业的机会成本之一。经济学家和会计师以不同的方法来看待成本。经济学家把王先生放弃的1.5万元也作为他企业的成本,尽管这是一种隐性成本。但是会计师并不把这1.5万元作为成本表示,因为在会计的账面上并没有货币流出企业去进行支付。
>
> 换一个角度,如果王先生没有买工厂的30万元,而是用自己的储蓄10万元,并以5%的利息从银行借了20万元。王先生的会计师只衡量显性成本,将把每年为银行贷款支付的1万元利息作为成本,因为这是从企业流出的货币量。与此相比,根据经济学家的看法,拥有的机会成本仍然是1.5万元。
>
> 现在我们再回到企业的目标——利润。由于经济学家和会计师用不同的方法衡量企业的成本,他们也会用不同的方法衡量利润。经济学家衡量企业的经济利润,即企业总收益减生产和销售物品与劳务的所有机会成本。会计师衡量企业的会计利润,即企业的总收益只减企业的显性成本。
>
> (资料来源:梁小民,《微观经济学纵横谈》,三联书店2000年版)

三、利润最大化

这里的利润指经济利润,即总收益超过总成本的余额。由于企业成本通常会符合机会成本原则,因此,这里的余额就是经济利润。由于总收益指产品数量和产品单价的乘积,因此总收益与产量和价格有关。总收益和产量的关系称为总收益函数。同时,总成本也与产量有关,即与成本函数有关,因此,利润函数就是总收益和总成本的差额。

企业从事经济活动的目的在于追求经济利润的最大化。因此,企业在决定生产数量时,一方面要考虑增加产量能够增加多少收益,即边际效益(MR),另一方面又要考虑增加产量会增加多少成本,即边际成本(MC),只要 $MR>MC$,厂商就会增加生产,反之则会停止生产,直到 $MR=MC$ 为止。这时利润达到最大或者亏损最小。因此,生产会定在 $MR=MC$ 的产量水平上不再有变化趋势。所以,$MR=MC$ 是利润最大化的必要条件。这一利润最大化条件适用于所有类型的市场结构。

项目 6

市场结构

 学习目标

了解市场的类型和四种市场结构的特点。
理解完全竞争、完全垄断、垄断竞争与寡头垄断的含义。
掌握各类市场的短期与长期均衡及其条件。

任务 6.1 完全竞争市场

 学习任务

了解市场结构及其划分,理解完全竞争市场的条件;理解完全竞争市场上生产者的行为;掌握完全竞争市场的短期与长期均衡及其条件。

 经济现象

农村春联市场

2011 年临近春节,某村农贸市场的春联销售开始火爆了起来,该农贸市场主要供应周围 7 个村 5 000 余农户的日用品需求。贴春联是中国民间的一大传统,春节临近,春联市场红红火火,而在农村,此种风味更浓。

在该春联市场中,需求者有 5 000 多农户,供给者为 70 多家零售商,市场中存在许多买者和卖者;供应商的进货渠道大致相同,且产品的差异性很小,产品具有高度同质性(春联所用纸张、制作工艺相同,区别仅在于春联所书写内容的不同);供给者进入、退出没有限制;农民购买春联时的习惯是逐个询价,最终决定购买,信息充分;供应商的零售价格水平相

近,提价基本上销售量为零,降价会引起利润损失。

供应商在销售产品的过程中,都不愿意单方面降价。春联是农村过年的必需品,购买春联的支出在购买年货的支出中只占很小的比例,因此其需求弹性较小。某些供应商为增加销售量、扩大利润而采取的低于同行价格的竞争方法,反而会使消费者认为其所经营的产品存在瑕疵(例如:上年库存、产品质量存在问题等),反而不愿买。

春联市场是一个特殊的市场,时间性很强,仅在年前存在10天左右,供应商只有一次批发购进货物的机会。供应商对于该年购入货物的数量的确定主要基于上年销售量和对新进入者的预期分析。如果供应商总体预期正确,则该春联市场总体商品供应量与需求量大致相同,则价格相对稳定。一旦出现供应商总体预期偏差,价格机制就会发挥巨大的作用,将会出现暴利或者亏损。

(资料来源:360文库,https://wenku.so.com/d/96cf7ae47f36d80c79c8b63edf651986)

做一做 1. 春联市场是一个什么样的市场?这个市场具有哪些特点?

2. 这个市场结构会不会转变?如果会,如何转变?

一、市场结构的含义和划分市场结构的标准

市场结构是指一个行业内买方和卖方的数量及其规模分布、产品差别程度和新企业进入该行业的难易程度的综合状态。也可以说,市场结构就是指某种产品或服务的竞争状态和竞争程度。

对市场上竞争程度或垄断程度的划分是判定一个行业属于什么市场结构类型的标准,其主要依据有:

(1) 本行业内部的生产者数目(企业数)。如果本行业只有一个生产者,这就是完全垄断市场;如果只有少数几家大企业,那就属于寡头垄断市场;如果企业数目很多,则可以划入完全竞争市场或垄断竞争市场。一个行业内企业数目越多,其竞争程度就越激烈;反之,一个行业内企业数目越少,其垄断程度就越高。

(2) 本行业内各企业生产者的产品差别程度。这是区分垄断竞争市场和完全竞争市场的主要标志。

(3) 进入障碍的大小。所谓进入障碍,是指一个新的企业要进入某一行业所遇到的阻力,也可以说是资源流动的难易程度。一个行业的进入障碍越小,其竞争程度越高;反之,一个行业的进入障碍越大,其垄断程度就越高。

根据这三个不同特点,我们将市场划分为完全竞争市场、垄断竞争市场、寡头垄断市场和完全垄断市场四种市场类型。四种类型的市场中,完全竞争市场竞争最为充分,完全垄断市场不存在竞争,垄断竞争市场和寡头垄断市场具有竞争,但竞争不充分。

做一做 请在现实生活里找到基本属于这四种类型的市场。

二、完全竞争市场的含义和特征

完全竞争又叫纯粹竞争,是一种竞争不受任何阻碍和干扰的市场结构。完全竞争市场

具有以下特征：

（1）市场上有许多经济主体，这些经济主体数量众多，且每一主体规模又很小，所以，它们其中任何一个都无法通过买卖行为来影响市场上的供求关系，也无法影响市场价格，每个主体都是市场价格的被动接受者。

（2）产品是同质的，即任何一个生产者的产品都是无差别的。产品的同质性使任何单个主体对整个市场的影响低至可以忽略不计的程度，产品的无差别性使其不能以任何方法控制价格。

（3）各种资源都可以完全自由流动而不受任何限制，这包括：

第一，劳动者可以毫无障碍地在不同地区、部门、行业、企业之间流动。

第二，任何一个生产要素的所有者都不能垄断生产要素的投入。

第三，新资本可以毫无障碍地进入，老资本可以毫无障碍地退出。

（4）市场信息是完全的和对称的，厂商与消费者都可以获得完备的市场信息，双方不存在相互的欺骗。

这些条件是非常苛刻的，现实生活中，很难找到完全符合这些特征的市场，某些农产品如小麦、玉米等市场接近完全竞争市场。但是现实中是否存在着真正意义上的完全竞争市场并不重要，重要的是假设在完全竞争条件下，市场机制如何调节经济。有了完全竞争的市场，我们就有了一把尺子，一面镜子，一个目标。

做一做 为什么完全竞争市场中厂商仅是市场价格的接受者，而不是市场价格的制定者？

三、完全竞争市场中厂商的行为

（一）完全竞争市场行业的供求曲线和个别厂商的需求曲线

在完全竞争市场上，整个行业的需求曲线和某个企业的需求曲线是不同的。对于整个行业来说，由于有众多的生产者和消费者，而且每个生产者的规模都比较小，任何一个买者或卖者都不能影响和控制价格，所以在这种市场上，价格就是由整个行业的供给和需求曲线所决定的。

整个行业的需求曲线是一条向右下方倾斜的曲线，供给曲线是一条向右上方倾斜的曲线。其价格就是由整个行业的供求决定的均衡价格，如图6-1(a)所示。

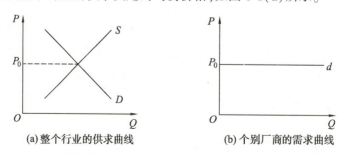

图6-1 完全竞争条件下整个行业的供求曲线和个别厂商的需求曲线

但对于个别厂商来说，情况就不同了。由于价格是由整个行业的供求曲线所决定的，所以,个别厂商只是价格的接受者,只能按照既定的市场价格出售其产品。在这种市场上,厂商以低于或高于市场价格的价格来出售其产品都是不利的。如果厂商提高价格,那么,它的产品就会一件也卖不出去,因为消费者完全可以从别的企业那里购买这种产品。如果厂商降低价格,只能招致损失。因此,在完全竞争市场上,个别厂商的需求曲线是一条平行于横轴的水平线,如图6-1(b)所示。

想一想 在完全竞争市场中,企业应该考虑个别厂商的需求曲线还是行业的需求曲线?

(二)完全竞争企业的收益曲线

(见任务5.3中相关内容)

四、完全竞争厂商的短期均衡和短期供给曲线

完全竞争市场上厂商短期均衡,就是指在其他条件不变的情况下,短期内(即只能调整一种可变要素投入数量的时间)能使厂商实现利润最大化的产量条件。

(一)完全竞争厂商的短期均衡

1. 完全竞争厂商短期均衡的三种情况

(1)获得超额利润。如图6-2(a)所示,市场价格为OP_1,对单个厂商来说,需求曲线是从P_1引出的一条平行于横轴的水平线D。这条需求曲线也是平均收益曲线与边际收益曲线。厂商为了实现最大利润就要使边际收益等于边际成本。边际收益曲线与边际成本曲线相交于E_1点,E_1点确定的均衡产量为OQ_1,此时的平均成本为KQ_1,平均收益为E_1Q_1,因而厂商的超额利润=总收益($OP_1E_1Q_1$的面积)-总成本($OGKQ_1$的面积)。

(2)收支相抵(超额利润为零)。如图6-2(b)所示,市场价格为OP_2,厂商的需求曲线同时也是平均收益曲线与边际成本曲线,是从P_2引出的一条水平线,并且与短期成本曲线相切于短期边际成本曲线和短期平均成本曲线的交点E_2(E_2是短期成本的最低点)。此时,总收益=总成本=$OP_2E_2Q_2$的面积,超额利润为零。

(3)遭受亏损。

① 亏损但继续营业,如图6-2(c)所示。市场价格为OP_3,边际收益曲线在短期边际成本曲线低于短期平均成本曲线的地方与边际成本曲线相交于E_3点,由E_3点决定的均衡产量为OQ_3,平均成本为KQ_3,平均收益为E_3Q_3,平均成本大于平均收益,总成本大于总收益。但是,总收益在补偿变动成本以后还有部分剩余,或多或少可以弥补部分固定成本,使得亏损总额小于固定成本;如果不营业,就会亏损全部固定成本,大于营业时的亏损额。因此只要$AVC<AR<SAC$,厂商就应该继续营业。

② 停止营业,如图6-2(d)所示。市场价格为OP_4,厂商存在亏损。这时,需求曲线与平均变动成本曲线相交于E_4点,即价格为OP_4时,所得收益恰好抵偿平均变动成本。若价格低于OP_4,则厂商不但不能弥补固定成本,就连变动成本也无法弥补,此时厂商就无法生产。因此,当$AR \leqslant AVC$时,厂商停止营业。完全竞争厂商AVC曲线的最低点叫停止营业点

(E_4点)。

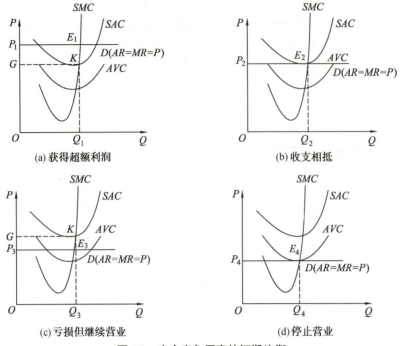

图 6-2 完全竞争厂商的短期均衡

2. 短期均衡原则

在短期内,厂商均衡的条件是边际收益等于边际成本,即 $MR=MC$ 且 $AR>AVC$(适用于任何厂商)。

(二) 完全竞争厂商的短期供给曲线

为了追求利润最大化,完全竞争厂商总是根据 $P=MC$ 原则($P>AVC$)决定其均衡产量。而边际产量递减规律引起边际成本随着产量的增加而上升,使得厂商的产品供应量与产品价格同方向变动,最终使供给曲线向右上方倾斜。

1. 完全竞争条件下厂商的短期供给曲线

产品价格的任何变动都要求 SMC 相应变动(因为要保证 $P=SMC$),进而要求均衡产量相应变动(SMC 是产量的函数)。这样,在价格和均衡产量之间形成了一一对应关系,这种对应关系就是完全竞争厂商的短期供给曲线。厂商均衡时 $P=SMC$,因此厂商的短期供给曲线正好与 SMC 曲线重合。

2. 完全竞争条件下市场的短期供给曲线

显然,导致供给曲线向右上方倾斜的原因就是厂商追求利润最大化的行为动机与边际产量递减引起的边际成本递增综合作用的结果。将各竞争厂商的短期供给曲线进行水平加总,就可以得到完全竞争市场的短期供给曲线。

五、完全竞争厂商的长期均衡

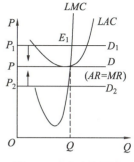

图6-3 完全竞争厂商的长期均衡

厂商的长期均衡是指市场中各个厂商都可以根据市场价格来调整全部的生产要素和生产量。在长期中,各个厂商都可以根据市场价格来充分调整其全部生产要素和产量,也可以自由进入或退出该行业,厂商在长期中要做出两个决策:生产多少,以及退出还是进入这一行业。各个厂商的这种决策会影响整个行业的供给,从而影响市场价格。具体来说,如图6-3所示,厂商利润最大化的原则是$MR=MC$,当市场价格为OP时,产量为Q,即$TR=TC$,正好可以获得正常利润,即收支相抵。当整个行业供给小于需求时,价格水平高(P_1),各厂商会扩大生产,其他厂商也会涌入该行业,从而整个行业供给增加,价格水平下降,个别厂商需求曲线D_1会向下移动。当整个供给大于需求时,由于价格低(P_2)会引起各厂商减少生产,有些厂商会退出该行业,从而整个行业供给减少,价格水平上升,个别厂商需求曲线D_2向上移动。调整的结果使需求曲线最终移动到D,价格水平会达到使整个厂商既无超额利润又无亏损的状态。这时,整个行业的供求均衡,各个厂商的产量也不再调整,于是就实现了长期均衡。所以在完全竞争市场,厂商长期均衡的条件是:$MR=MC=AR=AC$。

 知识链接

生产者剩余

生产者剩余是指厂商出售一定产量实际得到的收入和它愿意得到的最低收入的差额。在短期,厂商出售一定量所愿意得到的最低价格为AVC。由于竞争厂商总是在停止营业点以上从事生产,因此厂商实际得到的价格$P>AVC$。所以厂商销售产品时总能得到一定的生产者剩余。

一个社会的福利状况通常用消费者剩余和生产者剩余来度量。把生产者剩余和消费者剩余结合起来,就可以比较垄断与竞争市场的效率高低,也可以评价政府的支持价格和税收等经济政策对社会福利的影响。

任务6.2 不完全竞争市场

学习任务

理解完全垄断市场、垄断竞争市场和寡头垄断市场的形成条件;理解完全垄断市场、垄断竞争市场和寡头垄断市场上的生产者行为;掌握完全垄断市场、垄断竞争市场的短期与长期均衡及其条件。

经济现象

西南航空公司的崛起

1992年,美国航空业亏损达20亿美元,三家航空公司——TWA、大陆、美国西方已经破产。然而,就在美国航空业一片萧条的气氛之中,一家名叫西南航空公司的小企业却异军突起,取得了营业收入猛涨25%的佳绩。

西南航空公司是一家专门经营短途空运业务的公司。当它开始挤进美国航空市场时遭到了其他大型航空公司的激烈反击。直到1975年,已成立8年之久的西南航空公司仍只拥有4架飞机,但西南航空公司的经营成本远远低于其他大型航空公司,因而它的票价也大大低于市场平均价格,吸引了大批乘客。面对西南航空公司发动的价格战,大型航空公司不肯示弱,它们与这个闯入市场的不速之客展开了降价大战。

对于绝大多数小企业而言,如果试图与实力雄厚的大企业进行价格竞争,那无异于自取灭亡。大企业可以凭借充足的财力为后盾,把价格压到比小企业还低的水平,与小企业拼消耗。小企业有限的资源很快会被耗干,从而自然出局。但是,西南航空公司不仅打赢了这场由它挑起的价格战,而且做到了任何一家大型航空公司都无法做到的低成本运营。大型航空公司之所以在这场价格战中落败,根本原因在于它们的优势无法在短途运输这个战略机会窗口中发挥出来。

从20世纪70年代开始,西南航空公司从只经营得克萨斯州之内的短途航班发展到已涉及15个州的34座城市,已拥有141架客机。但不论如何扩展业务范围,西南航空公司都坚守两条标准:短航线、低价格。1987年,西南航空公司在休斯敦—达拉斯航线上的单程票价为57美元,而其他航空公司的票价为79美元。80年代是西南航空公司大发展的时期,其客运量每年增长300%,但它的每英里运营成本却持续下降。到1989年12月,西南航空公司的每英里运营成本不足10美分,比美国航空业的平均水平低了近5美分。

面对咄咄逼人的西南航空公司的扩张势头,许多竞争对手不得不调整航线,有的甚至望风而逃。例如:当西南航空公司的航班扩展到亚利桑那州凤凰城时,面临破产危险的美国西方航空公司索性放弃了这一市场;而当西南航空公司进入加利福尼亚州后,几家大型航空公司不约而同地退出了洛杉矶—旧金山航线,因为它们无法与西南航空公司59美元的单程机票价格展开竞争。在西南航空公司到来之前,这条航线的票价高达186美元。甚至有一些西南航空公司尚未开通航线的城市主动找上门来,请求公司尽快在自己的城市开设新线。在1991年,西南航空公司一共收到了51个类似的申请。

西南航空公司的低价格战略战无不胜,到1991年,公司发现已找不到什么竞争对手了。他们已经不再与航空公司竞争,而是将公路交通作为了新对手,与行驶在公路上的福特车、克莱斯勒车、丰田车、尼桑车展开价格战,把高速公路上的客流搬到天上来。

(资料来源:乔迪,《兰德决策:机遇预测与商业决策》,天地出版社1998年版)

想一想 美国西南航空公司为什么能够在美国航空业一片萧条的情况下取得成功?

一、完全垄断市场

(一) 完全垄断市场的含义和特征

完全垄断是指整个行业只有唯一供给者的市场结构。完全垄断是一种特殊的市场情况,形成完全垄断的条件主要包括:

(1) 政府垄断,即政府凭借其特殊地位,为实现特定的社会经济目的,而对某一行业实行完全垄断。我国的铁路、邮政等行业就是完全垄断。

(2) 对某些特殊的原材料的单独控制而形成的对这些资源和产品的完全垄断。

(3) 因某些产品的专利而形成的完全垄断。专利是政府授予发明者的某些权利。这些权利一般是指在一定时期内对专利对象的制作、利用和处理的排他性与独占权,从而使发明者获得应有的收益。某项产品、技术或劳务的发明者拥有专利权以后,在专利保护的有效期内形成了对这种产品、技术和劳务的垄断。专利创造了一种保护发明者的产权,在专利的有效保护期内其他任何生产者都不得进行这种产品、技术和劳务的生产与使用,或模仿这些发明进行生产。若不保护发明专利,社会和生产就难以进步与发展。

(4) 自然垄断。当行业中只有一家企业能够有效率地进行生产,或者当一个企业能以低于两个或更多企业的成本为整个市场供给一种产品时,这个行业就是自然垄断。自然垄断与规模经济有着密切的关系。

完全垄断市场具有如下特征:

(1) 只有一个生产者,因而它是价格的决定者,而不是价格的接受者。

(2) 完全垄断者的产品是没有合适替代品的独特性产品。

(3) 其他企业进入这一市场非常困难。

在实际生活中,公用事业、电力、固定电话近似于完全垄断市场。

小故事

这是什么服务？

某局领导老张为了探望自己当年插队的地方,来到一个偏僻的小镇,住进了一家招待所。老张一路辛苦出了一身汗,想洗澡,来到该招待所澡堂,被服务员拦住:"先生,你要洗澡的话请先交 15 元的喷头初装费。"老张一愣,心想入乡随俗吧,刚交了钱想进去又被拦住:"对不起,为了便于管理,每个喷头都有编号,你还得交 10 元的选号费。"老张有些生气,但还是交了钱,选了一个 8 号,正想进去又被拦住:"对不起,你选了个吉利号码,这是稀缺资源,还得交 8 元特别号附加费。"老张压了压火说:"那我选 4 号行吗?"服务员说:"4 号是一般号没人选,不用交附加费,但你得交 5 元的改号费。"老张很无奈,但急于洗澡,还是交了钱,说:"这下可以进去了吧?"服务员说:"当然可以,请进,不过由于 4 号喷头只供你 1 人使用,所以不管你是否还来洗澡,每月还要交 20 元的月租费。此外你每次洗澡按 30 分钟 6 元的价格收费。如果逾期还要交一定的滞纳金。"这下老张气坏了,说:"这是什么地方,我不洗了!"扭头要走,服务员又拦住了:"如果你不洗,还得交 9 元的销号费。"老张大发雷霆:"你们这样收费,以后谁还敢来。"服务员说:"这个你不用操心,在这个镇上只有这个招待所,也只有这个澡堂,你生气也没有用。"

(资料来源:崔卫国、刘学虎,《小故事 大经济》,经济日报出版社 2008 年版)

 怎么改变小镇上的这种情况?

(二) 完全垄断市场的需求曲线

按照完全垄断市场的定义,一个行业中只有一个企业,它控制了本行业的全部供给,这时企业和行业完全相同。因此,完全垄断企业的需求曲线就是市场的需求曲线,二者完全相同。这是完全垄断企业和完全竞争市场中的企业的一个重要区别,在完全竞争市场上,企业的需求曲线和行业的需求曲线是不同的。

完全竞争市场上的企业是价格的接受者,不论自己销售多少,市场价格都不发生变化,因此,它的需求曲线是一条水平线。而在完全垄断市场上,企业的需求曲线就是市场需求曲线,按照市场需求曲线的规律,销售量和价格按照相反的方向变化,价格随着销售量的增加而下降,因此完全垄断企业的需求曲线是向右下方倾斜的,斜率为负。

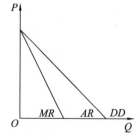

图 6-4 完全垄断市场的厂商需求曲线

在图 6-4 中,DD 曲线就是完全垄断企业的需求曲线,AR 是平均收益曲线,需求曲线和平均收益曲线是完全重合的。MR 为边际收益曲线,位于平均收益曲线的下方,而且比平均收益曲线陡峭,说明随着销售量的增加,边际收益下降得比平均收益更快。

想一想 西方经济学认为,垄断会导致经济的低效率,这是为什么?

(三) 完全垄断厂商的均衡

1. 完全垄断厂商的短期均衡

完全垄断市场中,厂商生产的目的是为了追求利润最大化,因此,其利润最大化的原则也是边际收益等于边际成本。与完全竞争厂商一样,完全垄断厂商短期均衡的情况也有获得垄断利润、收支相抵与亏损三种。

(1) 获得垄断利润。如图6-5(a)所示,SMC曲线与MR曲线交于E_1点,此时的产量为OQ_1,从Q_1点向上的垂线就是产量为OQ_1时的供给曲线,它与需求曲线d交于G点,由此决定了价格水平OP_1。垄断利润=总收益(OP_1GQ_1的面积)-总成本($OKFQ_1$的面积)。

(2) 收支相抵。如图6-5(b)所示,SMC曲线与MR曲线交于E_2点,此时的产量为OQ_2,此时,SAC曲线与AR曲线相切于点G,所以这时的平均成本与平均收益相等,从而总收益和总成本都是OP_2GQ_2的面积,即收支相抵。

(3) 亏损。如图6-5(c)所示,SMC曲线与MR曲线交于E_3点,此时的产量为OQ_3,此时的平均成本为FQ_3,平均收益为GQ_3。显然,总收益小于总成本,P_3KFG的面积为亏损部分。

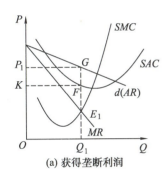 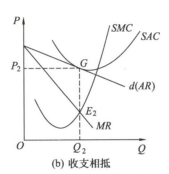 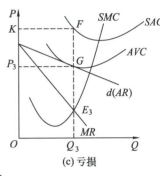

(a) 获得垄断利润　　(b) 收支相抵　　(c) 亏损

图6-5　完全垄断厂商的短期均衡

议一议　完全垄断厂商有没有供给曲线?为什么?

2. 完全垄断厂商的长期均衡

在长期内,所有生产要素都可以调整,垄断厂商可以通过生产规模的调整来获得比在短期时更高的垄断利润。垄断厂商在长期内的利润最大化条件依然是边际收益与长期边际成本和短期边际成本都相等,即:

$$SMC = LMC = MR$$

即找到一个产量点Q,使得$LMC=MR$,所得利润最大。

找一找　根据形成完全垄断市场的原因,寻找你生活中所遇见的完全垄断的例子。

> **知识链接**
>
> **价格歧视**
>
> 价格歧视也叫差别定价,指由于垄断者具有某种垄断力量,因此可以对自己所出售的同类产品采取不同的价格,以使自己所获利润达到最大值。价格歧视既可以是对不同购买者索取不同价格,也可以是对同一个购买者的不同购买数量收取不同价格。

价格歧视一般可分为三级：

一级价格歧视，指垄断者对每多出售一单位产品都收取不同的价格。一级价格歧视可以再分为完全一级价格歧视与不完全一级价格歧视。不完全一级价格歧视是指价格与销售量离散变动；完全一级价格歧视，又称为纯一级价格歧视，是指价格与销售量连续变动。在实际一级价格歧视的情况下，消费者剩余被生产者完全剥夺了，但生产是有效率的，因为在边际点上，价格等于边际成本，总产出水平较高，消费者剩余与生产者剩余加总量较大。完全一级价格歧视纯粹是一种理论讨论，在现实中很少见到。

二级价格歧视，指垄断者对一定数量的商品收取一种价格，对于另外一定数量的该种商品收取另一种价格。二级价格歧视又被称为成批定价。

三级价格歧视，指垄断者对同一商品在不同的市场上收取不同的价格，或者对不同的人收取不同的价格，但使得每一市场上出售产品的边际收益相等。实行三级价格歧视需要具备两个重要的条件。第一个条件是存在着可以分隔的市场。若市场不可分隔，市场上的套利行为将使得价格歧视消失。第二个条件是被分隔的各个市场上需求价格弹性不同。如果被分隔的各个市场需求价格弹性相同，则最佳策略是对同一产品收取相同的价格。

实行价格歧视的基本条件是：厂商不能是价格的接受者，即有权改变价格；厂商必须能够按需求弹性对顾客加以区分；买者必须具有不同的需求弹性；厂商必须能够防止产品的再次出售。

企业实行价格歧视的基本原则是：不同市场的边际收益相等并且等于边际成本。垄断企业可以对需求价格弹性较小的市场规定较高的价格，实行厚利少销；对需求价格弹性大的市场规定较低的价格，实行薄利多销。

二、垄断竞争市场

垄断竞争是指一种既有垄断又有竞争、既不是完全竞争又不是完全垄断而接近于完全竞争的市场结构。

（一）垄断竞争市场的特征

（1）具有很多的生产者和消费者，这一点和完全竞争市场相同而与完全垄断市场不同。

（2）产品具有差别性。这是与完全竞争市场的主要区别。同行业中不同厂商的产品互有差别，要么是质量差别，要么是功用差别，要么是非实质性差别（如包装、商标、广告等引起的印象差别），要么是销售条件差别（如地理位置、服务态度与方式的不同造成消费者愿意购买这家的产品，而不愿购买那家的产品）。产品的差别性是造成厂商垄断的根源，但由于同行业产品之间的差别不是大到完全不能相互替代，一定程度的可相互替代性又让厂商之间相互竞争。因此，产品的差别性可表述为：在同样的价格下，如果购买者对某家厂商的产品表现出特殊的爱好时，就说该厂商的产品与同行业内其他厂商的产品具有差别。

（3）进入或退出市场比较容易，不存在什么进入障碍。厂商进、出一个行业比较容易。这一点同完全竞争类似，厂商的规模不算很大，所需资本不是太多，进入和退出一个行业障碍不大,比较容易。

在现实经济中,垄断竞争作为一种普遍现象,在零售业和服务业中表现得比较明显。

找一找 结合垄断竞争市场的特点,寻找现实生活中的垄断市场。

(二) 垄断竞争厂商的需求曲线

垄断竞争厂商由于对价格有一定的控制力,其需求曲线也向右下方倾斜,其边际收益曲线位于需求曲线的左下方。垄断竞争厂商的需求曲线可以用主观需求曲线和客观需求曲线来表示。

1. 主观或预期的需求曲线

在垄断竞争厂商的生产集团内,典型厂商变动产品价格而其他厂商的价格保持不变时,该厂商面对的需求曲线叫主观需求曲线,也叫预期需求曲线。主观需求曲线用来说明典型厂商变动价格的动机。

2. 客观或实际的需求曲线

在垄断竞争厂商的生产集团内,典型厂商变动产品价格而其他厂商也同样变动价格时,该厂商面对的需求曲线叫客观需求曲线。客观需求曲线用来说明典型厂商变动价格的结果,也叫实际需求曲线。因为在同一生产集团内,个别厂商的产品、成本状况与需求曲线相同,当其中一家厂商觉得有必要变动价格时,其他厂商也一定会变动价格。

主观需求曲线比客观需求曲线相对平坦。因为若其他厂商的价格不变,某厂商单独降低价格,那么该厂商不仅能增加自己原有顾客的购买量,而且还能将其他厂商的部分顾客吸引过来。于是该厂商的销售量会大幅度增加;反之,则会大幅度减少。相对于客观需求曲线,一定量的价格变动会引起更多的需求量的变动,故主观需求曲线比较平坦。

做一做 请画出主观需求曲线图和客观需求曲线图。

(三) 垄断竞争厂商的均衡

1. 垄断竞争厂商的短期均衡

垄断竞争厂商的短期均衡与完全垄断市场结构相同。垄断竞争厂商的短期均衡条件是:

$$SMC = SMR$$

使边际成本等于边际收益的产量点 Q 就能使企业盈利,且所获得的利润最大。其图形与完全垄断厂商的短期均衡相同。

议一议 为什么垄断竞争厂商的短期均衡与完全垄断市场结构相同?

2. 垄断竞争厂商的长期均衡

在长期内,垄断竞争厂商不仅可以调整生产规模,还可以根据盈亏状况,选择加入或退出该行业。假定垄断竞争厂商能够获得超额利润,在长期内,所有厂商都会扩大规模,也会有新的厂商进入,其结果必然是导致产品的价格下降,最终厂商将不能获得超额利润,因此垄断竞争厂商的长期均衡条件是:

$$LAC = LAR = P, LMC = LMR = SMC$$

找一找 请上网搜寻一下垄断竞争厂商与完全竞争厂商的长期均衡有什么异同。

三、寡头垄断市场

（一）寡头垄断市场的特征

寡头垄断是指少数几个企业控制一个行业供给的市场结构，它是一种介于垄断竞争市场和完全垄断市场之间的市场结构。其主要特征如下。

1. 行业中只有很少几家大厂商且相互依存

在寡头垄断市场中，厂商的数量很少，但每一个厂商均占较大的市场份额，每个厂商对整个行业的价格和产量都具有举足轻重的影响。它们在各自做出价格和数量的决定时，不仅要考虑自身的成本与收益，而且也要考虑这个决策对市场的影响以及其他厂商所做出的反应。它们之间相互依存。

2. 对价格有较大程度的控制

在寡头垄断市场上，为了降低由于价格变动所带来的不确定性，少数寡头会通过价格领导、有意或无意的协议以及默契来决定市场价格，一旦这样的价格形成后，就具有相对的稳定性。这样的价格被称为管理价格或操纵价格。

3. 进入这一行业比较困难

由于寡头控制着行业的价格和数量，因此，进入这个行业将变得极其困难，少数寡头能够通过价格控制或者数量控制来阻止竞争者的进入。

（二）寡头垄断市场的类型

寡头垄断市场可进行如下分类：

（1）从构成寡头垄断的厂商数量看，可以分为双头垄断和多头垄断。

（2）从行为方式看，可以分为厂商相互勾结的寡头垄断和非结合的寡头垄断。

（3）从提供产品的性质看，可分为纯粹寡头垄断和差别寡头垄断。纯粹寡头垄断是指该行业生产的产品无差异，如石油、水泥等。差别寡头垄断是指该行业生产的产品有差别，如汽车、电脑等。

在激烈的竞争中，势力小的寡头会被打败，退出该行业。最后几家势均力敌的大厂商在经过激烈的竞争和较量后会权衡利弊以默契或公开的形式共同维持垄断价格瓜分市场的局面。寡头垄断根据寡头之间的关系分为古诺模型、斯威齐模型和卡特尔三种，其中前两个模型假定寡头之间并不相互勾结，而卡特尔由于寡头之间的相互依存性而形成公开的勾结。卡特尔协调行动，共同确定价格。例如，石油输出组织就是这样的一个国际卡特尔。但是，由于卡特尔各成员之间的矛盾，有时达成协议也很难兑现，或引起卡特尔解体。在不存在公开勾结的卡特尔的情况下，各寡头还能通过暗中的勾结来确定价格。

知识链接

石油输出国组织(OPEC)

石油输出国组织是世界上最著名的卡特尔。它建于1960年,由五个主要的石油出口国组成:沙特、伊朗、伊拉克、科威特和委内瑞拉。该组织确定的目标如下:协调并统一各成员国的石油政策;采取措施确保价格稳定,消除有害而又不必要的价格波动。

在1960年以前,这些石油生产国与国际石油公司的冲突越来越激烈,它们根据"让步协议"进行石油开采。根据这份协议,石油公司有权开采石油,并为此支付特许权使用费,这意味着石油生产国在产量和价格方面几乎没有发言权。

直到1973年,石油生产的控制权才由石油公司转到石油生产国手中,由OPEC决定石油产量并以此决定其石油收入。此时,OPEC已拥有13个成员国。

在整个20世纪70年代,OPEC的定价政策包括:把沙特阿拉伯的原油价设定为市场价,其他成员国依据这个价格设定他们自己的石油价格。

只要需求一直保持上升态势,同时价格又无弹性,那么这项政策就会导致价格大幅度提高,从而收入大量增加。1973—1974年阿以战争后,OPEC将石油价格从3美元一桶提高到12美元一桶。这个价格一直延续到1979年,而石油的销售量并没有明显的下降。可是,1979年以后,当石油价格由15美元上升到40美元一桶时,需求开始下降。这主要是因为20世纪80年代初期发生了经济衰退,面临需求的持续下降,OPEC在1982年之后同意限定产量并分配产量定额,试图维持这个油价,1984年达成协议,最高产量为每天1 600万桶。然而,由于全球性经济不景气导致石油需求下降,非OPEC国家的石油产量上升,以及某些OPEC成员国采取欺骗行为,超过分配限额进行石油生产,全球石油卡特尔开始瓦解。

(资料来源:百度文库,http://wenku.baidu.com/view/2a45c425a5e9856a56126079.html)

想一想 我国有没有寡头垄断市场?试举例说明。

项目 7

收入与分配

 学习目标

了解生产要素价格形成的理论基础。
理解工资、利息、地租和利润的概念及其决定机制。
熟悉居民收入来源的几种渠道。
熟悉洛伦茨曲线和基尼系数的含义和运用。
了解收入分配不平等的原因。
掌握解决收入分配不平等的对策。

任务 7.1 收入与要素价格

 学习任务

了解生产要素价格形成的理论基础；分别理解劳动的价格——工资、资本的价格——利息、土地的价格——地租、企业家才能的价格——利润的概念及其决定机制。

 经济现象

完善要素市场化配置　实现经济高质量发展

2020年年初，中共中央、国务院《关于构建更加完善的要素市场化配置体制机制的意见》(以下简称《意见》)日前正式公布，这对促进要素市场化配置具有积极的意义。

首先，要素市场化配置将有力地提升资源配置效率。其次，要素市场化配置有利于优化经济结构。从经济发展规律看，要素构成变化是经济结构调整的重要基础。在供给侧，通过促进要素市场化配置，劳动力、土地等日益稀缺的生产要素价格将保持上升趋势，而人力资

本在生产中的地位将不断提升。在市场力量的作用下,密集使用劳动力、土地要素的产业将让位于密集使用技术和人力资本的产业,要素禀赋变化及其市场化配置的结果将成为推动我国产业结构不断升级的根本力量。在需求侧,随着要素市场化配置的推进,土地、资本等生产要素的回报将回落至正常水平,劳动者报酬在国民收入中的比重将不断上升。这将为城乡居民的收入水平增速快于经济增速提供保障,从而提升家庭的消费能力和消费意愿,有利于破解当前需求结构中的投资消费结构失衡问题。最后,通过推动要素市场化配置,可避免行业间要素配置失衡的情况,进而有效改善收入分配状况。

《意见》围绕使市场在要素资源配置中起决定性作用和更好发挥政府作用,对完善市场决定要素价格形成机制,促进要素自由流动提出了指导意见和解决方案,加快破除要素价格市场化各类制度性障碍,构建了要素自由流动、市场竞争形成、价格反应灵活的要素价格体系。这些改革措施具有统筹设计、多点突破、分类施策、协同推进的鲜明特征,各要素市场化配置的联动改革有助于形成强大合力,产生一揽子改革的交互作用和叠加效果。

(资料来源:搜狐网,https://www.sohu.com/a/389423296_115495)

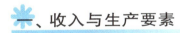为什么说要素资源配置在市场经济中发挥着积极作用?它们是如何发挥作用的?

一、收入与生产要素

家庭和个人都会获得一定的收入,这些收入有些是通过自身的劳动所获得,有些是通过自身的财产所获得。从经济学的角度来看,每一种收入都是生产经营创造出来的,而任何生产经营活动都离不开劳动、资本、土地和企业家才能这四种要素。从市场经济的表面现象看,每一种收入都是生产要素投入生产经营过程的结果。这四种生产要素共同发挥作用,创造了商品和劳务。反过来,劳动、资本、土地和企业家才能这四种生产要素根据各自在生产中所做的贡献大小也得到相应的报酬,分别是工资、利息、地租和利润,即四种生产要素的价格。

生产要素的价格与其他产品一样,由其需求与供给的均衡状态决定,但也有不同之处,主要表现在:第一,在产品市场上,需求来自个人,供给来自厂商;而在生产要素市场上却相反,需求来自厂商,供给来自个人。第二,对已形成的价格,就一般产品而言,是指人们对其一次性的购买价格;而就生产要素而言,则是指厂商按约定期间对它们的持续购买。例如,劳动的价格,是指购买一定时间内劳动力所使用的价格,即工资,而不是指一次性购买工人的全部劳动力的价格。

知识链接

边际生产力

分配理论又称为生产要素理论。生产要素价格决定的主要理论基础是美国经济学家克拉克提出的边际生产力理论。所谓边际生产力,是指在其他条件不变的情况下,每增加一个单位的生产要素所带来的收益的增加量。它等于一个单位的生产要素所引起的产量的增量(即边际产量 MP)与每个产量的收益(即边际收益 MR)的乘积,或称边际收益产量,简称 MRP,即:

$$MRP = MP \times MR$$

在完全竞争市场中，$P=MR$，所以，$MRP=MP\times P$。

后来经济学家在克拉克的理论基础上，进一步提出边际生产力只是决定生产要素需求的一个方面，除此之外，厂商在决定生产要素需求时还要考虑要素的边际成本。只有当使用生产要素的边际收益等于边际成本时，厂商才在生产要素的使用上实现利润最大化。当然，生产要素的价格不仅取决于厂商的需求，还取决于生产要素所有者的供给。总之，生产要素的价格是由市场上需求和供给两种力量的对比关系决定的。

二、工资

(一) 工资的概念

工资是劳动者因提供生产要素——劳动所得到的报酬或厂商因使用劳动而支付的价格。劳动者不仅指从事各种体力劳动的工人，还包括各种高级专业人员(如律师、医生和科学家等)以及提供劳务的小企业所有者(如美容师、电器修理工和各种零售商等)。

工资的形式也是多种多样的，例如奖金、专利使用费、佣金和月薪、年薪等。这里，我们将工资概念都简化为单位时间的工资率，即劳动者在每小时或每天等单位时间里获得的报酬。

(二) 工资水平的决定

厂商对劳动的需求取决于劳动的边际生产率和边际成本的比较，当劳动的边际生产率大于边际成本时，厂商就会雇佣工人；反之，厂商就会停止雇佣。在完全竞争的市场中，劳动的边际生产率等于劳动的边际产量和产品价格的乘积。假定某厂商雇佣第 4 个工人时的劳动边际产量为 3 单位，每单位产品的价格是 5 元，则劳动的边际生产率为 15 元。由边际报酬递减规律可知，随着厂商对工人雇佣数量的增加，劳动的边际产量是递减的，从而劳动的边际生产率也是递减的。如假定雇佣到第 5 个工人时的边际产量是 2 单位，则此时边际生产率降到 10 元。若厂商支付给每个工人的工资是 12 元，则显然厂商雇佣第 5 个工人是不合算的。厂商为增加的工人支付的工资称为劳动的边际成本，即工资率。厂商为追求利润最大化，一定会把劳动量使用到劳动的边际生产率等于劳动的边际成本为止。在其他条件不变时，劳动的需求量会随工资率的下降而增加。如图 7-1 所示的 D_L 曲线。

劳动的供给取决于多种因素，其中主要就是劳动供给量，一般来说，工资率上升，劳动供给量会增加。因为一方面原来的就业者愿意延长工作时间，另一方面一些本来不工作的人此时也想工作了。这样，劳动的供给曲线会呈向上倾斜的形状。但是当工资率上升到一定程度时，劳动供给曲线会向后弯曲。如图 7-1

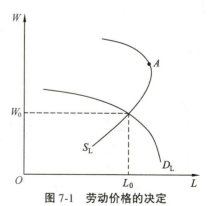

图 7-1 劳动价格的决定

中,工资率 W_0 上升到 A 点高度后再上升时,劳动供给量反而会减少。这是工资率提高对劳动供给的替代效应和收入效应共同作用的结果。替代效应是指,工资率越高,减少劳动时间增加休闲时间的货币收入损失越大,即休闲的机会成本越大,人们会用多劳动来替代多休闲。收入效应是指,工资率越高,人们就越有条件在增加消费品的购买时享受更多的休闲时间,即不用拼命干活也能得到一定的消费享受,从而减少劳动时间。工资率提高时,两种效应同时起作用,当收入效应小于替代效应时,劳动供给随工资率的上升而增加;当收入效应大于替代效应时,劳动供给随工资率的上升而减少。如图7-1中,当工资率上升到 A 点高度后,收入效应大于替代效应,因而劳动供给曲线 S_L 向后弯曲。

议一议 假设你已经毕业了,并正在从事某一项工作,那么你的劳动供给曲线上的 A 点位置会在哪里呢?试着画出你的劳动供给曲线。

将每一家厂商的劳动需求曲线加总即构成整个劳动市场的需求曲线 D_L,将每一个工人的劳动供给曲线加总即构成整个劳动市场的供给曲线 S_L。劳动市场的需求曲线 D_L 和供给曲线 S_L 的交点对应的是劳动市场的均衡工资率 W_0 和均衡劳动使用量 L_0。

(三)工资差异的原因

在现实世界中,劳动者所从事的行业、职业及所处的市场环境不同,会使工资存在很大差异,其原因主要有以下三点:

(1)劳动质量的不同。由于人们在智力、体力、教育和训练等方面存在着差异,会导致工资率的重大差别,智力、体力要求高,教育训练水平高的,工资水平一般都会较高。

(2)非货币利益的不同。职业之间在安全、辛苦、环境、社会地位等方面存在着显著的差异,因而其心理成本不同,这就是所谓的非货币利益。如果不保持工资差距,不给那些心理成本高、人们不太愿意从事的职业以较高的工资率和收入补偿,就难以保持这些部门的劳动力供给。

(3)市场的不完全竞争。在现实中,劳动市场往往是不完全竞争市场,这也会造成工资的差别。

三、利息

(一)利息的概念

在经济学中,利息被认为是资本的价格。具体来说,利息就是厂商在一定时期内为使用资本所支付的代价,或者说是资本所有者在一定时期内因让渡资本使用权、承担风险所索取的报酬。利息占使用资本总量的百分比称为利息率,简称利率,是使用资本的价格。

知识链接

对资本的认识

关于资本的概念,其含义是广泛的。从生产角度看,资本指的是"资本物",即在生产过程中所必须使用的各种物品,例如厂房、机器、设备。但是,我们很难计算这些资本在使用过程中所须支付的代价。因此,一般讲"资本的价格"时,资本指的是货币,但并非所有的货币都是资本。只有用于市场交换、购买或支配各种资本物的货币才是资本。

(二) 利率水平的决定

厂商对资本的需求同样取决于资本的边际生产率和边际成本。资本的边际生产率即资本的预期利润率,是指在其他条件不变的情况下,厂商增加的最后 1 单位资本带来的收益的增加量。如果资本的边际成本即利率既定,厂商对资本的需求量将决定在资本的预期利润率等于利率这样的水平上。例如,在市场上利率为 8% 时,厂商借入 1 单位资本的预期利润率为 10%,则表明厂商借入 1 单位资本可获利 2%,从而增加资本投入对厂商是有利的。但是,由于边际报酬递减规律的作用,随着资本投入的增加必然会降低其预期利润率。因此,当预期利润率与利率相等时,厂商将停止资本的投入。若以横轴表示资本需求量,纵轴表示资本利率,则资本的需求曲线是向右下方倾斜的,即对资本的需求量随利率的下降而增加。

资本的供给是资本所有者在各个不同利率水平上愿意而且能够提供的资本数量。资本的供给来源于家庭的储蓄。储蓄是消费的剩余或者准确地说是未来的消费。人们之所以愿意牺牲眼前的消费,是因为可以换取更多的将来的消费。由于人们总是偏爱当下的享受,要想使人们牺牲目前的消费进行储蓄就必须使他们在将来能得到更多的消费。现在和将来消费的差额是对人们牺牲目前的消费等待将来消费的报酬,这一报酬就是利率。利率越高,报酬就越大,人们就越愿意储蓄以换取将来更多的消费,资本的供给就会增加。因而,资本的供给量与利率同方向变化,表现为向右上方倾斜的曲线。

资本需求曲线与资本供给曲线相交时,资本市场中供给就等于需求,均衡利率就被决定。均衡利率的出现,不等于现实中的利率都会处于一个水平上。当然,资本按其本性,不管投向哪一个行业,都要求得到一个正常的或平均的资金回报率,这就是市场利率水平。市场利率代表任何一笔投资的机会成本,因此,不同行业中的利率应当有趋同趋势,这种趋势是通过资金的自由流动来实现的。

做一做 请画出利率水平决定的曲线。

想一想 想一想:为什么企业债券的利率会高于公债利率? 长期贷款利率要高于短期贷款利率?

四、地租

(一) 地租的概念

地租是土地这种生产要素的价格,也是土地所有者在一定时期内因让渡土地使用权而获得的收入。在经济学中土地泛指生产中使用的自然资源,地租也可以理解为使用这些自然资源的租金。

地租产生的原因首先是土地本身具有生产力,也就是说地租是利用"土壤的原始的,不可摧毁的力量"的报酬。其次,土地作为一种自然资源具有数量有限、位置不变,以及不能再生的特点。这些特点与资本和劳动不同,因此,地租的决定就有自己的特点。

(二) 地租水平的决定

地租由土地市场的需求与供给来决定。土地的需求取决于土地的边际生产率,由边际报酬递减规律可知,土地的边际生产率是递减的,所以土地的需求曲线是一条向右下方倾斜的曲线。如图7-2所示,横轴 Q 表示土地使用数量,纵轴 R 表示地租率(单位土地的租金),曲线 D 即为土地的需求曲线。

就一个国家或一个地区而言,土地的供给是固定的,其供给曲线表现为一条垂直线,如图7-2的曲线 S,不管地租怎样变化,土地供给量始终是 Q_0。曲线 D 与 S 相交于 E 点,决定了地租为 R_0。

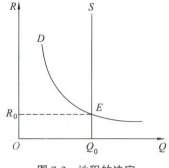

图 7-2 地租的决定

随着一个国家经济的发展和人口的增加,对土地的需求也有所增加,但土地的供给不能增加,则土地的使用价格即地租就会上升。如图7-3所示,土地需求曲线由 D_0 向右上方移动到 D_1,但土地供给曲线始终为 S,分别与 D_0 和 D_1 相交于 E_0 和 E_1,决定了地租由 R_0 涨到 R_1。

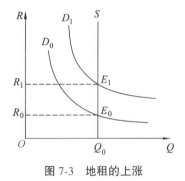

图 7-3 地租的上涨

(三) 级差地租

前面关于地租的分析是假设所有土地都是同质的,不考虑土地在肥沃程度、地理位置等方面的差别,我们把这种地租称为绝对地租,即任何土地在使用的时候都必须缴纳的地租。实际上,土地除了有肥沃和贫瘠之分,还有地理位置、气候条件等多方面的差别,这就必须将土地分为不同等级并根据不同的土地确定不同的价格,这就是级差地租。随着经济的发展、人口的增加,农产品的价格有上升的趋势,级差地租也会呈现上升的趋势。

想一想 商业上常讲"市口"的好坏往往决定收入的多少,那么"市口"意味着什么?

❋、利润

(一) 正常利润

正常利润是企业家才能的价格,也就是企业家才能这种生产要素所得到的收入。正常利润是产品成本的一部分,其性质类似于一种高工资,由企业家才能的需求和供给来决定。正常利润之所以是大大高于一般劳动所得工资的特殊工资,是由企业家才能这种生产要素的特殊性以及企业家才能供求关系的特点决定的。在劳动、资本、土地和企业家才能四种生产要素中只有企业家才能是把其他三种要素结合起来生产出更多产品的决定性因素。企业家才能是企业经营成败的关键,因此市场对企业家才能的需求量是很大的。但是,企业家才能在四种生产要素中又是最稀缺的,供给量很少。经营企业既要有天赋的因素,又要有后天良好的教育因素,除此之外,对事物的直觉和判断力、做出重大决策的魄力和敢于创新、敢于冒险的胆识与勇气等对企业家至关重要的品格和智慧则是书本上学不到的,也不是每个人都能具备的。企业家才能需求与供给的这些特点,决定了企业家才能的价格亦即企业家的收入必然是很高的,但作为购买要素的一种支出,正常利润自然是包含在成本之中的,而且往往是一种隐性成本,企业收支相抵就意味着获得了正常利润。在完全竞争市场条件下利润最大化也就是获得了正常利润。

议一议 在不完全竞争中是否也能实现利润最大化?

(二) 超额利润

超额利润是指超过正常利润的那部分利润,又称纯粹利润或经济利润。在完全竞争和静态条件下不会产生超额利润。只有在动态社会和不完全竞争条件下,才会产生这种利润。动态社会涉及创新和风险,不完全竞争存在垄断,超额利润的存在同这些因素有关。

(三) 利润在经济中的作用

经济学认为,利润是社会进步的动力。这是因为:第一,正常利润作为企业家才能的报酬,对企业家搞好经营管理有激励作用。第二,由创新所产生的超额利润鼓励企业家大胆创新,这种创新有利于社会进步。第三,由风险产生的超额利润鼓励企业家勇于承担风险,从事有利于社会经济发展的事业。第四,对利润的追求会促使企业按社会需要进行生产,努力降低成本,有效利用资源,这在整体上是符合社会利益的。第五,整个社会以利润引导投资,使投资与资源配置符合社会需要。

任务 7.2 社会收入分配

熟悉居民收入来源的几种渠道,熟悉洛伦茨曲线和基尼系数的含义和运用,了解收入分配不平等的原因及解决对策。

我国城乡居民收入差距不断缩小 恩格尔系数下降

国家统计局 2017 年 7 月 6 日发布统计报告说,党的十八大以来,我国城乡居民收入持续较快增长,收入差距不断缩小。2016 年,全国居民人均可支配收入基尼系数为 0.465,比

2012年的0.474下降0.009。

数据显示,十八大以来我国居民收入增速快于经济增速。2016年全国居民人均可支配收入23 821元,比2012年增长44.3%,扣除价格因素,实际增长33.3%,年均实际增长7.4%,快于同期GDP年均增速0.2个百分点,更快于同期人均GDP年均增速0.8个百分点。

同时,城乡收入差距持续缩小。2016年城镇居民人均可支配收入33 616元,比2012年增长39.3%,实际增长28.6%,年均实际增长6.5%。2016年农村居民人均可支配收入12 363元,比2012年增长47.4%,实际增长36.3%,年均实际增长8.0%。2016年城乡居民人均可支配收入之比为2.72(农村居民收入=1),比2012年下降0.16。

此外,恩格尔系数持续下降。全国居民食品烟酒支出占消费支出的比重(恩格尔系数)从2012年的33.0%下降至2016年的30.1%,下降2.9个百分点。

统计还显示,我国居民生活环境明显改善。2016年全国居民人均住房建筑面积为40.8平方米,城镇居民人均住房建筑面积为36.6平方米,农村居民人均住房建筑面积为45.8平方米。其中,城镇、农村居民人均住房建筑面积分别比2012年增长了11.1%和23.3%。

(资料来源:中证网,https://www.cs.com.cn/xwzx/201707/t20170706_5361001.html)

议一议 我国城乡居民收入差距缩小说明了什么问题?

一、居民收入的来源

居民收入主要分为劳动收入、财产收入和转移支付收入三大类。劳动收入即工资,是居民提供了自己的劳动而获得的报酬。居民将自己闲置的资金贷出而获得利息收入,或者出租自己拥有的土地或房屋而获得租金收入,这是居民的财产收入。所谓转移支付收入是指政府通过养老金、失业救济金等形式,把一部分收入转移给居民而形成的居民收入形式。

二、公平与效率

追求收入分配中的平等、消除贫困是国家经济政策的目标。但是,经济学家认为,追求收入分配的公平必然影响社会效率,即社会资源的有效配置,效率也是微观经济政策的目标。而要追求社会效率,就难以做到收入分配的公平。公平和效率之间存在着矛盾,这一矛盾被称为公平与效率的交替。

公平与效率的矛盾或交替关系的存在,是由市场经济运行机制本身决定的。资源的有效配置是市场经济的基本功能,按生产要素的贡献分配则是效率的保障。然而,由于人们持有的生产要素的数量和质量存在差异,人们的收入必然存在差异。如果取消这种差异实现收入均等化,就会伤害人们工作的积极性。由此可见,在市场经济条件下,取消收入分配的差异不仅是不现实的,也是不可能的。然而,平等是人们天赋的权利,人人平等是社会追求的目标,也是市场经济存在的基础。如果社会财富或收入分配差距过大,会影响劳动力的再生产,影响劳动者受教育和培训的机会,甚至造成社会的动荡,危及正常的市场秩序。因此,公平与效率作为微观经济政策的目标,如何协调这两者的关系,成为收入分配问题的核心。一般认为,公平与效率难以兼得,但要兼顾。

在这里还需要注意的一个问题就是公平不等于完全平等。公平指"处理事情合情合理,不偏袒哪一方"。平等是各方享有同等的权利、机会、地位,是公平的理想境界,是最高意义上的公平。平等是是非判断,与客观事实相关。公平是价值判断,是主观利益判断,与情感相关。不能简单地将公平等同于平等,追求社会的公平绝不是追求社会的完全平等。事实上,由于存在着各种因素,做到完全平等是不可能的。

实例链接

正确理解和把握三次分配的意义

2021年8月17日,在中央财经委员会第十次会议上习近平同志指出:要坚持以人民为中心的发展思想,在高质量发展中促进共同富裕,正确处理效率和公平的关系,构建初次分配、再分配、三次分配协调配套的基础性制度安排,加大税收、社保、转移支付等调节力度并提高精准性,扩大中等收入群体比重,增加低收入群体收入,合理调节高收入,取缔非法收入,形成中间大、两头小的橄榄型分配结构,促进社会公平正义,促进人的全面发展,使全体人民朝着共同富裕目标扎实迈进。

何谓三次分配?三次分配是不同于市场主导的初次分配和政府主导的再分配的"第三类分配"。一次分配是由市场按照效率原则进行的分配;二次分配是由政府按照兼顾公平和效率的原则、侧重公平的原则,通过税收、社会保障支出等这一收一支所进行的再分配;而三次分配则是在道德力量的推动下,通过个人自愿捐赠而进行的分配。党的十九届四中全会首次把"按劳分配为主体、多种分配方式并存"确定为基本经济制度,并提出要"重视发挥第三次分配作用,发展慈善等社会公益事业"。十三届全国人大四次会议通过的《国民经济和社会发展第十四个五年规划和2035年远景目标纲要》中也提出要"发挥第三次分配作用,发展慈善事业,改善收入和财富分配格局"。

在促进共同富裕的进程中,初次分配更加注重效率,以发挥市场的决定性作用,推动按劳分配和按要素分配相结合;再分配更加注重公平,尤其是注重底线公平,使所有人都能享受到基本公共服务;三次分配则反映共建共享的理念,鼓励通过社会化的机制,形成"先富帮后富"的社会风气和相关机制安排。

(资料来源:中工网,https://www.workercn.cn/c/2021-09-06/6728553.shtml)

三、洛伦兹曲线

一个国家收入分配状况如何?怎样判断社会收入分配的均等程度?美国统计学家洛伦兹提出的洛伦兹曲线为判断社会分配均等程度提供了一个较为直观的方法。

若以横坐标表示人口累计百分比,纵坐标表示收入累计百分比,按收入从低到高将整个社会人口平均分为五档,每档人口占全部人口的百分之二十,然后,计算每百分之二十人口的收入占全部收入的比例,就可以比较出社会收入的差距,画出洛伦兹曲线。

如图7-4所示,100%的人口将100%的收入分配完,由此而形成 L 点。将 L 点与 O 点连接成直线 OL(45度线),表示多少人口就分多少收入的绝对平均状态。此外,折线 OHL 表示,在累计99%的人口中所分配到的收入只占0%,而剩下的1%(甚至更少)则要分配到100%的收入,这是绝对不平等状态。直线 OL 和折线 OHL 是两种极端情形,实际的洛伦茨曲线位于绝对平等和绝对不平等之间。它和对角线 OL 之间的面积 A 表明它和绝对平等之间的差距;它和折线 OHL 之间的面积 B 表明它与绝对不平等之间的差距。显然,洛伦茨曲线越平坦,表示平等的程度越大,越弯曲,则表示不平等的程度越大。

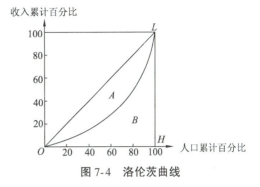

图7-4 洛伦茨曲线

四、基尼系数

虽然洛伦茨曲线表示的相对不平等状态很直观,但是不够精确。20世纪初意大利经济学家科拉多·基尼根据洛伦茨曲线找出了判断收入分配平均程度的指标,被称为基尼系数。基尼系数的计算公式是:

$$G=\frac{A}{A+B}$$

显然,$0<G<1$。

当基尼系数为0时,收入分配绝对平均;当基尼系数为1时,收入分配绝对不平均。在0和1之间,其值越小,收入分配越平均;其值越大,则收入分配越不平均。

> **知识链接**
>
> **基尼系数的区段划分**
>
> 联合国有关组织规定:基尼系数若低于0.2表示收入绝对平均,基尼系数在0.2~0.3之间表示比较平均,处在0.3~0.4表示相对合理,0.4~0.5表示收入差距较大,而在0.5以上表示收入差距悬殊。基尼系数为0.4被定为分配差距的警戒线。

 找一找 查找我国近20年的基尼系数,并做分析。

五、引起收入分配不平等的原因及对策

(一) 收入分配不平等的原因

收入分配不平等在每个社会都存在,一般认为导致收入分配不平等的主要原因如下。

1. 社会经济发展水平

收入分配不平等与社会经济发展水平密切相关,美国经济学家库兹涅茨通过研究认为,在经济开始发展时,收入分配不平等因经济发展而加剧,在发展到一定程度后,收入分配才会变得较为合理。

应该指出的是,在经济转型的各国中,无论经济发展状态如何,都出现了较为严重的收入分配不平等,甚至出现了两极分化。例如,俄罗斯在转型过程中经济发展并不快,甚至出现负增长,收入分配不平等现象很严重;而在中国,经济发展相当迅速,但也出现了较为严重的收入分配不平等。

2. 制度因素

世界各国的收入分配不平等也与制度上存在的问题相关。例如,有些国家存在着不同地区经济发展的不平等,但人为的限制措施阻止或制约了人口的流动,导致地区间收入分配的不平等,还有些国家存在着教育上的不平等或对妇女的歧视等,这些都会导致收入分配的不平等。在发达国家,参加工会和不参加工会的工人之间也会产生不平等。

3. 个体差异

个体差异是导致收入分配不平等的另一个重要因素。人们存在着智力和体力的差异,同时,能力的大小、后天受教育程度、工作偏好等都会影响个人的收入。在现实中,有些人吃苦耐劳,有些人好吃懒做,这也会引起收入的不同。有些人平时准备充分,能抓住机遇成为富人,有些人却在等待机会,当机会来临时又没有察觉,这些都是造成收入分配差距的原因。

4. 政策因素

在经济发展中,政府往往会实行有关产业的扶持政策,或对一些产业实施抑制措施,这就导致从事这些行业工作的人的收入增加或减少,导致收入分配的不平等。

(二)解决收入分配不平等的对策

收入分配不平等在一定范围内是合理的,但是如果差距过大则既损毁了社会公平,又会导致社会动荡。因此,有必要通过收入再分配来解决收入分配不平等的现象。

1. 税收政策

税收政策的目的在于通过税收来缩小人们收入分配的差距,政策工具主要是个人收入调节税。它通过累进所得税制度来调节社会成员收入分配的不平等状况。累进所得税制度就是根据收入的高低确定不同的税率,对高收入者多收税,对低收入者少收税或不收税。

这种累进所得税制度有利于纠正社会成员之间收入分配不平等现象,从而有助于实现收入的平等化。但不利之处在于不能使有能力的人充分发挥自己的才能,这对社会来说也是一种损失。

除了所得税外,其他的一些税种,例如遗产税、赠与税、财产税、消费税等税种也起到类似的作用。

2. 社会福利政策

社会福利政策是通过给贫困者补助来实现收入分配平等化,从目前来看,主要有以下内容:

(1)社会保障与社会保险。

(2)向贫困者提供就业机会和培训。

(3)对教育事业进行支持或帮助。

(4)医疗保险与医疗救助。

(5)各种保护劳动者的立法。

(6)改善住房条件。

 知识拓展

收入分配的平等与效率

平等和效率在市场经济中是一个永恒的话题,一种无效率的资源配置可能比一种有效率的配置更公平。经济学家认为,收入分配有三个标准:

(1)平等标准,即按平等的准则来分配国民收入。

(2)需要标准,即按社会成员对生活必需品的需要来分配国民收入。

(3)贡献标准,即按社会成员的贡献来分配国民收入。

前两个标准有利于社会收入分配的平等化,但不利于经济效率的提高。最后一个标准有利于社会经济效率的提高,但不利于社会收入分配的平等化。这就是所谓的平等与效率的矛盾。

在市场经济中,要按照效率优先的原则调节好初次分配关系,通过提高效率来促进社会的发展,进而创造出更多的社会财富,从而为公平分配提供条件。要按照公平的原则调节收入的再分配,通过实行公平分配实现社会稳定。

项目 8

市场失灵与政府干预

1. 掌握市场失灵的定义和原因。
2. 知晓市场失灵的表现和类型。
3. 了解政府干预的原因和方式。
4. 了解政府干预的局限性。

任务 8.1 市场失灵的成因和表现

理解市场失灵,会解释市场失灵的原因;知道如何区分公共物品和私人物品,并解释"搭便车"问题及解决措施;理解面对外部性如何提高效率;知悉如何应对信息不对称。

列车与农田

20 世纪初的一天,一辆列车在绿草如茵的英格兰大地上飞驰。车上坐着英国经济学家庇古。他边欣赏风光边对同伴说,列车在田间经过,喷出的火花(当时是蒸汽机车)飞到了麦穗上,给农民造成损失,但铁路公司并不用向农民赔偿。这正是市场经济的无能为力之处,称为"市场失灵"。

1971 年,美国经济学家乔治·斯蒂格勒和阿尔钦同游日本。他们在高速列车(已经是电气机车)上见到窗外的禾田,想起当年庇古的感慨,就问列车员,铁路附近的农田是否受到列车的损害而减产。列车员说,恰恰相反,飞速驶过的列车把吃稻谷的飞鸟吓走了,农民反而受益。当然铁路公司也不能向农民收"赶鸟费"。这同样说明市场经济是无能为力的，也称为"市场失灵"。

同样的一件事在不同的时代和地点带来了不同的结果，两代经济学家的感慨也不同。但从经济学的角度来看，列车通过农田无论结果如何其实都说明了同一件事：市场经济中外部性与市场失灵的关系。

(资料来源：梁小民，《微观经济学纵横谈》，生活出版社 2002 年版)

想一想 1. 举出日常生活中外部性问题事例，讨论它如何导致市场失灵。
2. 为什么解决外部效应问题是国家调节微观经济的重要内容？

一、市场失灵的定义和原因

古典经济学认为，在完全竞争的条件下，市场就像一只看不见的手，在自发运行的过程中，仅仅依靠自身力量的调节，就能使社会上的各种资源得到充分、合理的利用，达到社会资源的最优配置状态。这种最优配置表现为：一是供求相等；二是生产最有效率；三是社会福利最大。但是现实告诉我们，市场经济不是万能的。自由放任基础之上的市场竞争机制并非在任何领域、任何状态下都能充分展开；而在另外一些领域或场合，市场机制即使能够充分发挥作用，也无法达到符合整个社会要求的正确的资源配置结果。这些问题就是市场经济自身所无法克服的固有的缺陷或不足，这就是"市场失灵"。

(一) 市场失灵的定义

市场失灵是指对于非公共物品而言由于市场垄断和价格扭曲，或对于公共物品而言由于信息不对称和外部性等原因，导致资源配置无效或低效。

在市场经济条件下，价格是社会资源的主要配置机制，它引导消费者选择商品，引导生产者按利益最大化组织生产，实现社会资源的合理配置。所以，在正常情况下，市场价格的自发调节作用完全可以实现资源的最优配置。这时，市场的边际成本都等于边际收益。但是，在有些场合，价格不能反映消费者的边际估价或生产者的边际成本。例如在完全垄断和寡头垄断市场中，企业索取了高于边际成本的价格，导致价格扭曲和垄断企业产量过少，这就是典型的"市场失灵"。

知识链接

帕累托效应

关于效率，经济学中常用帕累托的效率概念来描述，即用帕累托改进和帕累托最优来表示。所谓帕累托改进是指经济中的一种变化，即在没有使任何人境况变坏的前提下，这种变化使得至少一个人的状况变得更好。

帕累托最优是指在经济中不可能再有更多的帕累托改进余地的状况，也就是说，经济中的所有效率已经全部达到最优状态。

经济学中常用帕累托效应来衡量效率问题。

(二) 市场失灵的原因

1. 公共物品原因

经济社会生产的产品大致可以分为两类,一类是私人物品,一类是公共物品。简单地讲,私人物品是只能供个人享用的物品,例如食品、住宅、服装等。而公共物品是可供社会成员共同享用的物品。严格意义上的公共物品具有非竞争性和非排他性的特点。非竞争性是指一个人对公共物品的享用并不影响另一个人的享用,非排他性是指对公共物品的享用任何消费者都无须付费,都不会被排斥在外。例如国防就是公共物品,它带给人民安全,公民甲享用国家安全时一点都不会影响公民乙对国家安全的享用,并且人们也无须花钱就能享用这种安全。但由于有这样的特点,也会导致"搭便车"现象的出现,从而使市场无法有效提供公共物品。

议一议 在我们的日常生活中,有哪些商品属于公共物品,又有哪些属于私人物品?

2. 垄断原因

垄断是指对市场的直接控制和操纵,市场机制本身不能保证竞争的完全性,自由竞争不可避免地要导致垄断,而且程度会越来越高,由此产生两个后果,一是对消费者的掠夺和欺诈,二是生产者生产的无效率。也就是说,某种程度的(如寡头)和完全的垄断可能使得资源的配置缺乏效率。对这种情况的纠正需要依靠政府的力量。政府主要通过对市场结构和企业组织结构的干预来提高企业的经济效率。

3. 外部性原因

外部性是指个人或企业的行为直接影响到其他个人或企业,但其他个人或企业并没有因此而支付任何成本或得到任何补偿。市场经济活动是以互惠的交易为基础,因此市场中人们的利益关系实质上是同金钱有联系的利益关系。例如,甲为乙提供了物品或服务,甲就有权向乙索取补偿。当人们从事这种需要支付或获取金钱的经济活动时,还可能对其他人产生一些其他的影响,这些影响对于他人可以是有益的,也可以是有害的。然而,无论有益还是有害,都不属于交易关系。这些处于交易关系之外的对他人的影响被称为外部性,也被称为经济活动的外在性。例如,建在河边的工厂排出的废水污染了河流,对他人造成损害。工厂排废水是为了生产产品赚钱,工厂同购买它的产品的顾客之间的关系是金钱交换关系,但工厂由此造成的对他人的损害却可能无需向他人支付任何赔偿费。这种影响就是工厂生产的外部影响。当这种影响对他人有害时,就称之为外部不经济。当这种影响对他人有益时,就称之为外部经济。比如你摆在阳台上的鲜花可能给路过这里的人带来外部经济。

4. 非对称信息原因

信息对称和信息不对称是相对的,信息对称是指交易双方对商品的有关信息具有同等的了解。但是,由于经济活动的参与人掌握的信息是不同的,一些人可以利用信息优势进行欺诈,这会损害正当的交易。当人们对欺诈的担心严重影响交易活动时,市场的正常作用就会丧失,市场配置资源的功能也就失灵了。由此带来逆向选择和道德风险,导致竞争性市场的无效率。

想一想 我们为什么要设立消费者权益保护日?

二、市场失灵的表现

市场失灵的原因会在市场失灵的表现中显现出来,在现实生活中市场失灵具体表现在以下几个方面。

(一) 公共产品供给不足

公共物品的非排他性是指其不能排除别人不支付价格的消费。因为这种排他,一方面在技术上做不到,另一方面虽然在技术上可以做到,但排他成本高于排他利益。所谓非竞争性是因为对生产者来说,多一个消费者、少一个消费者不会影响生产成本,即边际消费成本为零。而对正在消费的消费者来说,只要不产生拥挤就不会影响自己的消费水平。这类产品又叫非营利性产品。从本质上来说,公共产品的生产与自由市场经济是矛盾的,生产者不会主动地生产公共产品。而公共产品是全社会所必须消费的产品,它的满足状况也反映了一个国家的福利水平。这样一来,公共产品生产滞后与社会成员和经济发展需要之间的矛盾就变得更加尖锐。

  实例链接

格拉斯哥气候协定

2021年11月16日,联合国气候变化纲要公约第26次缔约方会议与会的200多国终于在13日达成《格拉斯哥气候协定》(Glasgow Climate Pact),其中最大的几个成就是:

1. 逐步将全球暖化控制在1.5℃内。协议将原本五年检视一次"国家自主贡献"(NDC),改为逐年检视,要求各国一年后提交更具雄心的减排目标。

2. 逐步淘汰煤炭。要求各国逐步淘汰减量燃煤发电以及减少对化石燃料的低效率补贴,因为科学家认为,能源是造成人为气候变化的主要因素。

3. 协助贫弱国家抗暖。过去,富裕国家未能履行每年将向贫穷或脆弱的国家提供1 000亿美元,以帮助他们调适气候变迁所带来的影响的责任,现在富国已基本同意继续就相关问题进行讨论。

4. 敲定碳市场规则。气候峰会还敲定了巴黎协定未决的碳市场规则,各国可以在全球市场上交易碳排放额度,为减碳创造金钱诱因。

5. 附带条款。美国和欧盟率先发起了一项全球甲烷减排倡议,约100个国家承诺到2030年将甲烷排放量在2020年的基础上减少30%。作为世界上最大的两个碳排放国,美国和中国还宣布了一项关于在气候变化措施方面进行合作的联合声明。

(资料来源:关注森林网,http://www.isenlin.cn/sf_605B42B208A94A6FAFC8AFC69F4D8A30_209_8C0B6735583.html)

(二) 公共资源的过度使用

有些生产主要依赖于公共资源,如小故事里所说的公有草地,又比如说渔民打鱼时使用的江河湖海,等等。这类资源既在技术上难以划分归属,又在使用中不宜明晰归属。正因为如此,由于生产者追求利润最大化的趋势,往往会对这些资源出现掠夺式使用而不能给资源以休养生息。有时尽管使用者明白长远利益的保障需要公共资源的合理使用,但因为担心其他使用者的过度使用,于是出现使用上的盲目竞争。

小故事

公地的悲剧

中世纪的一个小镇,该镇最重要的经济活动是养羊。许多家庭都有自己的羊群,并靠出卖羊毛来养家糊口。由于镇里的所有草地为全镇居民公共所有,因此,每一个家庭的羊都可以自由地在共有的草地上吃草。开始时,居民在草地上免费放养没有引起什么问题。但随着时光流逝,追求利益的动机使得每个家庭的羊群数量不断增加。由于羊的数量日益增加而土地的面积固定不变,草地逐渐失去自我养护的能力,最终变得寸草不生。一旦公有地上没有了草,就养不成羊了,羊毛没有了,该镇繁荣的羊毛业也消失了,许多家庭也因此失去了生活的来源。

想一想 是什么原因引起了公地的悲剧?请用相关经济理论加以回答。

(三) 失业问题

从微观来看,当资本为追求规模经济,提高生产效率时,劳动力被机器所排挤。从宏观来看,市场经济运行的周期变化,对劳动力需求的不稳定,也需要有产业后备军的存在,以满足生产高涨时对新增劳动力的需要。失业从微观和宏观两个方面满足了市场经济的需要,但失业的存在不仅对社会与经济的稳定不利,而且也不符合资本追求日益扩张的市场的需要。

(四) 逆向选择与道德风险

逆向选择是指由于交易双方信息不对称和市场价格下降产生的劣质品驱逐优质品的现象,这会导致市场交易产品平均质量下降。例如,在产品市场上,特别是在二手货市场上,卖方比买方拥有更多的商品质量信息,买方由于无法识别商品质量的优劣,只愿根据商品的平均质量付价,这就使优质品被低估而退出市场交易,结果只有劣质品成交,进而导致交易的停止。

道德风险是指从事经济活动的人在最大限度地增进自身效用的同时做出不利于他人的行为。或者说当签约的一方不完全承担风险后果时所采取的自身效用最大化的自私行为。

(五) 外部负效应问题

外部负效应即外部不经济,是指某一主体在生产和消费活动中对其他主体造成的损害。外部负效应实际上是生产与消费过程中的成本外部化,但生产或消费单位为追求更多利益,会放任外部负效应的产生与蔓延。例如化工厂,其内在动因是赚钱,为了赚钱对企业来说最好让工厂排出的"三废"不加处理而直接排放,这样就可以减少治污成本,增加企业利润,结果破坏了环境,给社会带来危害。

(六)竞争失效和市场垄断的形成

竞争是市场经济的动力,一般来说竞争是在同一市场中的同类产品或可替代产品之间展开的。但是,一方面,由于分工的发展使产品之间的差异不断拉大,资本规模扩大和交易成本的增加阻碍了资本的自由转移和自由竞争;另一方面,由于市场垄断的出现,减弱了竞争的程度,使竞争的作用下降。技术进步、市场扩大、企业为获得规模效应而进行兼并等都促成了市场垄断的形成。一旦企业依靠垄断地位来获利,市场竞争与技术进步就会受到抑制,就会导致经济效率低下和社会福利的损失。

知识链接

垄断的危害

自然垄断往往会带来规模经济,减低成本,具有进行科学研究和采用新技术的实力,从而有助于生产力的发展,但是垄断又会带来经济上的不合理性。例如,垄断会造成生产效率不能最大限度发挥,资源不能得到充分利用,社会福利受到损失等。

图8-1中,曲线 D 为厂商需求曲线,MR 为边际收益曲线,再假设平均成本和边际成本相等且固定不变,用直线 $AC=MC$ 表示。根据利润最大化原则 $MC=MR$,厂商的产量应定在 Q_2,价格应定在 P_2,它高于边际成本,说明没有达到帕累托最优,因为这时消费者愿意为增加1单位产量而支付的货币超过生产该单位产量所花费的成本。

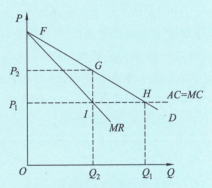

图8-1 垄断造成的经济效率低下和社会福利损失

显然,要达到帕累托最优,产量应定在 Q_1,价格应降到 P_1,这时 $AC=AR$,$P=MC$。然而,垄断决定的产量和价格只能是 Q_2 和 P_2。如果产量和价格是完全竞争条件下的 Q_1 和 P_1,消费者剩余是 $\triangle FP_1H$ 的面积,而当垄断者把价格提高到 P_2 时,消费者剩余只有 $\triangle FP_2G$ 的面积,所减少的部分(P_1P_2GI 所代表的面积)变成了垄断者的利润,另一部分($\triangle GIH$ 所代表的面积)就是垄断所引起的社会福利的纯损失,它代表由于垄断所造成的低效率带来的损失。

(七)收入和财富分配不公

收入和财富分配不公是市场失灵的主要表现之一。因为市场机制遵循的是资本与效率的原则,这就会出现收入和财富的"马太效应"。一方面,拥有越多资本在竞争中越有利,效率提高的可能性也越大,收入与财富向资本与效率集中;另一方面,资本家对雇员的剥削使一些人更趋于贫困,造成收入与财富分配的进一步拉大,这种拉大又会由于影响到社会消费水平而使市场相对缩小,进而影响到生产,制约社会资源的充分利用,使社会资源不能实现最大化。

任务8.2 政府干预

理解政府干预经济的理由及方式,掌握不同的政府干预政策的内涵,了解政府经济行为的局限性;会运用这些理论对社会经济现象进行简单的分析。

猪周期中的政府干预

自2018年发生非洲猪瘟以来,我国的生猪存栏量在一路下跌,不管是可育种母猪的存量还是生猪的存量都跌到了历史同期的最低,随之而来的即是猪肉价格的飞涨,在广东、云南等地猪肉的价格已经突破50元一斤的水平,直接带动了相关的肉类价格的上涨。为了稳住猪肉的价格,保障人民群众的正常生活水平,国家出台了许多相关的政策扶持生猪产业的发展。

一、政策扶持生猪养殖

2019年国家对生猪养殖的扶持力度可以说是前所未有,农业农村部联合国家发改委、财政部等诸多部门下发了生猪养殖的17条政策鼓励生猪的养殖,全国24个省份陆续出台了生猪养殖的支持政策,涵盖了生猪养殖的各个方面。各个方面都对生猪养殖做出了巨大的优惠。以养殖用地为例,国家取消了生猪养殖用地15亩以上的建设用地审批,允许使用一般农田进行生猪养殖,且不需要进行占补平衡。

二、投放冷冻肉

为了缓解猪肉市场的供应压力,保障正常的用肉需求,国家在9月初向市场投放中央储备猪肉1万吨,9月底,国家又进行了冷冻肉的二次、三次投放,投放规模多达3万吨,极大地减轻了猪肉的供应压力,虽然没有显示出明显的下降趋势,但猪肉价格的上涨趋势也由此放缓。

三、增加猪肉进口规模

根据海关部门的信息显示,我国2019年前三季度的猪肉进口高达132.6万吨,创造出了同期历史的新高。在猪肉价格上涨、生猪出栏量不断下降的趋势下,国家增加了对荷兰、新西兰、美国等地区的猪肉进口规模,以平衡国内的猪肉供需。

四、加强流通渠道和屠宰企业管理

不少地方政府积极要求各地商贸流通主管部门与屠宰企业一道多方开辟生猪收购渠道,以确保猪源供应,稳定生猪的宰杀量;同时还加强了对屠宰企业的管理,禁止屠宰企业趁机进行猪肉的囤积,人为地减少宰杀量,从而谋取高额的利润回报,对屠宰企业还实行了严格的检疫检验制度,防止病死的猪肉流入市场,对人民群众的身体健康造成危害。

政府对于猪肉价格的调控是多方面的,从生猪产业的源头到生猪宰杀的末端,国家都进行了相关的政策扶持和管理,在长期的调控和努力之下,猪肉的价格在2019年年底出现了止升回落的趋势,生猪和育种母猪的存量也出现了止跌回升。

(资料来源:乡村动力,http://www.xiangcun.com/news/show-1284.html)

  1. 面对高企的猪肉价格,国家采取了哪些措施保证猪肉供应?

2. 政府的这些措施属于政府干预吗?需不需要长期保持不变?

通过任务8.1的学习,我们可以看到,市场经济的局限性及其功能缺陷是固有的,仅仅依靠市场自身是难以克服的,因此必须依靠政府的力量来纠正市场经济的局限性和缺陷。

一、政府监管与干预的原因

市场经济被认为是最具效率和活力的经济体制和资源配置手段,它具有任何其他经济体制和手段不可替代的优势,主要表现在经济利益的刺激性、市场决策的灵活性以及市场信息的有效性上。另外,市场经济的良性运行还有利于避免和减少直接行政控制下的低效和腐败。但是,市场经济也有其局限性,其缺陷是固有的,仅靠市场本身是难以克服的,必须借助政府的干预来实现。

(一)单纯依靠市场不能保证国民经济的综合协调和可持续发展

市场经济实现的经济均衡是一种事后调节并通过分散决策而完成的均衡,它具有相当程度的自发性和盲目性,因而会产生周期性的经济波动和经济总量的失衡。另外,市场经济中个人的理性选择在个别产业、个别市场中可以有效地调节供求关系,但个人理性选择的综合效果可能导致整体的非理性行为。例如,当经济发生通货膨胀时,作为理性的个人自然会做出理性的选择——增加支出购买商品,而每一个人的理性选择所产生的效果便是整体的非理性选择——维持乃至加剧通货膨胀。再者,市场主体在激烈的竞争中,为了谋求最大的利润,往往把资金投向周期短、收效快、风险小的产业,导致产业结构的不合理。这就要求政府运用计划、财政、货币、信贷、汇率、优惠、制裁等政策措施,以及经济杠杆和法律手段,特别是采取"相机抉择"的宏观调节政策以减少经济波动的幅度和频率,同时通过制定发展战略、发展计划和创业政策,对若干重要领域进行投资来引导生产力的合理布局,优化产业结构,保持宏观经济稳定与经济总量平衡。

(二)自由放任的市场竞争会导致垄断

生产的边际成本决定市场价格,不同企业的生产成本水平使市场主体在市场竞争中处于不同的地位,导致某些处于有利地位的企业逐渐占据垄断地位。同时,为了获得规模经济效益,一些市场主体往往通过联合、合并、兼并等手段,形成对市场的垄断,从而导致对市场竞争的扭曲,使其不能发挥自发而有效的调控功能。完全竞争条件下资源配置的最优化也就成为纯粹的假设。这就需要政府对市场主体的竞争予以适当的引导、限制,如制定反垄断法、价格管制、控制垄断程度等。

 小故事

这些做法违法吗?

2007年7月,方便面中国分会多次组织、筹划、协调企业商议方便面的涨价幅度、步骤、时间,致使市场上方便面涨价。

2007年5月,石家庄市容环境卫生协会车辆清洗专委会下发通知,提高全市洗车价格,小型车每次15元,中型车20元,大型车40~50元,涨价幅度50%。

议一议 以上做法会对经济产生什么影响?其本身违不违法?为什么?

(三)市场经济无法补偿和纠正经济外在效应

经济外在效应是指单个的生产和消费决策不通过市场而影响了他人的生产和消费。也就是说,经济外在效应是独立于市场外的客观存在,它不能通过市场经济的自动调节而改变,往往需要借助市场以外的力量予以校正和弥补。显然,经济外在效应意味着有的市场主体可以无偿取得外部经济性而出现"搭便车"现象;而有的市场主体蒙受外部不经济所造成的损失而得不到弥补,例如工厂排放污染物会对附近居民造成损失等。这类经济外在效应不可能通过市场价格表现出来,当然也就无法通过市场交换的途径加以纠正。

(四)市场经济不利于公共物品的供给

由于存在经济外在效应,不可避免地会产生诸如前面所述的"搭便车者"。更严重的是,"一旦公共物品被生产出来,生产者就无法决策谁得到它"。如果人人都希望别人来提供公共物品而自己坐享其成,其结果便很有可能是大家都不提供公共物品。缺乏必要的公共物品,就不能满足社会经济的客观需要,从而大大降低社会资源配置的效率。这就需要政府以社会管理者的身份组织和实现公共物品的供给,并对其使用进行监管。

(五)市场经济会造成收入分配不公和贫富两极分化

一般说来,市场经济能促进经济效率的提高和生产力的发展,但不能自动带来社会分配的均衡和公正。奉行等价交换、公平竞争原则的市场机制却由于各地区、各部门、各行业发展的不平衡以及制度、政策、个人能力等因素造成其收入水平的差别,产生事实上的分配不平等;而竞争的规律是"强者恒强",这就会产生财富越来越集中的"马太效应",导致收入和贫富差距的扩大。此外,市场本身又不能保障充分就业,失业更加重了贫富悬殊,这会对经济产生极大的制约,从而导致市场的扭曲。过度的两极分化还会危及社会的稳定,带来严重的社会问题。

想一想 以 GDP 来衡量一届政府的工作是否合理?为什么?

二、政府干预的方式

 实例链接

蚂蚁金服上市被叫停

2020年年底最有热度的金融新闻无过于蚂蚁金服上市被叫停,这一号称史上最强IPO在上市前夜被中国证监会叫停,从而引发了社会的广泛议论和猜想。

蚂蚁金服原本预定于2020年11月5日在A股和港股同时挂牌,国际证券机构给出的估值大约为3.6万亿元,是截至当时最大的IPO,因此备受关注。

2020年11月1日起,网上突然发出了中国国际经济副理事长黄奇帆的相关讲话,讲话内容显示,借呗用了30多亿资本金发放了3 000多亿元贷款,这之间的杠杆达到了百倍,而高杠杆自然伴随着高风险,但是这些风险通过运作和层层转化最终转嫁给了购买蚂蚁金服股票的普通用户。虽然说当下蚂蚁金服处于正向发展阶段,各项业务都有着完备的发展线路,但是任何金融机构都会存在运行风险,否则2008年为什么会出现金融危机呢?而蚂蚁金服的高杠杆模式所带来的市场金融风险更高,一旦蚂蚁金服在运作过程中哪条线路出了问题,那么其所带来的危机同样也是巨大的。而监管机构正是因为看到了这一点,为了降低金融风险,所以才在蚂蚁金服距离上市的最后一步叫停了。

(资料来源:腾讯网,https://new.qq.com/rain/a/20201107A0E48R00)

市场经济的缺陷为政府加强对经济活动的监管与干预提供了充足的理由,政府对经济的调控已经成为现代市场经济的有机组成部分。其主要措施表现在以下几个方面。

(一)反垄断措施

1. 以立法形式反垄断——反垄断法规

通过法律手段来进行反垄断是由立法部门制定有关法律以禁止垄断的产生,比如制定反垄断法。很多市场经济较为完善的国家就先后制定了一系列法规,从不同侧面对垄断加以限制,形成了一个完整的反垄断法律体系。这些法规主要包括:禁止企业间缔结固定价格或分割市场的协议;禁止企业用不正当竞争垄断一个行业;禁止以强迫手段使买者或卖者只能与某家企业进行交易;禁止企业搞价格歧视;等等。对违规的企业要进行一系列法律的处罚。

2. 以行政方式反垄断——政府管制

政府管制是指政府机构通过价格决定、产品标准与类型以及新企业进入一个行业的条件对经济活动进行管理和限制。政府管制的主要措施包括价格控制、价格和产量的双重控制、质量控制、融资控制、市场进入或退出控制、税收或补贴控制以及国家直接经营。关于价格控制在项目3中已有论述,这里不再重复。质量控制是政府通过对公共物品或服务规定标准质量,结合价格控制等手段,促进特定产业主体改进服务,从而增加公共物品。融资控制是指政府对特定主体的投资进行鼓励或者限制,以控制主体数量及其资本构成比例。而市场进入和退出控制则是确保特定公共经济领域存在数量适当的主体的重要调控手段,以确保公共物品供应稳定,避免资源浪费或者垄断行为的发生。

3. 以专利制度反垄断——规定专利的时限

掌握专利是企业垄断市场的重要手段,从这个角度看,专利制度实际上是保护不完全竞争。因为在推进技术变革方面,不完全竞争有其特殊的激励作用。在这里,明确专利时限非常重要,如果专利时限过长,技术垄断会严重削弱竞争机制,不利于全社会生产率的提高;如果专利时限过短,则创新的动力会被削弱。

找一找 我国目前有哪些反垄断的法律法规?

(二) 提供公共物品

政府提供公共物品的方式有两种:一是政府直接生产,二是政府间接生产。政府直接生产主要通过政府部门的服务和通过政府控制的国有企业来进行。政府间接生产指政府利用预算安排、政策安排或合约安排形成经济激励,引导私人企业或非营利部门参与公共物品的生产。前者如国防、社会治安、消防等,后者如邮政服务、电力、教育、图书馆、医院等。一般而言,政府间接生产公共物品有较低的劳动成本、较好的经营管理等优点,因此,要尽量采用间接的生产方式。

(三) 矫正外部效应

产生外部效应的原因有两个:一是公共财富或无主物,例如空气和水;二是无法排他而难以保障财产权。因此,纠正外部效应主要考虑这两个因素。主要采取的措施为:① 对能排他的公共财富或无主物赋予财产权;② 对产生外部成本者课税,对产生外部利益者补贴;③ 如果某企业的行为对另一个企业产生了外部性,可以将两个企业合并,这样就可以将外部性问题转化为企业内部问题。

(四) 应付信息不对称

针对信息不对称所导致的市场失灵,政府可以:第一,利用其信息"生产机制",将私人信息转化为公告信息,从而使市场信息发布趋向对称;第二,强制居于信息垄断地位的交易者承担披露危害性事实的义务从而避免未来更大的损失;第三,建立市场准入制度,提高从业人员的整体素质和职业道德,节约信息成本,减少"道德风险",改善服务质量,促进市场健康发展。

(五) 实施社会福利政策

实施社会福利政策是政府干预的重要手段。社会福利政策追求的基本社会目标是公平和效率。不少经济学家主张向富人征税,特别是征收消费税;政府以转移支付方式增加穷人收入等,如提供免费教育、失业保险、社会救济、医疗保险、医疗救助等,并通过间接支付对基本生活品和住宅给予财政补贴,以此来降低向穷人供给的商品价格,实现社会的安定和福利的均衡。

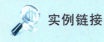 实例链接

知网涉嫌垄断

据国家市场监管总局网站 2022 年 5 月 13 日消息,近日,国家市场监管总局根据前期核查,依法对知网涉嫌实施垄断行为立案调查。

近日,中国科学院因千万订购费停用知网一事再次引发各界对知网是否涉嫌垄断问题的讨论。浙江理工大学法政学院特聘副教授郭兵提交的关于"中国知网滥用市场支配地位"的起诉材料,已于 3 月 21 日被杭州市中级人民法院正式受理。

在此之前,中南财经政法大学九旬退休教授赵德馨状告中国知网维权一事,去年 12 月经《长江日报》持续报道之后,引发社会各界广泛关注,不少网友及专家学者认为知网可能涉嫌行业垄断。

2021 年 12 月 23 日,国家市场监管总局在回复留言时表示:相关经营者的行为是否违反《反垄断法》,需要反垄断执法机构研究、分析具体证据并通过相应的程序做出判定。

2022 年 3 月 9 日,市场监管总局在回复留言时表示:我国《反垄断法》禁止具有市场支配地位的经营者实施滥用市场支配地位行为。对知网是否涉嫌行业垄断,市场监管总局称,"正在核实研究"。

(资料来源:和讯新闻网,http://news.hexun.com/2022-05-13/205939927.html)

三、政府干预的局限性

政府干预对于克服市场经济的局限性具有很大的作用,但是任何事物都是两方面的,政府干预也不是万能的,它也具有明显的局限。

(一) 政府决策的低效率(公共决策的失误)

公共决策主要就是政府决策,政府对经济生活干预的基本手段是制定和实施公共政策,并通过这种方式去弥补市场的缺陷。由于政府决策通常是集体而不是个人做出的,相对于市场决策而言具有相当程度的不确定性,存在着诸多困难、障碍或制约因素,使得政府难以制定并实施好的或合理的公共政策,导致公共决策失误。它包含三个方面:第一,政府决策没有达到预期的社会公共目标;第二,政府决策虽然达到了预期的社会公共目标,但成本大于收益;第三,政府决策虽然达到了预期的社会公共目标,而且收益也大于成本,但带来了严重的负面效应。

(二) 公共物品供给的低效率

由于官僚机构垄断了公共物品的供给,缺乏竞争压力就有可能导致政府部门的过分投资,生产出多于社会需要的公共物品;另一方面,由于没有追求利润和降低成本的激励机制,行政资源趋向于浪费。这都使政府的投资失去作用,即公共机构在低效率下操作也能生存下去,而消费者由于垄断也不可能通过选择另外的供应者来表示不满。

（三）政府的寻租

一切由于行政权力干预市场经济活动造成不平等竞争而产生的收入都称为"租金"，所谓寻租是指行政权力的当事人通过各种合法或非法的努力帮助自己建立垄断地位，以获取高额垄断利润的行为。可见，寻租者所得到的利润并非是生产的结果，而是对现有生产成果的一种再分配，因此，寻租具有非生产性的特征。同时，寻租的前提是政府权力对市场交易活动的介入，政府权力的介入导致资源的无效配置和分配格局的扭曲，产生大量的社会成本。另外，寻租也会导致不同政府部门官员争夺权力，影响政府的声誉和增加廉政的成本。

实例链接

群体性事件频发　媒体称与民争利是"罪魁祸首"

2008年11月10日上午6点，200多名出租车司机聚集在海南省三亚市政府门口，申诉三亚市一些出租车公司垄断市场、租金过高、黑车太多等问题，要求与市政府相关部门领导接洽以尽快解决问题。3个小时后，甘肃省永登县司机罢运开始，全县共有合法运营的出租车280多辆，参加当天罢运的有160多辆。

一波未平，一波又起。短短8天后，云南大理部分"挂靠"在大理交通运输集团的个体司机因不满公司一项新规定而集体罢运，并到大理州政府集体上访。

这些群体性事件一经媒体披露，迅速在网上引起广泛讨论。"地方政府与民夺利"被中国网民认为是"罪魁祸首"。新加坡《联合早报》评论说，一些地方政府片面强调经济发展，忽略了应有的服务职能。

（资料来源：中国新闻网，https://www.chinanews.com.cn/gn/news/2008/11-24/1460494.shtml）

（四）政府的扩张

政府部门的扩张包括政府部门组成人员的增加和政府部门支出水平的增长，这使行政机构总是按照一定的速度扩张。这样就会造成预算约束的软化，使公共预算呈现增长的趋势，而忽视社会公共价值的存在。由于政府官员也是个人利益最大化者，他们总是希望不断扩大机构规模，增加其层次，以相应地提高其机构的级别和个人待遇，结果导致资源配置效率低下，社会福利减少。

议一议　请讨论现实生活中哪些现象属于政府寻租现象。

知识链接

公共选择理论

公共选择理论是当代经济学领域一个相对较新的理论分支与学说,20世纪60年代末以来其学术影响迅速扩大。公共选择理论的领袖人物当推美国著名经济学家詹姆斯·布坎南。公共选择理论认为政府活动的结果未必能校正市场失灵,政府活动本身也许就有问题,甚至造成更大的资源浪费。主要原因包括政府决策的无效率、政府机构运转的无效率和政府干预的无效率。

公共选择理论认为,要摆脱政府失灵有两条路:其一是市场化改革,就是试图通过把市场经济的竞争机制引入政治市场来提高后者的运行效率。其主要包括三方面的内容:(1)明晰和界定公共物品——公有地、公海、公共资源的产权,借此消除在这些公共物品使用上的"逃票乘车"和掠夺性消费。(2)在公共部门之间引入竞争机制,重构政府官员的激励机制,按照市场经济原则来组织公共物品的生产。(3)重新设计公共物品的偏好显示机制,使投票人尽可能真实地显示其偏好。其二是进行宪法制度改革,就是试图通过建立一套经济和政治活动的宪法规则来对政府权力施加宪法约束,通过改革决策规则来改善政治。在公共选择理论家们看来,要克服政府干预行为的局限性及避免政府失灵,最关键的是要在宪制上做文章。布坎南等人着重从立宪的角度分析政府制定的约束经济和政治活动的规则或限制条件,即他们并不直接提出具体的建议供政策制定者选择,而是为立宪改革提供一种指导或规范建议,为政策制定提出一系列所需的规则和程序,从而使政策方案更合理,减少或避免决策失误。

项目 9

国民收入

熟悉各种宏观经济总量概念,了解国民收入核算的基本方法。
熟悉总需求、总供给与均衡国民收入的含义。
掌握消费函数和储蓄函数的基本概念与相互关系。
了解投资乘数及其与国民收入的关系。
理解两部门经济中国民收入决定的条件及其图示说明。
了解货币需求的构成动机,理解货币总需求曲线图。
了解货币供求如何决定利率。

任务 9.1 国民收入指标体系

熟悉各种宏观经济总量概念,了解国民收入核算的基本方法,了解有关国家经济状况的重要指标。

GDP 不是万能的,但没有 GDP 是万万不能的

不知何时起,GDP 成为各大媒体、经济学家、老百姓批判的对象。他们认为 GDP 会掩盖贫穷与社会动荡的事实,也无法衡量人们的生活质量。中国 GDP 总量早在 2010 年就超越日本,仅次于美国,位居世界第二。然而,GDP 增长的同时,大气污染也日益严重,雾霾问

题严重影响到了国人的生活质量,成为中国人的痛点。这些真的都是 GDP 的罪过吗?

GDP 诞生于 20 世纪 30 年代美国经济大萧条期间。第二战世界大战以后,美国认为,评估富裕(贫穷)程度的最好办法便是 GDP 公式。GDP 就这样成了国家繁荣的代名词。在这一刻,GDP 已经成为一个分数,好比高考,分数高,你就能踏入发达国家的发展领域,和更多的发达国家进行贸易交流,反之分数低,那么你便无法踏入更高的领域。

但是 GDP 真的能让人起死回生吗? 在很长一段时间内,巴基斯坦都是 GDP 的忠实追随者。从 1960 年到 1965 年,巴基斯坦的工业增长率位居世界第一。唯一与其水平接近的是日本。每年,它的工业产出以 14% 左右的速度增长,这确实非常了不起。

结果,GDP 提高了,但是呢?

巴基斯坦首席经济学家哈克在早期也是 GDP 的迷恋者,直到他看到巴基斯坦繁荣背后的疮痍时才有所反思。卡拉奇经济奇迹掩盖的是社会的贫富差距、罢工现象以及不安的未来。要知道巴基斯坦靠的几乎都是外援和贷款,如果国际援助停止,巴基斯坦的经济将会不堪设想。哈克还意识到,尽管经济增长迅猛,巴基斯坦的教育与健康的水平仍原地不动。此外,在巴基斯坦,22 个家庭拥有了 66% 的工业公司。哈克认为,小部分财富创造者越来越富有的话,国家就不可能真正富足。

通过巴基斯坦的案例,人们渐渐地意识到 GDP 不是万能的。哈克希望能找到其他更恰当的指标来取代 GDP,衡量经济水平。他希望这个指标能够考虑到人们的总体生活质量、教育水平以及平均预期寿命。"任何指标(GDP)如果更重视枪支而不是牛奶的话,注定会引发关系到人类进步的严峻问题。"这个指标就是人类发展指数。1990 年,第一份人类发展报告和人类发展指数便在全世界范围内掀起了媒体风暴。报告显示,日本的人类发展指数数值为 0.996,位居第一,紧随其后的依次是瑞典、瑞士、荷兰和加拿大,而美国的数值为 0.961,排在第 19 位。与此同时,1990 年美国的人均 GDP 位居世界第一,本来有望排在人类发展指数名单的第一位或接近位置,这进一步加剧了世人的震惊。毫无疑问的是,人类发展报告和人类发展指数不但是在直接跟 GDP 叫板,而且也对华盛顿共识构成了挑战。在美国的阻挠和干预下,人类发展指数最终没能取代 GDP。

回顾历史,从最初疯狂迷恋 GDP 数值的增长,到反思、批判 GDP,人们对于 GDP 的态度几乎一直是非白即黑。但事实是,我们应该意识到 GDP 是处在灰色地带的一个尺度。从 GDP 创立之初至今,变的是我们自己的需求,不变的是 GDP 的职能,GDP 在衡量国家经济实力上依旧是最有效的标准,任何指数都无法取代它。

(资料来源:伊桑·马苏德,《GDP 简史》,东方出版社 2016 年版)

议一议 除了 GDP,你认为还可以用什么来衡量经济发展?

宏观经济研究的对象是整个社会经济活动的总量变动,这些总量包括国内生产总值、国内生产净值、国民生产总值、国民生产净值、国民收入、个人收入和个人可支配收入。整个经济社会的运行效果主要通过以上总量指标来表现。除此之外,把握国家总体经济状况和发展趋势,还离不开人均国民收入、物价水平、生产者价格指数、固定资产投资额、经济增长率等重要经济指标。研究失业、通货膨胀或通货紧缩以及经济增长等重大宏观经济问题都离不开这些宏观总量概念。

一、宏观经济总量

(一) 国内生产总值(GDP)

国内生产总值(Gross Domestic Product,GDP)是指一个经济社会在某一给定时期内生产的所有最终物品与劳务的市场价值。这个概念包含以下六个方面的含义:

(1) 国内生产总值是一个市场价值的概念。各种最终产品的价值都是用货币加以衡量的。产品市场价值就是用最终产品的单位价格乘产量获得的。例如每件衬衫的售价为100元,则10件衬衫的市场价值就是100×10=1 000(元)。

显然,产量和价格的变动都会引起国内生产总值的变动。但是,人们的物质福利只与所生产的物品和劳务的数量、质量有关,如果物品和劳务的数量、质量不变,而价格提高一倍,按市场价格衡量的国内生产总值增加一倍,但人们的物质福利并未增加。因此,将两个时期的GDP直接做比较,无法确定哪个因素在起作用和起多大作用。为此,需要做必要的技术处理,区分名义国内生产总值和实际国内生产总值的概念,以便把两个因素的作用分开。经济学家的方法是用不变价格,即以某一年(称为基期)的价格为标准来测量经济指标。用不变价格测算的GDP就称为实际GDP,而以当期价格测算的GDP就成为名义GDP。实际GDP的变化已经排除了价格的变化,单纯反映商品和劳务所引起的变化。它是衡量一国经济在不同时期内所生产的最终产品价格总水平变化程度的指标。

> **知识链接**
>
> **名义GDP和实际GDP**
>
> 名义GDP是指按当年市场价格计算的一年所生产的全部最终产品和劳务的市场价值总和。影响名义GDP的因素主要有两个,即商品和劳务实际产出量的变化与市场价格的变化。前一个因素反映了社会财富的实际变动,后一个因素则扩大或者缩小了社会财富实际变化状况,通常要将它剔除。剔除物价变动后的GDP就是实际GDP,它是指一年内该国居民所生产的最终产品和劳务按某一基年的市场价格计算出的货币总量。由于剔除了物价变动的因素,实际GDP真实地反映了这一时期国内生产总值实际数量的变化情况,便于进行不同年度国内生产总值的比较。
>
> 名义GDP和实际GDP的比率就是价格变动的百分比,这一百分比被称为国内生产总值折算指数,即:
>
> $$\text{GDP 折算指数} = \frac{\text{名义 GDP}}{\text{实际 GDP}}$$

 找一找 我国近几年的名义GDP、实际GDP和相应的GDP折算指数是多少?

(2) 国内生产总值衡量的是最终产品的价值,中间产品的价值不计入国内生产总值,否则会造成重复计算。所谓中间产品是在核算期内生产出来,又在核算期内被消耗或加工,形成其他新产品的那些生产资料,通常包括生产过程中消耗掉的各种原材料、辅助材料、燃料、动力、低值易耗品和有关的生产性服务。相对地,最终产品则是指在本期生产出来而不被消耗加工,可供最终使用的那些产品,具体包括各种消费品、固定资产投资品、出口产品及库存的增加。

知识链接

中间产品和最终产品

我们可以通过生产衣服的例子加深对中间产品和最终产品的理解。农民把种出的棉花提供给纺纱厂,纺纱厂纺出的纱供应织布厂织布,织出的布供服装厂制衣,衣服制成并进入流通领域后再到消费领域。在这个过程中,棉花作为纺纱的原料被消耗掉了,纱作为织布原料被消耗掉了,布作为衣服的原材料被消耗掉了,所以,在制衣的过程中,它们都是中间产品,它们的价值都转移到最终产品服装中。而服装作为制衣过程的最终成果,最后被消费者消费,所以是最终产品,它的价值包含了作为它的中间产品的棉花、纱、布和流通部门提供的服务的价值。因此,GDP 只能包括最终产品和劳务的价值,以避免重复核算。

想一想 一种产品究竟属于中间产品还是最终产品,是根据产品的自然形态来划分还是根据产品的实际用途来划分呢?

(3) 计入国内生产总值的是在一定时期内(一般为一年)所生产而不是销售的最终产品价值。如果企业生产 100 万元产品,只卖掉 80 万元,所剩的 20 万元产品可以看作是存货投资,同样应计入国内生产总值。相反,如果生产 100 万元产品,却卖掉 120 万元产品,库存减少了 20 万元,这 20 万元不是本期生产的产品的价值,应从销售的 120 万元中减去,计入国内生产总值的仍然应该是 100 万元。

(4) 国内生产总值仅仅是一定时期生产的价值,是一个包含实际因素的概念,是一个流量而不是存量概念。

(5) 国内生产总值是一个地域概念,它是指在一国范围内生产的最终产品和劳务的价值,包括在本国的外国公民提供生产要素生产的最终产品和劳务的价值,但不包括本国公民在国外提供生产要素生产的最终产品和劳务的价值。

(6) 一般地,国内生产总值计入的最终产品和劳务的价值应该是市场活动导致的价值,非市场活动提供的最终产品和劳务没有计入国内生产总值。例如,家务劳动如果是由家庭成员自己完成的,就没有计入国内生产总值,而如果是通过家政公司雇人来进行的,这些服务就有价值,就被计入国内生产总值。

小故事

打扫增加了 GDP

在一个家庭里,父亲发现儿子的房间很乱,就和儿子商量说:"你把房间打扫干净,我就给你 100 元钱作为奖励。"

可是儿子很"贼",转身就跟他妹妹说:"我给你 50 元,你把我房间打扫干净吧。如果答应了就不能反悔哦!"妹妹最终答应了。可是,当妹妹打开哥哥的房门时,发现房间

> 实在太乱了,于是跟哥哥说:"我也给你一间房打扫,给你60元!"
>
> 哥哥想了想:难道世界上还有比我的房间更乱的地方吗?于是哥哥也接受了妹妹的条件,可是妹妹需要哥哥打扫的房间恰恰就是他自己的房间!
>
> 于是哥哥又一琢磨:也成,反正这件房间迟早也得扫,扫吧!
>
> 最终,父亲给了哥哥100元,哥哥给了妹妹50元,妹妹给了哥哥60元,GDP增加了210元!

(二) 国民生产总值(GNP)

与国内生产总值不同,国民生产总值(Gross National Product,GNP)是按照国民原则来计算的,即凡是本国国民(包括境内公民及境外具有本国国籍的公民)所生产的最终产品价值,不管是否发生在国内,都应计入国民生产总值。

国民生产总值与国内生产总值的关系可表述为:

$$GDP = GNP - NFP$$

其中NFP(Net Factor Income and Transfer Payments from Abroad)称为国外要素收入与转移支付净额,定义为本国生产要素在其他国家获得的收入减去外国生产要素在本国获得的收入。

(三) 国民生产净值(NNP)

国民生产净值(Net National Product, NNP)是指经济社会新创造的价值。NNP等于GNP减去资本(包括厂房、设备)折旧(Depreciation, D),即:

$$NNP = GNP - D$$

(四) 国民收入(NI)

国民收入(National Income, NI)定义为一国生产要素所获得收入的总和,即工资、利息、租金和利润之和。NI等于NNP减去企业间接税(Indirect Business Tax, IBT):

$$NI = NNP - IBT$$

上述国民收入是一个狭义的概念。通常,在西方经济学中所讲的国民收入乃是衡量整个经济社会活动水平的一个更为广泛的概念,它实际上是一个包括国内生产总值、国民生产总值、国民生产净值等在内的所有宏观经济总量。

(五) 个人收入(PI)

个人收入(Personal Income, PI)是指个人从经济活动中获得的收入。PI等于NI减去非个人收入的部分(包括企业利润、社会保险费),再加上并非由于提供生产性劳务而获得的其他个人收入(包括政府转移支付、利息调整、红利和股息),即:

$$PI = NI - 企业利润 - 社会保险费 + 转移支付 + 利息调整 + 红利和股息$$

(六) 个人可支配收入(DPI)

个人可支配收入(Disposable Personal Income, DPI)等于个人收入扣除个人所得税(Income Taxes,T），即：

$$DPI=PI-T$$

以上讨论的各项指标可以用图 9-1 表示。

图 9-1　国内生产总值与个人可支配收入之间的关系

　在经济全球化的今天，GDP 与 GNP 哪一个更能反映一国的经济实力？

二、国内生产总值的核算方法

在衡量一个经济社会的各种指标中，最基本的指标是国内生产总值。同时，由于其他总量指标都可以从国民生产总值中推导出来，因此，下面以国内生产总值说明国民收入的核算方法。

前面提到，国内生产总值可以通过将所有的最终产品分别乘以各自的价格，然后加总得到。一个经济社会在一定时期内所生产的最终产品成万上亿，每种产品又有不同的规格，不同规格又有不同的市场价格，所以这种方法没有实际操作意义。国内生产总值一般是通过它的形成、形成以后的使用以及所产生的收入分配的统计来测定的，其核算方法分别称为生产法、支出法和收入法。

（一）生产法

生产法测定国内生产总值的基本原理是：首先计算国民经济部门的总产出，再从总产出中扣除相应部门的中间消耗，求得各部门的增加值，最后汇总所有部门的增加值得出国内生产总值，即：

国内生产总值=∑（各部门总产出−该部门中间消耗）=∑各部门增加值

（二）支出法

用支出法测定国内生产总值，就是通过核算在一定时期内整个社会购买产品的总支出来测定国内生产总值。谁是最终产品的购买者呢？只要看谁是产品和服务的最后使用者即可。所以支出法也称为使用法。产品和服务的最终使用者有居民消费、企业投资、政府购买和国外购买。因此，用支出法测定国内生产总值，就是计算经济社会（一个国家与地区）在一定时期内消费、投资、政府购买和国外购买四个方面支出的总和。

1. 消费支出（Consumption，C）

消费支出指的是本国居民对最终产品（包括服务）的购买，它构成一个国家或地区总需求中最主要的部分,包括对耐用消费品(家电、汽车等)的支出、对非耐用品(衣服、食物、燃料等)的支出和对服务(医疗、旅游、教育等)的支出三方面。

2. 投资支出(Investment,I)

投资支出包括固定资产投资和库存投资两大类。库存投资是指企业存货价值的变动额,等于一定时期期末存货减期初存货。企业的存货是指厂商正常的原材料储存和产品储存。存货投资是指由于原材料市场和产品市场发生了未预料的突然变化而引起的库存的变动量,即存货的变动称为存货投资。从核算的平衡原则出发,卖不出去的产品只能作为企业的存货投资处理。所以存货投资计入支出法核算的国内生产总值中。

固定资产投资指新增厂房、设备、商业用房以及新建住宅的投资。住宅之所以是投资而不是消费,是因为它像固定资产一样长期使用,慢慢地被消耗。固定资产投资是指一定时期内增加到资本存量中的资本流量,而资本存量则是经济社会在某一时点上的资本总量,它包括一个经济社会的厂房、设备、商业用房等固定资本的价值总和。资本流量是指经济社会在一定时期内新增加的固定资本的价值总和。新增加的固定资本的价值中用来补偿这一时期资产消耗(折旧)的部分被称为重置投资,其余被称为净投资,净投资与重置投资之和称为总投资。计入国内生产总值的是总投资。

3. 政府购买(Government Purchases,G)

政府购买是指各级政府部门购买商品和服务的支出,包括政府在国防、法制建设、基础设施建设等方面的支出。值得注意的是,政府支出包括政府购买和转移支付两部分,转移支付是指政府在失业救济、社会福利等方面的支出。由于转移支付是把收入从政府转移到一些人或组织手中,构成这些个人或组织收入的一部分,没有相应的物品或劳务的交换,不能反映政府用于购买最终产品的支出,所以不能计入国内生产总值。

4. 国外购买(Net Export,NX)

出口(X)指国外居民、企业和政府对本国产品和服务的购买;进口(M)指本国居民、企业和政府对外国产品和服务的购买;净出口(Net Export,NX)指出口额减去进口额的差额(X-M)。当一个国家的出口大于进口时,净出口为正;当一个国家的出口小于进口时,净出口为负。测定国内生产总值时之所以要减去进口额,是因为进口的物品和服务虽然是本国支付的,但却是国外生产的,而国内生产总值必须是本国生产的产品和服务。

把上述四类项目加总,用支出法测定国内生产总值的项目合计可写成:

$$GDP = C+I+G+(X-M) = C+I+G+NX$$

知识链接

我国采用支出法核算GDP

我国采用支出法核算GDP时,其计算公式如下:

$$GDP = 最终消费+资本形成总额+净出口$$

其中,最终消费包括政府消费和居民个人消费,而居民个人消费又可分为城镇居民和农村居民个人消费。资本形成总额包括固定资本形成总额和存货增加。最终消费、资本形成总额、净出口经常被称为拉动经济增长的三辆"马车"。

（三）收入法

收入法是指通过把生产要素所有者的收入相加来得到国内生产总值的方法。这些收入换个角度可以看作国内生产总值生产出来以后分配给各生产要素所有者的收入，所以也称为分配法。收入法涉及的项目有：

（1）劳动者收入，包括工资、津贴、福利费，也包括企业向社会保障机构交纳的社会保险费。

（2）个人的租金收入，是指个人出租土地、房屋等的租赁收入。

（3）公司利润，是指所有企业在一定时期内所获得的税前利润，包括公司所得税、社会保险费、股东红利及分配利润。

（4）利息净额，是指贷款还息以及储蓄所得利息在本期的净额。

（5）企业间接税，是指企业交纳的营业税、增值税、消费税等税项。

（6）资本折旧，是指对一定时期内因经济活动而引起的固定资产消耗的补偿，它虽然不是要素收入，但包括在总投资中，所以也应计入国内生产总值。

（7）非企业业主的收入。非企业业主是指不受人雇佣的独立生产者，如私人诊所的医生、律师、农民和小店铺主等。

这样，按收入法测定的国内生产总值＝劳动者收入＋租金＋利润＋利息＋间接税＋折旧＋非企业业主收入。

以上介绍的三种方法，测定的对象都是国内生产总值，所以最终的结果应当一致。

议一议 以上三种国内生产总值核算方法各有何利弊？

三、一些重要经济指标

1. 人均国内生产总值

用当年的国内生产总值除以同一年的人口数量，则可以得到当年的人均国内生产总值。

$$某年人均国内生产总值 = \frac{某年 GDP}{当年人口总数}$$

这里的当年人口总数是指当年年初人口数与年末人口数的平均值。

国内生产总值有助于了解一国的经济实力与市场规模，而人均国内生产总值则有助于了解一国的富裕程度和生活水平。

> **实例链接**
>
> 2022年1月17日，国务院新闻办举行发布会，国家统计局发布重磅数据：2021年中国GDP同比增长8.1%，突破110万亿元，达到1 143 670亿元。总的来看，2021年我国经济持续稳定恢复，经济发展和疫情防控保持全球领先地位，主要指标实现预期目标。
>
> 初步核算，2021年国内生产总值1 143 670亿元，按不变价格计算，同比增长8.1%，两年平均增长5.1%。分季度看，四个季度的同比增速分别为18.3%、7.9%、4.9%和4%。分产业看，一、二、三产业增加值分别增长7.1%、8.2%和8.2%。国家统

计局局长宁吉喆说,2021年经济总量折合美元为17.7万亿美元,2020年是14.7万亿美元,一年的增量多达3万亿美元,相当于一个比较大的主要经济体一年的经济总量。从人均国内生产总值来看,2021年我国已经超过世界平均水平,逐年接近高收入国家人均水平的下限。

"我国人均国内生产总值超过8万元人民币,按年均汇率折算为12 551美元,虽然尚未达到高收入国家人均水平的下限,但逐年接近。2021年我国已经超过了世界人均GDP水平,现在初步测算,2021年世界人均GDP是1.21万美元左右,我们是1.25万美元。"宁吉喆说。

(资料来源:央广网,http://finance.cnr.cn/jjgd/20220117/t20220117_525717872.shtml)

2. 消费者物价指数(Consumer Price Index,CPI)

消费者物价指数,又称居民消费价格指数,是反映与居民生活有关的商品和劳务价格统计出来的物价变动指标。

消费者物价指数一方面同人民群众的生活密切相关,另一方面在整个国民经济价格体系中也具有重要的地位。它是进行经济分析和决策、价格总水平监测和调控及国民经济核算的重要指标。其变动率在一定程度上反映了通货膨胀或紧缩的程度。一般来讲,物价全面地、持续地上涨就被认为发生了通货膨胀。

3. 生产者价格指数(Producer Price Index,PPI)

生产者价格指数是衡量工业企业产品出厂价格变动趋势和变动程度的指数,是反映某一时期生产领域价格变动情况的重要经济指标,也是制定有关经济政策和进行国民经济核算的重要依据。生产者价格指数与CPI不同,主要的目的是衡量企业购买的物品和劳务的总费用。由于企业最终要把它们的费用以更高的消费价格的形式转移给消费者,所以,通常认为生产者价格指数的变动对预测消费物价指数的变动是有用的。

  实例链接

上半年CPI温和上涨 PPI同比涨幅持续回落

2022年上半年,各地区各部门按照党中央、国务院决策部署,高效统筹疫情防控和经济社会发展,多措并举畅通重点产业链、供应链,全力保障重要民生商品和大宗商品供应,全国物价运行总体平稳。上半年,消费领域价格温和上涨,生产领域价格同比涨幅持续回落。

一、消费领域价格温和上涨

CPI同比前低后高。上半年,全国CPI上涨1.7%。受国际大宗商品价格上涨和春节以及国内疫情多点散发、国际能源价格持续高位等因素影响,CPI同比前低后高,温和上行,一季度上涨1.1%,二季度上涨2.3%。

二、生产领域价格同比涨幅持续回落

PPI同比涨幅回落。上半年,全国PPI上涨7.7%。其中,一季度上涨8.7%,二季度上涨6.8%。分月看,尽管PPI环比有涨有降,但受去年同期基数走高影响,同比涨幅持续回落。

（资料来源：中国经济网，http://www.ce.cn/xwzx/gnsz/gdxw/202207/15/t20220715_37873930.shtml）

4. 产业结构比例

第一、第二、第三产业的产值占国内生产总值的比重即为产业结构比例，是重要的国民经济指标之一，它体现了一个国家或者地区所处的经济发展阶段。

第一产业是指农、林、牧、渔业，即所谓的大农业。第二产业是指采矿业、制造业和建筑业。第三产业是指除第一、第二产业以外的所有产业，包括交通运输业、仓储和邮政业、信息传输业、计算机软件和服务业、批发和零售业、住宿和餐饮业、金融业以及教育、卫生、社会福利和保障等方面。

5. 经济增长率

经济增长率（RGDP）是末期国民生产总值与基期国民生产总值的比较，以末期现行价格计算末期国民生产总值，得出的增长率是名义经济增长率，以不变价格（即基期价格）计算末期国民生产总值，得出的增长率是实际经济增长率。

在度量经济增长时，一般都采用实际经济增长率。经济增长率也称经济增长速度，它是反映一定时期经济发展水平变化程度的动态指标，也是反映一个国家经济是否具有活力的基本指标。

任务 9.2　国民收入决定

熟悉总需求、总供给与均衡国民收入的含义；掌握消费函数与储蓄函数的相关内容；了解投资乘数及其与国民收入的关系；理解两部门经济中国民收入决定的条件及其图示说明，并能推广到三、四部门中去；知晓国民收入决定模型的现实意义。

多举措促进居民消费扩大与升级

2018年有关部门将采取多项措施促进居民消费扩大和升级，包括增加消费领域特别是服务消费和绿色消费有效供给，开展加快内贸流通创新推动供给侧结构性改革扩大消费专项行动，推动实体店销售和网购融合发展等。

2018年前两月，虽然社会消费品零售总额增速比上年同期回落0.7个百分点，但升级类消费增长仍延续了较快的势头。国家统计局公布的数据显示，一是网上零售继续保持快速增长,1 至 2 月,全国实物商品网上商品零售额同比增长 25.5%,增速比上年同期略有加快,高于同期社会消费品零售总额增速 16 个百分点。二是消费升级类相关商品增速加快。三是旅游、电影等娱乐休闲体验式消费旺盛,春节期间全国实现旅游总收入 4 233 亿元,同比增长 15.9%。四是信息消费高速增长,春节期间移动互联网流量消费 25 901 万 G,同比增长一倍。

阿里研究院发布的《品质消费指数报告》指出,原创、智能、绿色、精致、全球化、体验是未来消费的六大趋势。经济学家马光远表示,新技术引发的新产业、新业态和新模式,诞生了新型消费。新消费的领域,将主要集中在文化、旅游、教育、医疗、健康、养老、信息等领域,具有个性化、时尚化、品质消费和体验的特征。马光远表示,未来五年,新型消费增长将超过 40%,影响到 5 亿人左右。其中,文化产业产值将超过 3 万亿元,信息消费规模达到 3.9 万亿元,健康产业产值将达到 8 万亿元。

多位专家表示,目前供给结构和消费需求结构之间的不匹配,制约了消费潜力在国内的释放。因此,我国将采取多项措施促进消费升级。一方面,将持续推进"十大扩消费行动",顺应消费需求变化新趋势,以改革创新增加消费领域特别是服务消费和绿色消费有效供给,保持消费平稳增长。此外,还要积极发展医养结合、文化创意、全域旅游等新兴消费,支持社会力量提供教育、文化、养老、医疗等服务。促进数字家庭、在线教育、虚拟现实等信息消费。开展加快内贸流通创新推动供给侧结构性改革扩大消费专项行动,推动实体店销售和网购融合发展等。

商务部表示,今年将继续实施餐饮、住宿、家政、家电维修、美容美发、洗染、沐浴、摄影等八大居民生活服务业转型行动计划,出台更有利于推动家政、大众餐饮、社区便利和农村生活服务等的措施,大力推进电子商务进社区,开拓中高端和个性化生活服务消费市场等。此外,还将进一步鼓励跨境电子商务、进口商品直销、汽车平行进口等新型贸易方式,畅通消费品进口渠道,扩大免税消费等政策,吸引境外消费回流。

(资料来源:新浪网,http://finance.sina.com.cn/roll/2017-04-17/doc-ifyeimzx6584468.shtml)

议一议 扩大内需对国家的经济发展意味着什么?

国民收入决定是指社会的总支出和总收入是如何决定的。探究国民收入决定的目的在于:弄清楚在一定条件下,国民收入由哪些因素决定,这些因素和国民收入之间存在着何种关系和规律。这就有必要区分潜在国民收入和均衡国民收入。潜在国民收入是指在充分就业条件下的国民收入;均衡国民收入是指在总需求与总供给达到平衡时的国民收入。

一、总需求和总供给的构成与均衡国民收入

从整个社会的角度来看,社会的计划总支出就是社会的总需求,社会的计划总收入就是社会的总供给。在既定的价格水平下,总需求是指某个经济社会在一定时期内对物品和劳务的需求总和,包括私人消费需求、私人投资需求、政府需求和来自国外的需求四部分。总需求可以由经济中的总支出来表示。若用 C 表示私人消费支出,I 表示私人投资支出,G 表示政府购买支出,$X-M$ 表示国外对本国产品的净购买支出,以 AD 表示一国的总需求,则一国的总需求的构成可表示为:

$$AD = C+I+G+(X-M)$$

在既定的价格水平下,总供给是指一个经济社会在一定时期内所有厂商提供的物品和劳务的总和。总供给可以用经济中的总收入来表示。以 AS 表示总供给,C 表示私人收入中用于消费的部分,S 表示私人收入中用于储蓄的部分,T 表示政府的收入(税收),则一国的总供给的构成可表示为:

$$AS = C+S+T$$

显然,总需求并不等于总供给,经济社会就是在这两种力量的作用下,朝着一定的方向运行。一般地,当总需求大于总供给时,整体经济朝着扩张的方向运行;相反,当总需求小于总供给时,整体经济朝着紧缩的方向运行;当这两种力量处于均衡时,即总需求等于总供给时,作为总体的经济将处于均衡状态。均衡国民收入就是指总需求等于总供给时的国民收入水平。均衡国民收入的条件是:

$$C+I+G+(X-M) = C+S+T$$

或者:

$$I+G+X = S+T+M$$

假定不考虑对外贸易,总需求由私人消费需求、私人投资需求和政府需求构成,即:

$$AD = C+I+G$$

总供给由用于消费、储蓄和税收的收入构成,即:

$$AS = C+S+T$$

因此,三部门经济的均衡国民收入的条件是:

$$I+G = S+T$$

而假定不考虑政府因素,则经济处于均衡的条件是:

$$I = S$$

知识链接

投资的定义和种类

投资是指一定时期内社会实际资本的增加,表现为添置新的建筑物、设备以及增加存货的支出。投资使生产能力不断扩大,投资能形成资本。

经济学上的投资与我们日常生活中的投资不同,日常生活中的投资指某人购买各种有价证券、房产、土地等。如果从社会角度来看这些行为,这些都是购买行为,仅涉及所有权的转移,整个社会并没有增加资本。经济学上说的投资是指社会实际资本的增加。

从投资的主体来看,投资可以分为私人投资和政府投资两种类型,一般来说,私人投资的唯一目的是利润的最大化,而政府投资在很多情况下是为了调控宏观经济的运行。

从投资的形态上来说,投资又可区分为固定资本投资和存货投资。其中固定资本投资是厂商根据计划愿意实施的投资支出,它取决于厂商对未来利润率的预期和市场利率等因素。厂商的这一投资支出是事前行为,所以又称为意愿投资或计划投资。存货投资是由于销售量发生突然变化所引起的存货变动,因而是一种事后投资,所以又称为事后投资或非意愿投资。

二、消费函数与储蓄函数

(一) 消费函数

消费函数与储蓄函数是一种广泛使用的分析工具,它表示了消费、储蓄和收入三者之间的关系。个人的收入不可能全部用于消费,还会有一部分用于储蓄,所以,我们可以得出一个结论:

$$Y=C+S$$

其中,Y 代表收入,C 代表消费,S 代表储蓄。

在现实生活中,影响消费量的因素很多,例如收入水平、商品价格、利率水平、消费者偏好、家庭财产状况等因素,在这些因素中,具有决定意义的是家庭收入,因此,我们可以用公式表示:

$$C=f(Y)$$

经济学家凯恩斯认为,随着收入的增加,消费也会增加,但消费的增加不及收入增加得多,消费和收入的这种关系被称作消费函数或者消费倾向。它可以用平均消费倾向和边际消费倾向来说明。

平均消费倾向是指消费在收入中所占的比例,如果用 APC 来表示平均消费倾向,则:

$$APC=\frac{C}{Y}$$

边际消费倾向是指增加的消费占增加的收入的比例。例如当一个家庭的收入是 1 000 元时,它的消费量是 800 元,但当家庭收入上升到 1 500 元时,它的消费量增加到 1 000 元,即当收入增加时,消费量也增加,收入增加了 500 元,但消费量只增加了 200 元。如果边际消费倾向用 MPC 来表示,则:

$$MPC=\frac{\Delta C}{\Delta Y}$$

从上面的例子可以看出,家庭收入 1 000 元时的消费为 800 元,边际消费倾向为 0.8,而在收入提高后,边际消费倾向为 $\frac{1\ 000}{1\ 500}$ = 0.67。一般来说,$0<MPC<1$。

消费与收入的关系可以由消费曲线来表示,在图 9-2 中,横轴表示收入 Y,纵轴表示消费 C,45 度线表示任意一点到纵横轴的垂直距离都相等,表示收入全部用于消费。$C=f(Y)$ 曲线是消费曲线,表示消费与收入之间的函数关系。E 点是消费曲线和 45 度线的交点,表示这时候消费支出和收入相等;E 点左方,表示消费大于收入;E 点右方,表示消费小于收入。随着消费曲线的延伸,消费曲线和 45 度线的距离越来越大,表示消费随收入的增加而增加,但增加的幅度小于收入增加的幅度,即存在着边际消费倾向递减。

如果消费和收入之间存在着线性函数关系,则边际消费倾向为一常数,这时消费倾向可以用以下方程式表示:

$$C=a+bY$$

上式中的 a 为自发消费,即使收入为零时也要进行的消费,b 为边际消费倾向,即 $MPC=b$,b 和 Y 的乘积叫作引致消费。$C=a+bY$ 的含义就是:消费等于自发消费和引致消费之和,如图 9-3 所示。

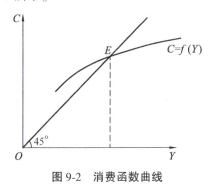

图 9-2 消费函数曲线

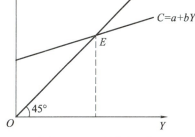

图 9-3 线性消费函数曲线

> **小故事**
>
> **节约悖论**
>
> 1936 年凯恩斯提出了著名的节约悖论,他引用了一则古老的寓言:有一窝蜜蜂原本十分繁荣兴隆,每只蜜蜂都整天大吃大喝。后来一个哲人教导它们说,不能如此挥霍,应该厉行节约。蜜蜂们听了哲人的话,觉得很有道理,于是迅速贯彻落实,个个争当节约模范。但结果出乎意料,整个蜂群从此迅速衰弱下去,一蹶不振了。

议一议 经济学不是一门节约、节俭和节省的学问吗?难道"大吃大喝"还包含了不为人知的奥秘?

(二) 储蓄函数

储蓄是收入中未被消费的部分,既然消费随着收入的增加而增加的比率是递减的,则可知储蓄随收入增加的比率而递增,这就是储蓄函数,用公式表示为:

$$S = f(Y)$$

该储蓄曲线表示储蓄与收入之间的函数关系(图 9-4)。E 点是储蓄曲线与横轴的交点,表示收支平衡,E 点左边表示负储蓄,右边表示正储蓄。随着曲线向右延伸,它与横轴的距离越来越大,表示储蓄随着收入的增加而增加,而且增加的幅度越来越大。同样的,这种关系可以用平均储蓄倾向和边际储蓄倾向来说明。

平均储蓄倾向是储蓄在收入中所占的比例,如果用 APS 来表示平均储蓄倾向,则:

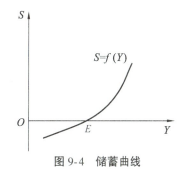

图 9-4 储蓄曲线

$$APS = \frac{S}{Y}$$

同边际消费倾向一样,我们将储蓄增量对收入增量的比例称为储蓄曲线的边际储蓄倾向(MPS),即:

$$MPS = \frac{\Delta S}{\Delta Y}$$

如果储蓄和收入之间存在着线性函数关系(图9-5),则储蓄曲线可以用以下方程式表示:

$$S = Y - C = Y - (a + BY) = -a + (1-b)Y$$

综合以上分析,我们可以得出消费函数与储蓄函数的关系:消费函数与储蓄函数互为补数,两者之和永远等于收入;边际消费倾向和边际储蓄倾向之和等于1,平均消费倾向和平均储蓄倾向之和也等于1,即:

$$MPC + MPS = 1$$
$$APC + APS = 1$$

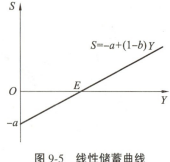

图9-5 线性储蓄曲线

想一想 据报道,2017年中国的储蓄率为GDP的40%,而美国同年的储蓄率仅为2.4%,为什么两国的储蓄率相差这么大?对经济有什么不同影响?

三、均衡国民收入决定

在仅由厂商和居民户(消费者)这两种经济单位所组成的经济社会,即两部门经济中如何来实现均衡国民收入决定呢?两部门经济是一种最简单的经济。在这个经济中的国民收入决定可以运用两种方法来分析,一种是总收支均衡法,一种是投资储蓄法,下面我们用第一种方法加以说明。

在两部门经济中,总支出由私人消费支出和投资支出组成。由于消费是收入的函数,即 $C = c(Y)$,投资为既定的常数。当国民经济处于均衡状态时,决定均衡的国民收入与决定消费的收入相一致。因此,我们就可以得到均衡国民收入决定的模型:

$$\begin{cases} 消费函数: C = c(Y) = a + bY \\ 投资函数: I = I_0 \\ 均衡条件: Y = C + I \end{cases}$$

解此联立方程可以得到两部门均衡国民收入为:

$$Y = \frac{a + I_0}{1 - b}$$

如图9-6,$C+I$ 曲线即总支出曲线,是与 C 曲线平行的曲线,与45度线的交点 E 决定均衡国民收入 Y_0。这时,家庭想要有的消费支出和企业想要有的投资支出的总和正好等于总产出即总收入。如果经济离开了这个均衡点,企业部门的销售量就会大于或小于它们的产量,从而引起生产的扩大或收缩,直到回到均衡点为止。

可见,如果知道了消费函数和投资量,就可以得到均衡国民收入水平。如果消费和投资增加,则经济中的总支出增加,从而均衡国民收入增加;反之,均衡国

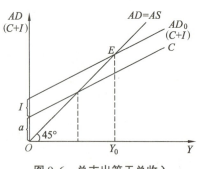

图9-6 总支出等于总收入
决定国民收入

民收入就会减少。由此可见,消费和投资是刺激经济增长的主要因素。

> **知识链接**
>
> **投资储蓄法决定均衡国民收入**
>
> 均衡国民收入的决定还可以由投资等于储蓄的均衡条件加以说明,可以由下列模型决定:
>
> $$\begin{cases} 储蓄函数:S=s(Y)=-a+(1-b)Y \\ 投资函数:I=I_0 \\ 均衡条件:I=S \end{cases}$$
>
> 从均衡条件再次得到两部门均衡国民收入为:
>
> $$Y=\frac{a+I_0}{1-b}$$
>
> 在图9-7中以横轴表示总收入,纵轴表示储蓄和投资。当投资曲线与储蓄曲线相交时,经济处于均衡状态,均衡国民收入依然是Y_0。当国民收入为Y_1小于均衡国民收入Y_0时,经济中就会出现储蓄(S_1)小于投资(I_0),这表明经济中对投资品的需求大于经济中储蓄的投资品,从而促使厂商增加生产,国民收入随之增加,即Y_1会逐渐增加直至均衡国民收入Y_0。反之,如果最初的国民收
>
>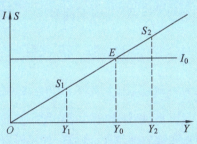
>
> 图9-7 投资等于储蓄决定国民收入
>
> 入为Y_2大于均衡国民收入Y_0,这时经济中就会出现储蓄(S_2)大于投资(I_0),这表明经济中对投资品的需求小于经济中储蓄的投资品,从而促使厂商缩减生产,国民收入随之减少,即Y_2会逐渐减少直至均衡国民收入Y_0。因此,均衡国民收入也可以由投资等于储蓄的E点来决定。
>
> 很显然,如果投资增加或者储蓄减少,均衡国民收入增加;反之,均衡国民收入减少。因此,储蓄是抑制国民收入增长的因素。

四、投资乘数

由以上公式可以知道,只要我们知道了消费函数和投资量,就可以得到均衡的国民收入,假定现有消费函数$C=1\,000+0.8Y$,投资为500亿元的时候,根据上述公式,我们可知:均衡国民收入$Y=\dfrac{a+I_0}{1-b}=\dfrac{1\,000+500}{1-0.8}=7\,500(亿元)$,若投资增加100亿元,则均衡国民收入$Y=\dfrac{a+I_0}{1-b}=\dfrac{1\,000+600}{1-0.8}=8\,000(亿元)$,也就是说,增加100亿元的投资可以增加500亿元的国民收入,增加的收入是增加的投资的5倍,这就是投资乘数。可见,投资乘数是指收入的变化与带来这种变化的投资支出变化的比例,投资乘数用K来表示。

为什么会出现这样的情况呢？这是因为，增加的 100 亿元投资实际上是用来购买制造投资品所需要的生产要素，因此，这 100 亿元以工资、利息、租金和利润的形式流入生产要素的所有者手中，从而引起这些所有者（家庭）收入增加 100 亿元，这是投资引起的国民收入的第一次增加。

因为边际消费倾向为 0.8，因此，这增加的 100 亿元终会有 80 亿元用于购买消费品，于是，这 80 亿元又以工资、利息、租金和利润的形式流入生产消费品的生产要素的所有者手中，从而使该社会家庭收入增加 80 亿元，这是国民收入的第二次增加。

同理，这些消费品的生产者又会将 80 亿元收入中的 64 亿元用于消费，这样不断地循环下去，最后使得国民收入增加 500 亿元：

$$100+80+64+51.2+\cdots\cdots=100\times(0.8+0.8^2+0.8^3+0.8^4+\cdots\cdots+0.8^{n+1})=\frac{1}{1-0.8}\times100=500(亿元)$$

如果用 ΔY 代表增加的收入，用 ΔI 代表投资，则投资乘数 $K=\frac{\Delta Y}{\Delta I}$。

以上例子也说明，投资乘数 $=\frac{1}{1-边际消费倾向}$，即 $K=\frac{1}{1-MPC}$。如果用 b 来表示 MPC，则 $K=\frac{1}{1-b}$，又由于 $MPS+MPC=1$，故 $K=\frac{1}{1-MPC}=1/MPS$。

可见，投资乘数大小和边际消费倾向有关，边际消费倾向越大，或者边际储蓄倾向越小，则投资乘数就越大。同样，如果投资减少，也会引起收入的成倍减少。乘数效应的发挥是两方面的。

> **知识链接**
>
> ### 三部门经济中的国民收入决定
>
> 两部门经济的均衡国民收入决定可以很容易推广到包含政府的三部门经济和包含对外贸易的四部门经济的均衡国民收入决定情况。下面以三部门为例说明这种推广。
>
> 在三部门经济体系中，经济活动的主体是家庭、厂商和政府。在这里，构成总支出的项目不仅包括私人消费和投资，还包括政府的购买支出（G）；总收入项目中，除了私人用于消费和储蓄的收入外，还包括政府的净税收（T）。为简便起见，假定税收为定量税，即 $T=T_0$。
>
> 引入政府部门对私人部门所产生的最重要影响是通过税收对私人收入的影响。当存在政府税收时，决定家庭部门消费和储蓄的收入不再是总收入 Y，而是可支配收入 Y_d，$Y_d=Y-T_0$。
>
> 仍以线性关系说明三部门均衡国民收入的决定。在加入政府部门后，政府税收对消费的影响可以表示为：
>
> $$C=a+bY_d=a+b(Y-T_0)=a-bT_0+bY$$
>
> 于是，三部门均衡国民收入决定于下面的条件：

$$\begin{cases} 消费函数：C=a-bT_0+bY \\ 投资函数：I=I_0 \\ 政府购买：G=G_0 \\ 均衡条件：Y=C+I+G \end{cases}$$

如图9-8所示。

解此联立方程，可以得到均衡国民收入为：

$$Y=\frac{a-bT_0+I_0+G_0}{1-b}$$

很显然，均衡国民收入随着政府购买增加而增加，随着税收增加而减少，即政府购买增加使得国民收入增加，而政府税收增加则使国民收入减少。同理，可以推出，出口增加使得一国国民收入增加；反之，进口增加使得一国国民收入减少。

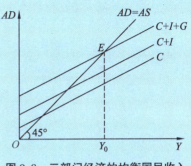

图9-8 三部门经济的均衡国民收入

做一做 你能否根据上述两部门、三部门国民收入决定得出四部门国民收入决定？

五、国民收入决定的实际意义

研究国民收入决定具有重大的实际意义，主要体现在三个方面。

（一）国民收入决定能够反映不同经济因素在国民收入中的重要程度

在短期中，一个国家的生产技术水平、自然条件和资源等总供给方面的因素都不会发生大的变化，因而在国民收入决定上，总需求起到关键作用。而总需求由消费、投资、政府支出、净出口所构成，一般情况下，总需求所占比重约为60%～70%，投资约占20%，后两者加起来约为10%。这样的比重并不是随意组合的，而是内含一定的有机关联。各项组成的比重过大或者过小都会破坏经济的整体均衡，对经济的长期发展和政府对经济的有效管理产生不利的影响。

（二）国民收入决定对于经济政策的意义

我们可以将四部门经济均衡条件重新整理，即将公式 $C+I+G+(X-M)=C+S+T$ 进行重新整理，可得：

$$(S-T)=(G-T)+(X-M)$$

其中 $(S-T)$ 即为信贷缺口，$(G-T)$ 即为财政缺口，$(X-M)$ 即为外贸缺口。这样，当国民经济出现不平衡时就很容易发现问题出在哪一个经济环节上，从而采取相应的措施。

(三) 国民收入决定是宏观经济运行模型的基础

宏观经济运行模型是以整个国民经济为研究对象,使用高度综合的经济指标,借助现代数学工具来研究经济现象之间的相互关系。面对当今复杂的经济运行环境,没有这样的模型是不可想象的。

项目 10

宏观经济现象

 学习目标

了解失业及其根源并能够解释失业问题。
能理解通货膨胀和通货紧缩。
能解释通货膨胀和通货紧缩对经济的影响。
能够解释经济增长和经济周期产生的原因。
会区分经济增长和经济发展。

任务 10.1　失业与通货膨胀

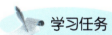 学习任务

了解失业和通货膨胀的基本含义;理解失业率以及失业对经济的影响;会区分不同的失业类型和通货膨胀类型及其产生原因;理解通货膨胀对经济产生的影响。

经济现象

就业难与招工难并存:失业率会不会提高?

最近十几年来,高校就业难成为一个社会问题,每一年似乎都是"最难就业年"。

扩招 16 年来,全国高校毕业生总数已从 1999 年的 85 万人飙升至 2016 年的 765 万人;加上职业学校毕业生、初高中后不再继续升学的学生大约有 700 万,总计下来 2016 年城镇新增青年劳动力约 1 500 万。

教育部、人社部曾先后表示,2016 年以高校毕业生为主的青年群体就业压力较大。

然而在经济下行大背景下,部分企业提高用人门槛、减少招聘规模乃至停止了面向应届生的校园招聘,又为负重求职的大学生们压上了几根稻草。

外来务工人员群体的数量也在稳步上升,根据国家统计局发布的数据,2015 年全国外来务工人员总量为 2.774 7 亿,比上年增长 1.3%,数量规模之大前所未有。他们面临的是招工难和就业难并存的两难境地,人口红利消失与技能不足并存,企业和外来务工人员都面临着结构性矛盾。

2016 年的就业形势之严峻,还在于出现了新群体——化解过剩产能带来的分流下岗者。以钢铁行业为例,去产能的目标是钢铁产能在 5 年之内要减少 1 亿至 1.5 亿吨,煤炭产能在 3 到 5 年内要减少 5 亿吨、减量重组 5 亿吨。中金公司曾测算,未来 2 至 3 年,若产能过剩最严重的行业减产 30%,将造成 300 万人失业。

李克强总理在政府工作报告中提出,2016 年的目标是城镇新增就业 1 000 万人以上,城镇登记失业率 4.5% 以内。人社部部长尹蔚民也表示,尽管今年就业形势非常复杂,他依然有信心完成今年的就业目标。

(资料来源:凤凰网,http://finance.ifeng.com/a/20160314/14266933_0.shtml)

想一想 1. 大学生为什么会存在较高的失业率?

2. 你认为这种失业是否将持续存在?为什么?

一、失业现象

失业是各个国家经济生活中存在的普遍现象。失业会对个人和家庭产生负面影响,高失业率甚至会造成社会的不稳定。经济学家们从不同角度对失业现象进行了深入的研究,对失业的含义及类型、失业形成的原因等均已经形成了共识。

(一) 失业的含义与衡量

1. 失业的含义

失业是指在一定工作年龄范围内,有就业能力并且有就业要求的人口没有就业机会的经济现象。所有那些未曾受雇以及正在变换工作岗位或未能按当时通行的工资率找到工作的人都是失业者。

2. 失业的衡量

失业严重与否可以用失业率来衡量。失业率是失业人数在劳动力总数中所占的比重,即:

$$失业率 = 失业人数 / 劳动力总数 \times 100\%$$

劳动力总数是指适龄范围内的就业者和失业者。年龄规定以外、已退休、丧失劳动能力或由于某种原因不愿工作或不积极寻找工作的人以及在校学生都不计入失业人数,也不计入劳动力总数。

小故事

美国 20 世纪 90 年代的"就业奇迹"

美国和德国同是发达的经济大国,但 20 世纪 90 年代,在创造就业机会方面,形成了两个"奇迹",两国国情不同,导致的结果也有天壤之别。

20世纪90年代美国"新经济"繁荣创造了大量的就业,克林顿在位期间,美国人平均每月新增21万个工作职位,使深受失业折磨的欧洲人羡慕不已,被称为工业化国家解决失业难题的一个奇迹。德国统一后,失业问题一直困扰着它。德国朝野对美国的就业奇迹大感不解,《图片报》以大字标题问道:"美国佬是怎么搞的?"

其实,"二战"后,美国曾长期遭受失业痛苦,失业问题曾是困扰美国历任总统的重要问题之一,而且美国还饱受竞争对手日本的冷嘲热讽和欧洲盟国的激烈批评。但美国在此期间不断地向现代化迈进,生产部门更加精简,职工队伍的素质不断提高,时至今日,这批就业精英已占全美所有企业职工的70%,为目前美国经济的持续发展打下了良好的基础。这正是美国出现就业奇迹的最根本原因。克林顿在这方面的成功,正是他的若干前任在这方面的劣绩所促成的。现在美国的失业率保持在5%左右,而其欧洲伙伴的平均失业率却比美国高1倍以上。

想一想 20世纪90年代美国是如何创造"就业奇迹"的?

(二) 失业的种类

1. 自愿失业和非自愿失业

所谓自愿失业是指工人所要求的实际工资超过其边际生产率,或者说不愿意接受现行的工作条件和收入水平而未被雇用造成的失业。由于这种失业是劳动人口主观不愿意就业而造成的,所以被称为自愿失业。这种失业无法通过经济手段和政策来消除,因此不是经济学所研究的范围。

另一种是非自愿失业,是指有劳动能力、愿意接受现行工资水平但仍然找不到工作的现象。这种失业是由于客观原因所造成的,因而可以通过经济手段和政策来消除。经济学中所讲的失业是指非自愿失业。

2. 摩擦性失业、结构性失业和周期性失业

非自愿失业又可以分为摩擦性失业、结构性失业和周期性失业。

摩擦性失业是指生产过程中难以避免的、由于转换职业等原因而造成的短期、局部失业。这种失业的性质是过渡性的或短期性的。它通常起源于劳动的供给一方,因此被看作一种求职性失业,即一方面存在职位空缺,另一方面存在着与此数量对应的寻找工作的失业者,这是因为劳动力市场信息不完备,厂商找到所需雇员和失业者找到合适工作都需要花费一定的时间。摩擦性失业在任何时期都存在,并将随着经济结构变化而有加重的趋势,但从经济和社会发展的角度来看,这种失业存在是正常的。

结构性失业是指劳动力的供给和需求不匹配所造成的失业,其特点是既有失业,又有职位空缺,失业者或者没有合适的技能,或者居住地点不当,因此无法填补现有的职位空缺。结构性失业在性质上是长期的,而且通常起源于劳动力的需求方。结构性失业是由经济变化导致的,这些经济变化引起特定市场和区域中的特定类型劳动力的需求相对低于其供给。

特定市场中劳动力的需求相对较低可能有以下原因:一是技术变化。原有劳动者不能适应新技术的要求,或者是技术进步使得劳动力需求下降。二是消费者偏好的变化。

消费者对产品和劳务的偏好的改变,使得某些行业扩大而另一些行业缩小,处于规模缩小行业的劳动力因而失去工作岗位。三是劳动力的不流动性。流动成本的存在制约着失业者从一个地方或一个行业流动到另一个地方或另一个行业,从而使得结构性失业长期存在。

周期性失业是指当社会处于经济周期的衰退期或萧条期时,社会总需求下降而造成的失业。当经济发展处于经济周期的衰退期或萧条期时,社会总需求不足,因而厂商的生产规模也缩小,从而导致较为普遍的失业现象。周期性失业对于不同行业的影响是不同的,一般来说,需求收入弹性越大的行业,周期性失业的影响越严重。也就是说,人们收入下降,产品需求大幅度下降的行业,周期性失业情况比较严重,我们通常用紧缩性缺口来说明这种失业产生的原因。紧缩性缺口是指实际总需求小于充分就业的总需求时,两者之间的差额。

> **知识链接**
>
> **失业对经济的影响**
>
> 失业的经济影响可以从机会成本的概念来理解。当失业率上升时,经济中本可由失业工人生产出来的产品和劳务就损失了。衰退期间的损失,就好像是将众多的汽车、房屋、衣物和其他物品都销毁掉了。从产出核算的角度看,失业者的收入总损失等于生产的损失,因此,丧失的产量是计量周期性失业损失的主要尺度,因为它表明经济处于非充分就业状态。20世纪60年代,美国经济学家阿瑟·奥肯根据美国的数据,提出了经济周期中失业变动与产出变动的经验关系,被称为奥肯定律。
>
> 奥肯定律的内容是:失业率每高于自然失业率一个百分点,实际GDP将低于潜在GDP两个百分点。换一种方式说,相对于潜在GDP,实际GDP每下降两个百分点,实际失业率就会比自然失业率上升一个百分点。
>
> 西方学者认为,奥肯定律揭示了产品市场与劳动市场之间极为重要的关系,它描述了实际GDP的短期变动与失业率变动的联系。根据这个定律,可以通过失业率的变动推测或估计GDP的变动,也可以通过GDP的变动预测失业率的变动。例如,实际失业率为8%,高于6%的自然失业率2个百分点,则实际GDP就将比潜在GDP低4%左右。

想一想 有很多大学生即使找不到工作也要留在"北上广"而不到比较艰苦的地方去就业,这属于哪种类型的失业?

3. 充分就业

充分就业并非指人人都有工作,因为就业分为自愿就业和非自愿就业。只要在经济中消除了非自愿失业,就算达到了充分就业。可见,即使实现了充分就业,仍有一定的失业存在。在任何一个特定的时点上,都有正在找工作的人和想雇人的企业。

实现充分就业时的失业率称为自然失业率。自然失业率是指经济社会在正常情况下的失业率,它是劳动力市场处于供求稳定状态下的失业率,即失业处于这个比率时,价格和工资都处于一种平衡状态。自然失业率是一国实现了潜在国民收入水平时的失业率。由于人口结构的变化、技术的进步、人们消费偏好的改变等因素,经济社会在任何时候总会存在一定比例的失业人口,这被认为是社会难以清除的。社会的自然失业率是不断变化的,没有一

项目 10 宏观经济现象

个确定的数据来衡量。一般情况下,自然失业率由各国政府根据本国的实际情况而定。

(三) 降低失业率的措施

1. 增加总需求,减少周期性失业

西方经济学家认为,周期性失业是由于总需求不足引起的,那么政府可以采取扩张性财政政策,如增加政府购买支出、增加转移支付、减少税收或采取扩张性货币政策(如降低法定准备金率、降低再贴现率、在公开市场上购买证券)等方式来刺激总需求,减少和消除周期性失业。

2. 降低自然失业率

降低自然失业率的措施有:

(1) 建立和完善职业培训制度。

(2) 建立多种就业服务机构,完善劳动力市场,全方位提供就业服务。

(3) 完善失业救济制度,变消极救济为积极就业。

 实例链接

我国就业形势总体稳定 青年人失业率仍处历史较高水平

2022年8月15日,国新办举行7月份国民经济运行情况新闻发布会,国家统计局表示,总的来看,我国就业形势总体稳定,失业率连续回落。但就业总量压力和结构压力依然存在,7月份,全国失业率总体水平还是高于上年同期,青年人失业率仍然处于历史较高水平。

国家统计局当日发布的数据显示,7月,全国城镇调查失业率为5.4%。16~24岁、25~59岁人口调查失业率分别为19.9%、4.3%。

2022年以来,受超预期因素影响,就业压力有所加大。4月份,全国城镇调查失业率升至6.1%。随着高效统筹疫情防控和经济社会发展持续显效,稳就业政策持续发力,5月份以来就业形势总体改善。全国城镇调查失业率连续回落,7月份已经回落到了5.4%。

从7月份情况看,就业状况主要呈现以下几个特点,一是就业主体人群就业继续改善。7月份,25~59岁成年人失业率为4.3%,比上月回落0.2个百分点,已接近去年同期水平,表明就业基本盘保持基本稳定。二是农民工就业群体就业好转。针对农民工等重点群体就业帮扶政策持续发力,农民工失业率继续回落。7月份,外来农业户籍人口失业率为5.1%,比上月回落0.2个百分点,继续低于整体失业率水平。我们看到,在4月份的时候,由于疫情冲击,外来农业户籍人口失业率高于整体失业率,随着经济逐步恢复,外来农业户籍人口失业率快速下行,目前已连续两个月低于整体失业率水平。

下阶段,就业工作的重点还是要继续落实好各项稳经济一揽子政策举措,推动经济持续恢复,积极助企纾困,扩大就业岗位,加大稳就业力度,加强对大学生等重点群体就业帮扶,推动就业形势稳定向好。

(资料来源:网易,https://www.163.com/dy/article/HHCNPV1205129QAF.html)

二、通货膨胀

(一) 通货膨胀的含义和衡量

1. 通货膨胀的含义

从本质上来说,当流通中的纸币发行量超过它所代表的贵金属货币需要量时,就会发生通货膨胀。从现象上来看就表现为一般价格水平持续和明显的上升。理解通货膨胀要注意以下四点:

(1) 反映通货膨胀的物价水平是各种物品的平均价格水平,不是指某一种或几种物品的价格,而是所有商品和劳务的总物价水平。

(2) 物价有相当大幅度的上涨,如果每年的物价水平尽管是持续上涨但上涨幅度很小,那就不能叫作通货膨胀。

(3) 物价普遍上涨。物价上涨不是局部地区、某种或几种物品价格上涨,而是全局性的、全社会性的、所有地区的所有物价都在上涨。

(4) 物价持续上涨,一般是以年为单位观察,如果上半年上涨了4%,下半年又下降了3%,则不叫作通货膨胀。

议一议 为什么有时我们会觉得国家公布的物价上涨总水平要比我们感觉到的物价上涨总水平要低?

2. 通货膨胀的衡量

衡量通货膨胀水平通常使用通货膨胀率,它是一个时期的物价指数比另一个时期的物价指数增加的百分比,即:

通货膨胀率=(本期物价指数-上期物价指数)/上期物价指数

衡量通货膨胀的物价指数一般包括三种,即消费者物价指数(CPI)、生产者物价指数(PPI)和GDP平均指数。消费者物价指数和生产者物价指数我们在前面已经介绍过了,这里谈一谈GDP平均指数。

GDP平均指数是衡量不同时期一切产品与劳务价格变化的指标,它是按当年价格计算的国内生产总值与按基期价格计算的国内生产总值的比率。它涉及全部商品和服务,除消费外,还包括生产资料和资本、进出口商品和劳务等,因此,这一指标能更加准确地反映一般物价水平走向。

 实例链接

下阶段我国通货膨胀压力不会明显上升

2016年11月14日,国新办举行10月份国民经济运行情况新闻发布会。国家统计局新闻发言人毛盛勇表示,下一阶段我国通货膨胀的压力不会明显上升,CPI的涨幅能够控制在合理的水平。

毛盛勇解释,从消费品的构成来看,一个是食品价格,我国粮食产量连续十几年丰产丰收,当前粮食价格还是稳中略降,这实际上为价格稳定运行提供了一个好的条件。

从工业消费品看,在生产领域PPI价格的传导作用下,当前有一种温和或者小幅上涨的趋势,但工业品总体供过于求的局面短期不会改变,所以工业消费品价格上涨的压力并不大。从服务品看,在人工成本继续上升,一些服务领域价格改革措施出台推进的过程中,一些服务品的价格可能会被推高。但综合起来看,这些新涨价或者价格上涨的条件,不会明显地大幅度出现。

从货币政策来看,10月28日,中央政治局会议提出,要坚持稳健的货币政策,实际上这就为价格的基本稳定运行提供了一个政策上的有利条件。从国际因素来看,当前国际经济还在深度调整,国际经济处在略复苏的状态。国际贸易尽管8月份出现了一些小幅回升,但总体比较低迷。国际大宗商品的价格,今年应该说是经历了一个比较大幅度的上涨。在这样一种增长的大背景下,明年大宗商品的价格再继续大幅上涨的概率比较小。

(资料来源:中国网财经频道,http://finance.china.com.cn/news/20161114/3985060.shtml)

(二) 通货膨胀的种类

1. 按照价格上升的速度划分

(1) 温和的通货膨胀,是指每年物价的上升率在10%以内,其中3%以下的物价上升叫爬行的通货膨胀,它是经济发展的润滑剂。因为人们感觉不到这种价格的上升,从而会将任何小于物价上升幅度的货币工资的上升当作实际工资的上升。这样一方面,工人增加劳动供给;另一方面,厂商增加劳动需求(实际工资下降),最终使就业量和收入增加。

(2) 奔腾的通货膨胀,是指年通货膨胀率在10%到100%。奔腾的通货膨胀意味着物价水平以较大幅度上升,如果不加以控制,会给经济和社会带来较大伤害。

(3) 超级通货膨胀,又称恶性通货膨胀,是指年通货膨胀率在100%以上。这种通货膨胀往往发生在一些特殊的环境下,是经济、社会、政治崩溃的一种表现。

2. 按照通货膨胀的表现形式划分

(1) 公开的通货膨胀,是指完全通过物价水平的上升表现出来的通货膨胀。

(2) 隐蔽的通货膨胀,是指不以物价水平的上升而以物品短缺表现的通货膨胀。

3. 按照公众对通货膨胀的预期划分

(1) 预期的通货膨胀,是指公众正确地预计到的通货膨胀。由于人们都会将预期到的通货膨胀考虑到交易契约中去,故预期的通货膨胀常常变成有惯性的通货膨胀,会年复一年地持续下去。

(2) 非预期的通货膨胀,是指公众没有正确地预期到的通货膨胀,即价格上升的速度超过人们的预期,或者人们根本没有想到价格会上涨。

4. 按照对价格影响的差别划分

(1) 平衡的通货膨胀,每种商品价格都按相同比例上升。此时,商品的相对价格不变,与没有发生通货膨胀一样。

(2) 不平衡的通货膨胀,每种商品价格上升的比例不完全相同。此时,商品的相对价格改变。

想一想 2011年以来,我国的通货膨胀率已突破4%,这是什么类型的通货膨胀?

(三) 通货膨胀的原因

1. 需求拉动型通货膨胀

需求拉动型通货膨胀是指总需求增加,使得总需求超过总供给引起的通货膨胀。

从总需求的角度来看,需求拉动型通货膨胀源于两大类因素:实际因素和货币因素。实际因素在于总需求的过度增长和总供给的不足,即"太多的货币追逐较少的货物",或者"因为物品和劳务的价格超过按现行价格可以得到的供给,所以一般物价水平便上涨"。货币因素在于货币供给增加或货币供给不变的条件下货币需求减少。

图 10-2 中,总需求曲线 AD 已经超过充分就业时的总需求曲线 AD_f 而与总供给曲线 AS 相交于点 F。这时由于过度需求,国民收入并没有增加,仍为 Y_f,但价格水平由 P_0 升到 P_1,发生了通货膨胀,此时,EF 为通货膨胀缺口。

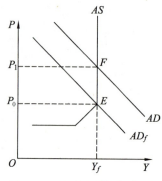

图 10-2　需求拉动型通货膨胀

2. 成本推动型通货膨胀

成本推动型通货膨胀又称为供给推动的通货膨胀,引起通货膨胀的原因在于成本的增加。它又可以分为工资推进的通货膨胀和利润推进的通货膨胀。

工资是成本中的主要部分,工资的提高会使生产成本增加,从而使价格水平上升。如果存在着劳动力市场的不完全竞争,工资率的上升会导致雇主将提高的工资计入成本,进而提高商品的价格,从而引起通货膨胀。工资的提高往往先从个别部门和行业开始,但由于各个部门之间工资的攀比行为,最终导致整个社会工资水平的上涨,从而引起普遍的通货膨胀。而且这种通货膨胀一旦开始,还会形成"工资—物价螺旋式上升",即工资上升引起物价上升,物价上升又引起工资的上升。这样,工资和物价不断相互推动,形成严重的通货膨胀。

利润推动的通货膨胀,是指市场上具有垄断地位的厂商为了增加利润提高价格所引起的通货膨胀。在不完全竞争的市场上,具有垄断地位的厂商控制产品的销售价格,从而可以提高价格而增加利润。尤其在工资增加时,垄断厂商以工资的增加为借口,更大幅度地提高物价,使物价上涨的水平高于工资上涨的水平,其差额就是利润的增加。

议一议 随着我国新《劳动合同法》的颁布,工人的工资开始大幅上涨,这会给经济带来什么影响?

图 10-3 中,成本增加使总供给曲线由 AS_0 向左上方移动到 AS_1,国民收入由 Y_0 减少到 Y_f,价格水平由 P_0 上升到 P_1。这种价格的上升就是成本推动的通货膨胀。

3. 结构性通货膨胀

社会经济结构的变动使得总需求超过总供给引起的一般价格水平的持续上涨叫作结构性通货膨胀。

由于社会生产各部门之间在需求结构、劳动生产率、劳

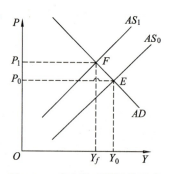

图 10-3　成本推动型通货膨胀

动力市场结构特征和收入水平方面存在着差异,有些生产部门在扩展,而有些生产部门在收缩,如果社会资源和劳动者能迅速地在各个部门之间实现转移,则结构性通货膨胀就不会出现。但是,在现实中由于存在着种种限制,那些非扩展部门的资源和劳动者不能迅速流动到扩展部门,这样,扩展部门由于资源和人力的短缺,资源价格和工资都会上升。而那些非扩展部门尽管资源和人力过剩,但资源的价格不会下降,工人的工资由于攀比反而会上升。这样就会由于扩展部门的总需求过度和这两个部门的成本增加而产生通货膨胀。

4. 供求混合型通货膨胀

这种理论认为,通货膨胀是由总需求或总供给共同作用所引起的。供求混合型通货膨胀是由于需求拉动和供给推动作用而引起的通货膨胀。如果通货膨胀是由需求拉动开始的,即过度的需求存在引起物价上升,这种物价上升又会使工资增加,从而供给成本的增加又引起成本推动的通货膨胀;如果通货膨胀是由成本推动引起的,即成本增加引起物价上升,这时,如果没有总需求的相应增加,工资的上升最终会减少生产,增加失业,从而使成本推动引起的通货膨胀停止。只有在成本推动的同时,又有总需求的增加,这种通货膨胀才能持续下去。

> **知识链接**
>
> **菲利普斯曲线**
>
> 1958 年,菲利普斯根据英国 1867—1957 年间失业率和货币工资变动率的经验统计资料,提出了一条用以表示失业率和货币工资变动率之间交替关系的曲线——菲利普斯曲线。这条曲线表明:当失业率较低时,货币工资增长率较高;反之,当失业率较高时,货币工资增长率较低,甚至是负数。根据成本推动的通货膨胀理论,货币工资可以表示通货膨胀率。因此,这条曲线就可以表示失业率与通货膨胀率之间的交替关系。即失业率高表明经济处于萧条阶段,这时工资与物价水平都较低,从而通货膨胀率也就低;反之失业率低,表明经济处于繁荣阶段,这时工资与物价水平都较高,从而通货膨胀率也就高。失业率和通货膨胀率之间存在着反方向变动的关系。西方经济学家认为,货币工资率的提高是引起通货膨胀的原因,即货币工资率的增加超过劳动生产率的增加,引起物价上涨,从而导致通货膨胀。所以,菲利普斯曲线又成为当代经济学家用以表示失业率和通货膨胀之间此消彼长、相互交替关系的曲线。

 除了上述因素外,还有哪些原因会引起通货膨胀?

(四)通货膨胀对经济的影响

通货膨胀对经济的影响主要表现在以下三个方面:

1. 通货膨胀对收入和财富分配的影响

通货膨胀对社会不同成员的收入分配有不同的影响。一些人从中受益,一些人受损。

(1)通货膨胀有利于利润收入者,不利于工资收入者。在通货膨胀期间,名义工资的增加不仅滞后于价格的上升,而且往往赶不上价格上升的幅度,实际工资在下降。

(2)通货膨胀有利于债务人,不利于债权人。

(3)通货膨胀有利于政府而不利于公众,因为随着名义工资的增加,个人所得税将增加。同时,政府是净债务人,通货膨胀使政府的内债负担下降。

实例链接

欧洲通胀率持续居高不下

2021年以来,欧元区能源价格指数暴涨27%,除能源外其他商品价格涨幅均超2%,多国CPI涨超5%。爆表的通胀数据给欧洲央行带来了更大的压力,而欧洲央行又将如何抉择?

欧盟统计局初步数据显示,欧元区19个成员国的11月消费者物价指数上升4.9%,超过市场预期值4.5%,较前值4.1%涨幅较大,为欧洲央行2%目标的两倍多,达到25年以来的最高水平。

同时,剔除波动性较大的食品、能源的核心通胀率上涨了2.6%,超过预期值2.3%,同时也超过前值2%。分项目来看,能源价格上涨对通胀贡献最大,11月能源价格从10月的23.7%上升至27.4%,为年度内最高涨幅。同时,食品、服务和商品价格的上涨速度都快于欧洲央行2%的通胀目标。分国家来看,其中超半数国家通胀率涨达5%。CPI涨幅最大的国家为立陶宛,同比涨超9%。

欧元区最大经济体、欧洲经济的"火车头"德国,情况也不容乐观。德国11月份通胀率同比上升6%,为30年来新高。并且德国央行预计通胀率在很长一段时间都会高于3%。法国11月份通胀率达到了3.4%,是2008年以来的最高水平。此外,西班牙也是如此,11月消费价格上涨5.6%,为1992年以来最高涨幅。比利时11月通胀率同样上涨5.6%。

欧洲央行曾表示,能源价格飙升、俄乌战争和供应链瓶颈等诸多暂时导致通胀上升的因素,将会随着时间的推移而消失,并试图平息人们对物价上涨的担忧。

未来欧洲央行面临的关键问题是,如何在高通胀与俄乌战争带来的不确定性之间取得平衡。

(资料来源:网易号,https://www.163.com/dy/article/GQ33BGNC05198NMR.html)

2. 通货膨胀对资源配置的影响

资源的有效配置提高了经济效率,促进了经济的增长和正常发展。一旦发生通货膨胀,由于货币的破坏力导致价格系统紊乱,打乱了市场机制的一切有效秩序,干扰了市场信号的传递并使信息失真,造成资源配置失调,使经济效率降低并使经济陷入不稳定状态。

3. 通货膨胀对经济增长的影响

通货膨胀对经济增长的影响目前存在比较大的分歧,主要有两种观点:

(1) 有利论。在短期内,非预期的、温和的、需求拉动的通货膨胀会使产品价格的上涨快于货币工资的上涨,实际工资率降低,从而促进企业增雇工人、扩大产量以谋求利润,进而使就业和国民产出增加。

(2) 不利论。在持续性的通货膨胀过程中,市场价格不能准确地反映产品的实际价格,产品价格失去了其应有的调节功能,往往会使消费者和生产者做出错误的决策,从而导致资源的严重浪费和不合理配置,使经济效率大大下降。同时,通货膨胀会动摇人们对货币的信心,并使人们更多地从事投机活动而不是正常的生产性活动,阻碍经济的增长。还有一点,在预期物价会进一步上涨的心理支配下,公众势必会为了避免将来物价上涨所造成的损失而减少储蓄增加消费,这就会使社会储蓄率下降,从而导致投资率下降和经济增长率的下降。

奔腾的或恶性的通货膨胀对经济的稳定发展总是不利的。

任务10.2 经济周期与经济增长

掌握经济周期的定义和类型;能够解释为什么会产生经济周期;能够分析目前国家经济周期的现状;了解经济增长的含义;理解经济增长与经济发展的不同点。

中国进入新一轮经济周期

1862年,法国经济学家克里门特·朱格拉首次提出市场经济存在着9~10年的周期波动。这种中等长度的经济周期一般被后人称为"朱格拉周期"。朱格拉周期是典型的8~10年的设备更替和资本投资驱动周期。机器设备由于磨损、技术进步等因素过几年就需要更新,从而产生了有规律的周期性变化。当整个经济处于设备更替的高峰期时,就会产生较多的固定资产投资,从而拉动经济步入繁荣;当设备投资基本完成时,投资又会陷入低谷,从而经济又会陷入低迷。

中国也存在8~10年的朱格拉周期。1978年改革开放以来,中国经历了1981—1990年、1990—1997年、1997—2008年、2008年至今4轮朱格拉周期,长度大概在8~10年。2009年中国固定资本形成增长19.1%,此后经过7年的回落,2015—2016年降至5%~6%。从目前的形势来看,三大因素将促使中国经济开启新一轮朱格拉周期。第一,这一轮工业品通缩最严重的时候即将过去,伴随着工业品价格的回升,企业生产和投资的意愿也逐渐回升;第二,目前企业资本开支意愿已经降至冰点,2016年2.1%的设备投资增速与中国5%~6%的中长期潜在经济增速存在差距,客观上需要均值回归;第三,存货周期反弹可期,去库存阶段对投资的压制作用将消耗殆尽,未来将逐渐进入加库存阶段,这将有利于企业资产开支的增加。以上这三大因素意味着中国私人部门投资和生产将会回升,这将对中国经济增速形成一定的支撑。

(资料来源:华尔街见闻,https://wallstreetcn.com/articles/286731)

议一议 1. 为什么说我国已经进入了新的经济增长周期?
2. 在这个周期中,我们应该如何做才能有助于经济的发展?

一、经济周期的含义和阶段

(一) 经济周期的含义

经济周期也称为经济循环,是指国民总产出、总收入和总就业等总体经济活动的扩张和收缩交替反复出现的过程。西方经济学的经济周期学派认为,经济周期是由技术、投资和劳动供给的冲击引起的充分就业的国民收入或充分就业的国民收入增长率本身的波动。

理解经济周期含义应该注意以下几点:

(1) 经济周期是现代经济社会中不可避免的经济波动。

(2) 经济周期的中心是国民收入的波动,这种波动引起投资和储蓄、物价水平、利润率、利息率以及就业人数的波动。

(3) 一个经济周期包括繁荣、衰退、萧条、复苏四个阶段。

(4) 经济周期在经济活动中会反复出现,但每次经济周期并不完全相同。

(二) 经济周期阶段

经济周期一般划分为繁荣、衰退、萧条、复苏四个阶段。繁荣阶段是国民收入与经济活动高于正常水平的阶段,即经济活动扩张或向上的阶段;衰退阶段是经济活动从扩张的峰顶向下跌落的阶段,即经济活动由繁荣转向萧条的阶段;萧条阶段是国民收入与经济活动低于正常水平的阶段,即经济活动收缩或向下的阶段;复苏阶段是经济活动从收缩的谷底向上攀升的阶段,即经济活动由萧条转向繁荣的阶段。在这四个阶段中,繁荣和萧条是两个主要阶段,复苏和衰退是两个过渡性阶段。如图

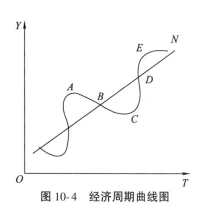

图 10-4 经济周期曲线图

10-4 所示,AB 代表衰退阶段,BC 代表萧条阶段,CD 代表复苏阶段,DE 代表繁荣阶段。从 A 到 E 即为一个完整的经济周期。

经济周期可以分为两个阶段和两个转折点:扩张和收缩、谷底和峰顶。扩张阶段由复苏和繁荣组成,通常伴随着就业、生产、价格、货币、工资、利息和利润的上升。收缩阶段由萧条和衰退组成,通常伴随着就业、生产、价格、货币、工资、利息和利润的下降。谷底和峰顶则分别是在整个经济周期的最低点和最高点,也是表示萧条和繁荣的转折点。

> **小故事**
>
> **煤太多了怎么我们没有煤烧**
>
> 冬天已经很冷了,一个小女孩冻得瑟瑟发抖,她问妈妈:"天这么冷,我们为什么不烧煤?"妈妈告诉孩子说:"因为你爸爸失业了,我们没有钱买煤。""爸爸为什么会失业?""因为煤太多了。"妈妈无奈地回答。孩子更不理解了:"煤太多了?那我们为什么没有煤烧?"妈妈沉默了。

这个故事发生在1929年世界经济大萧条期间,1929年10月前,美国经济连续10年繁荣,经济规模增加了50%以上,年均工业增长近4%,但这繁荣的背后是大量农民的破产、贫富差距的大幅度拉大,60%的家庭处于温饱线上。社会有效需求不足,产品卖不出去,导致企业破产、工人失业,于是社会购买力更加下降,产品更卖不出去,最终导致生产过剩的经济危机。

(资料来源:陈鹏飞,《经济学的100个故事》,新华出版社2008年版)

想一想 经济衰退是必然的吗?应如何解决?

二、经济周期的类型

西方经济学家把经济周期分为四种类型。

(一)朱格拉周期

法国经济学家朱格拉在《法国、英国及美国的商业危机及其周期》一书中,提出了资本主义经济存在着9~10年的周期波动,即所谓的"朱格拉周期",也称中周期。美国经济学家汉森则把这种周期称为"主要经济周期"。

(二)基钦周期

英国经济学家约瑟夫·基钦提出一种存在40个月左右(3~4年)的小周期,而一个大周期则包括两个或三个小周期,故称之为"基钦周期"。基钦提到,这种小周期是心理原因所引起的有节奏运动的结果,而这种心理原因又是受农业丰歉影响食物价格所造成的。

(三)康德拉季耶夫周期

俄国经济学家康德拉季耶夫于1925年提出市场经济中存在着50~60年这样的一个周期,我们称之为"康德拉季耶夫周期",也称长周期。

(四)库兹涅茨周期

1930年,美国经济学家库兹涅茨提出存在一种与房屋建筑相关的经济周期,这种周期平均长度为20年。这也是一种长周期,被称为"库兹涅茨周期",也称建筑业周期。

需要特别加以说明的是,奥地利经济学家熊彼特在他的两卷本《经济周期》中对前三种经济周期作了高度综合与概括。他认为前三种周期尽管划分方法不一样,但并不矛盾。每个长周期中套有中周期,每个中周期中套有短周期。每个长周期包括6个中周期,每个中周期包括3个短周期。熊彼特还把不同的技术创新与不同的周期联系起来,以三次重大创新为标志,划分了三个长周期:第一个周期,从17世纪末到1842年,是"产业革命时期";第二个周期,从1842年到1897年,是"蒸汽和钢铁时期";第三个周期,1897年以后,是"电气、化学和汽车时期"。

想一想 熊彼特的三个长周期与三次工业革命是否相同?

三、经济周期的成因

(一) 外生经济周期理论

外生经济周期理论认为,经济周期源于经济体系之外的因素——太阳黑子、战争、革命、选举、新资源的发现、科学突破或技术创新等。

1. 太阳黑子理论

太阳黑子理论把经济的周期性波动归因于太阳黑子的周期性变化。太阳黑子的周期性变化会影响气候的周期变化,这又会影响农业收成,而农业收成的丰歉又会影响整个经济。太阳黑子的出现是有规律的,大约每十年左右出现一次,因而经济周期大约也是每十年一次。

2. 创新理论

创新是熊彼特提出用以解释经济波动与发展的一个概念。所谓创新是指一种新的生产函数,或者说是生产要素的一种新组合。生产要素新组合的出现会刺激经济的发展与繁荣。当新组合出现时,老的生产要素组合仍然在市场上存在。新老组合的共存必然给新组合的创新者提供获利条件。而一旦新组合的技术扩散被大多数企业获得,最后的阶段——停滞阶段也就临近了。在停滞阶段,因为没有新的技术创新出现,因而很难刺激大规模投资,从而难以摆脱萧条。这种情况直到新的创新出现才被打破,才会有新的繁荣的出现。

总之,该理论把经济周期性波动的原因归结为科学技术的创新,而科学技术的创新不可能始终如一地持续不断出现,从而必然有经济的周期性波动。

3. 政治性周期理论

政治性周期理论把经济周期性循环的原因归结为政府的周期性决策(主要是为了循环解决通货膨胀和失业问题)。政治性周期的产生有三个基本条件:① 凯恩斯国民收入决定理论为政策制定者提供了刺激经济的工具;② 选民喜欢高经济增长、低失业以及低通货膨胀的时期;③ 政治家喜欢连选连任。

(二) 内生经济周期理论

内生经济周期理论认为,经济周期源于经济体系内部,是收入、成本、投资在市场机制作用下的必然现象。

1. 纯货币理论

纯货币理论认为货币供应量和货币流通速度直接决定了名义国民收入的波动,而且极端地认为,经济波动完全是由于银行体系交替地扩张和紧缩信用所造成的,尤其是短期利率起着重要的作用。

2. 投资过度理论

投资过度理论把经济的周期性循环归因于投资过度。由于投资过多,与消费品生产相对比,资本品生产发展过快。资本品生产的过度发展促使经济进入繁荣阶段,但资本品过度生产从而导致的过剩又会促进经济进入萧条阶段。

3. 消费不足理论

消费不足理论的出现较为久远。该理论把经济的衰退归因于社会对消费品的需求赶不上消费品生产的增长。这种不足又根源于国民收入分配不公所造成的过度储蓄。该理论一个很大的缺陷是,它只解释了经济周期危机产生的原因,而未说明其他三个阶段。因而在周期理论中,它并不占有重要位置。

4. 心理理论

心理理论和投资过度理论是紧密相连的。该理论认为经济周期取决于投资,而投资大小主要取决于业主对未来的预期。预期是一种心理现象,而心理现象又具有不确定性的特点。因此,当预期乐观时,增加投资,经济步入复苏与繁荣;当预期悲观时,减少投资,经济则陷入衰退与萧条。随着人们情绪的变化,经济也就周期性地发生波动。

议一议 你赞同以上哪种归因理论?为什么?

四、经济增长与发展

(一) 经济增长的含义和源泉

经济增长是指国民生产总值的增加或者人均国民生产总值的增加,是一国在一定时期内商品和劳务的总供给量的增加,也就是社会经济规模的扩大。这种"给居民提供日益繁多的经济产品的能力的长期上升是建立在先进技术以及所需要的制度和思想意识之相应的调整的基础上的"。经济增长一般包括以下含义:

第一,经济增长是国内生产总值的增加,如果考虑人口增加,经济增长就是人均实际国内生产总值的增加。

第二,技术进步是实现经济增长的必要条件,技术进步是第一位的。

第三,制度和思想意识的调整与变革是经济增长的充分条件,只有在调整制度和思想意识以后,技术进步才能取得成效。

一般说来,经济增长的源泉主要有四个:人力资源、自然资源、资本和技术。其中人力资源主要是劳动力的数量和质量,这是一国经济增长的重要因素,尤其是劳动力的素质是一国经济增长最重要的因素;自然资源对经济增长起着重要的作用,但并不意味着拥有自然资源是取得经济增长的必要条件,有些国家例如日本,通过大力发展劳动密集型与资本密集型产业也能获得成功;同时我们也要清醒地认识到,技术进步在经济增长中的地位将会越来越突出,有人做过统计,在1909—1940年间,美国2.9%的年增长率中,由技术进步引起的增长率为1.49%,在经济增长中所做的贡献占51%。

(二) 经济发展

很多人将经济发展与经济增长不加区分,事实上,虽然许多国家出现了经济增长,但大多数人们的生活没有发生显著的变化。世界银行曾经按人均收入将世界各国划分为低收入国家、中低收入国家、中上等收入国家和高收入国家。目前,除美国、英国、日本、加拿大、澳大利亚等二十几个国家大体上属于高收入国家外,另外三类国家总称为发展中国家,这三类国家的范围很广,有些国家发展得很不错,例如新加坡、马来西亚等,但大多数国家仍处于比较贫困甚至十分贫困的境地,他们的共同特征是人均收入低,营养不良,文化水平低,预期寿命短。"贫困落后"可以说是这些国家状况的总概括。

造成这些国家落后的因素是什么？经济学家提出了种种看法，但都离不开关于生产因素的分析，因为任何一个国家的经济，其基础总是生产。这些国家之所以贫困，是因为缺乏资本、劳动、自然资源和技术这些生产要素。同时，稳定的政局、健康的市场秩序、明晰的产权、良好的投资环境、强有力的激励措施这些软环境也是推动一国经济发展的重要因素。

因此，有人认为，经济发展是"一个社会向着更加美好的和更加人道的生活的持续前进"，认为经济发展包含着三个基本观念：首先，人类有一些共同的基本需要，全部经济活动的基本功能是向尽可能多的人提供满足这些需要的手段；其次，自尊——一种觉得自身有价值、有尊严的感觉，作为美好生活的基本元素，是所有民族和社会追求的目标，一旦将物质福利当作美好生活不可缺少的因素时，物质上的欠发达就会让人觉得获得尊严很困难，因此经济发展是一个不可缺少的获得尊严的途径；最后，经济发展中还包括自由的观念，这里的自由不是政治或者意识形态上的，而是一种更基本意义上的自由，是指摆脱了自然界、愚昧、苦难和教条主义的奴役。

按照这种观点，发展就变成了改进人民生活质量的过程，其目标就是满足基本需求，提高人的尊严，扩大选择自由。因此，经济增长和经济发展有着根本的区别，如果一个国家的产品和劳务增长了，不论这种增长如何实现，我们都可以说这是经济增长，而经济发展除了人均收入水平的提高外，还要包括经济结构的根本变化，其中最重要的是工业份额的上升和城市化，此外还包括人口增长结构、消费等方面的变化。所以，发展被定义为这样一个公式：发展＝增长＋……。根据这种区别，增长主要是发达国家的问题，发展则主要是发展中国家的问题。

项目 11

宏观经济政策

 学习目标

理解政府干预经济的理由及方式。
掌握政府不同经济干预政策的内涵,了解政府经济行为的局限性。
理解宏观经济政策的理论基础。
了解并会分析宏观财政政策和宏观货币政策。

任务 11.1 宏观经济政策的理论基础

 学习任务

了解宏观经济政策的基本含义,掌握凯恩斯主义三大心理规律,了解宏观经济政策的目标及其之间的相互关系。

经济现象

20 世纪 20 年代的美国,财富和机会仿佛遍地可寻。"炫耀性消费"成为时代潮流,整个社会对新技术和新生活方式趋之若鹜。时任美国总统胡佛也认为,"我们正在取得对贫困战争决定性胜利的前夜,贫民窟将从美国消失"。

然而,巨大的危险正在悄然逼近!

1929 年 10 月 29 日,星期二!

这一天,美国金融界崩溃了,股票一夜之间从顶巅跌入深渊,价格下跌之快连股票行情自动显示器都跟不上。短短的两个星期内,共有 300 亿美元的财富消失,相当于美国在第一次世界大战中的总开支,成千上万的美国人眼睁睁看着他们一生的积蓄在几天内烟消云散。

这是美国证券史上最黑暗的一天,是美国历史上影响最大、危害最深的经济事件,影响波及西方国家乃至整个世界。此后,美国和全球进入了长达10年的经济大萧条时期。因此,这一天被视作大萧条时期开启的标志性时点,被称为"黑色星期二"。

随着股票市场的崩溃,美国经济随即全面陷入毁灭性的灾难之中,疯狂挤兑、银行倒闭、工厂关门、工人失业、贫困来临。大量牛奶被倒进密西西比河,城市中的无家可归者用木板、旧铁皮、油布甚至牛皮纸搭起了被称为"胡佛村"的简陋的栖身之所。而街头上那些被迫以经营流动水果摊讨生活的苹果小贩中,有许多从前是成功的商人和银行家。

大萧条所引起的经济危机很快从美国蔓延到其他工业国家。大萧条造成了严重的社会经济问题:在美国,失业人口总数达到了830万,许多人因此自杀,各城市排队领救济食品的穷人长达几个街区。英国则有500万人至700万人失业,不得不为找工作排更长的队伍。大萧条导致的大饥荒和普遍营养不良造成美国至少700万人死亡,约占当时美国总人口的7%。对千百万人而言,生活成为吃、穿、住的挣扎。

面对发生的这一切,从政府到经济理论界都陷入了一片迷茫之中。在这种背景下,英国经济学家凯恩斯出版了其代表作《就业、利息和货币通论》,对这一现象进行了解释和说明。

在这本书中,凯恩斯指出:生产和就业的水平决定于总需求的水平。总需求是整个经济系统里对商品和服务的需求的总量。而经济危机的根源就在于有效需求的不足。在有效需求不足时,仅靠自由机制是无法保证充分就业的,政府应该采取措施刺激需求,随着有效需求的增加,消费也会增加,进而实现经济的增长。

凯恩斯从宏观的视角对大量的宏观概念进行了整合,从此西方经济学划分为微观经济学和宏观经济学两大部分,从而翻开了20世纪经济学的崭新一页。

议一议 类似于20世纪二三十年代的经济危机还会发生吗?为什么?

一、宏观经济政策的理论基础

宏观经济政策是指政府或国家为了增进整个社会经济福利、改进国民经济的运行状况、达到一定的政策目标而有意识和有计划地运用一定的政策工具制定的解决经济问题的指导原则和措施。其理论依据是西方经济学凯恩斯主义的有效需求不足理论,它是政府积极介入经济生活的必要性与合理性的基石,是政府制定宏观经济政策的依据。

所谓有效需求是指商品的总供给价格和总需求价格达到均衡时的社会总需求。凯恩斯认为:社会的有效需求是不足的,这是由边际消费倾向递减规律、资本边际效率递减规律和灵活偏好规律这三大心理规律所引起的。

1. 边际消费倾向规律

消费倾向被看作收入和消费之间的函数关系。居民随着收入的增加,消费也会相应增加,但在增加的收入中,用来消费的部分所占的比例越来越小,用来储蓄的部分所占的比例越来越大。这样在收入和消费之间就出现了一个越来越大的缺口,有效需求量降低,造成生产过剩和失业增加。

2. 资本边际效率递减规律

资本边际效率递减规律是指在其他条件不变的情况下,随着资本品的增加,资本边际效率呈现递减的趋势。投资者害怕投资越多利润就越低,因此对投资的兴趣降低,导致国民收入水平下降和对原料、消费品的需求下降。

3. 流动偏好规律

货币的需求或流动偏好的含义是指人们在手边保存一定数量货币的愿望,它是由对货币的流动性偏好引起的。货币是流动性最强的资产,同其他资产比较,具有使用上的灵活性,因而人们都喜欢保持一定数量的货币在手边。出于投机目的,货币持有者在银行利率降低到一定水平时,就会更多地保存这些货币,造成消费不足。

这三大心理规律的作用会使总需求不足、社会生产规模缩小、劳动力得不到充分利用,这种状况是市场力量自发形成的,市场本身不能解决问题。政府若不加干预就等于听任有效需求不足继续存在,听任失业和危机继续存在,会导致严重的社会经济后果。因此政府必须采取宏观经济政策刺激私人经济,增加政府注入,以弥补私人市场的有效需求不足。

 小故事

主人和影子

在阳光之下,影子总是随形而生,带来一片阴暗,使人不安。影子虽然没有独立的生命,但是变化无穷,久之难免得意忘形,以为自己不必依附主人,也可以游历世间。他对主人说,我们假装是朋友,结伴同行到别处发展吧。他们来到一个国家,国王正在为公主招聘驸马。影子大胆应征居然中选,于是他开始厌恶主人又老又丑的模样,遂要求国王把主人关入狱中。婚礼前夕,影子担心主人搅局,派人下毒把主人谋害。然后呢?

(资料来源:《安徒生童话》,陕西人民出版社 2009 年版)

 想一想 以上故事说明了什么经济学原理?

二、宏观经济政策的目标与工具

宏观经济政策的目标主要有充分就业、物价稳定、经济增长和国际收支平衡四个。这些目标之间存在一定的冲突,往往不能兼得。宏观经济政策要解决的主要问题就是如何保证经济在物价稳定的前提下沿着充分就业的轨迹增长。

(一) 宏观经济政策目标

1. 充分就业

在项目 10 任务 10.1 中,我们提到充分就业是指消除了非自愿失业状态的情况。宏观经济政策目标中的充分就业除了前面所讲的含义外,还包括另外一层含义,即包括劳动在内的各种生产要素都能够接受现行价格并全部用于生产的一种经济状态,也就是说,所有的资源都得到了充分的利用。失业意味着稀缺资源的浪费和闲置,从而使经济总产出下降,社会福利受损。因此,实现充分就业常常成为西方宏观经济政策的首要目标。

2. 物价稳定

物价稳定是指物价总水平的稳定。一般用物价指数来衡量一般价格水平的变化,物价稳定不是指每一种商品的价格固定不变,也不是指物价总水平固定不变,而是指物价指数相对稳定。我们往往将通货膨胀率在1%~3%的情况称为稳定。

3. 经济增长

经济增长是指在一个特定时期内经济社会所创造的人均产量和人均收入的持续增长,它包括两层含义:一是维持一个合理的经济增长率;二是培育经济持续增长的能力。一般认为,经济增长和就业目标是一致的,经济增长会增加社会福利,但并不是说经济增长越快越好,这是因为:第一,经济增长要受到各种资源条件的限制,不可能无限增长;第二,经济增长也要付出代价,如环境污染等。因此,经济增长就是实现与本国具体情况相符的适度增长率。

4. 国际收支平衡

国际收支平衡指一国国际收支净额即净出口与净资本流出的差额为零,即:国际收支净额=净出口-净资本流出。一国国际收支的状况主要取决于该国进出口贸易和资本流入流出状况。其目标是要做到汇率稳定、外汇储备有所增加以及进出口平衡。

(二) 宏观经济政策目标之间的关系

宏观经济政策目标之间既存在互补关系,也存在交替关系。互补关系是指一个目标的实现对另一个目标的实现有促进作用,如实现充分就业就要维护必要的经济增长。交替关系是指一个目标的实现对另一个目标的实现有排斥作用,例如,物价稳定与充分就业之间往往面临两难选择,要实现充分就业就必须刺激经济,扩大就业量,这一般要实施积极的财政政策和货币政策,这就会导致物价水平的上升,而为了抑制物价的上升又要实施紧缩性财政政策和货币政策。

因此,在制定经济政策的时候,必须对经济政策目标进行判断,分清轻重缓急和利弊得失,确定目标的实现顺序和目标指数的高低,尽量在各个目标之间找到最佳的平衡点和有益的组合,使四个目标能够成为一个和谐的、有机的目标体系。

 实例链接

继续做好抓好"六稳""六保"工作,稳住经济基本盘

中央经济工作会议2021年12月8日至10日在北京举行。会议指出,要继续做好"六稳""六保"工作,围绕保持经济运行在合理区间,加强和改善宏观调控,加大宏观政策跨周期调节力度,提高宏观调控的前瞻性和针对性。

2020年伊始,突如其来的疫情严重冲击我国经济,造成前所未有的影响。一是经济增长不稳。生产、消费、交换等经济活动大范围停滞,导致投资、消费、进出口快速下行,经济负增长。二是经济主体陷入危机。疫情冲击下,企业部门、家庭部门、政府部门受到严重影响,企业和家庭收入下降,陷入现金流危机;政府部门收入下降,支出上升,导致债务积累、赤字增加。三是金融风险加大。疫情的不确定性给金融市场投资者

造成严重干扰,导致预期不稳,资产价格波动性上升,金融市场动荡。而疫情冲击下企业、居民收入下降乃至破产也会传导到金融机构,导致金融机构资产损失,并进而威胁金融稳定。四是内外经济失衡。疫情冲击给进出口造成重大影响,2021年一季度我国进出口均呈负增长。疫情也会影响资本收支平衡,引起汇率波动。此外,世界经济出现前所未见的负增长、负利率、负油价、负收益,我国经济发展的外部环境、经济形势发生重大变化,经济平稳健康发展面对一系列新挑战和新风险。鉴此,中央及时做出新的安排,在扎实做好"六稳"即稳就业、稳金融、稳外贸、稳外资、稳投资、稳预期工作的基础上,提出了"六保"的新任务,即保居民就业、保基本民生、保市场主体、保粮食能源安全、保产业链供应链稳定、保基层运转。

(资料来源:腾讯网,https://new.qq.com/rain/a/20211206A08LUG00)

三、宏观经济政策的工具

宏观经济政策工具是政府用来达到政策目标的手段,常用的宏观经济政策工具有需求管理、供给管理和对外经济管理等。

1. 需求管理

需求管理是通过调节总需求来达到一定的宏观经济目标的政策工具。需求管理的目的是通过对总需求的调节实现总需求与总供给的均衡,达到既无失业又无通货膨胀的目标。当总需求小于总供给时,会产生失业,此时应通过刺激总需求来消除失业;当总需求大于总供给时,过度需求会引发通货膨胀,此时应通过抑制总需求来消除通货膨胀。需求管理的内容包括财政政策和货币政策两个方面。

2. 供给管理

供给管理是指通过对总供给的调节来达到一定的宏观经济目标的政策工具。供给管理政策的支持者认为供给会自己创造出需求。失业是由总供给不足引起的。而总供给不足的原因在于税率太高,挫伤了人们储蓄、投资和工作的热情。只有降低税率,才能增加总供给,增加就业。供给管理政策包括控制税收政策、指数化政策、改善劳动力市场状况的人力政策以及促进经济增长政策等。

3. 对外经济管理

在开放经济中,各国通过物品、资本和劳动力的流动相互影响,一国的经济不仅影响其他各国,而且也受其他各国的影响。因此,对外经济管理的内容也就包括对外贸易政策、汇率政策、对外投资政策以及国际经济关系的协调等方面。

任务11.2 宏观财政政策

 学习任务

　　了解宏观财政政策的基本内容,知晓政府支出和政府收入的内容和范围,掌握内在稳定器的内容和运行机制,能够运用宏观财政政策对经济现象和案例进行分析。

 经济现象

财政部：下一步将加大宏观政策调节力度　谋划增量政策工具

　　2022年8月30日,财政部发布2022年上半年中国财政政策执行情况报告,报告指出,面对复杂严峻的国际形势和艰巨繁重的国内改革发展稳定任务,各地区各部门认真贯彻落实党中央、国务院决策部署,有力统筹疫情防控和经济社会发展,加大宏观政策调节力度,有效实施稳经济一揽子政策措施,扎实做好"六稳""六保"工作,疫情反弹得到有效控制,国民经济企稳回升,民生保障有力有效,高质量发展态势持续,社会大局保持稳定。上半年国内生产总值同比增长2.5%,其中二季度国内生产总值同比增长0.4%,主要指标止住下滑态势,实现正增长。

　　一是加大减负纾困力度,增强市场主体活力。坚持阶段性措施和制度性安排相结合,减税退税缓税并举。大力改进增值税留抵退税制度,对留抵税额实行大规模退税。

　　二是保持适当支出强度,优化财政支出结构。目前安排全国一般公共预算支出26.71万亿元、比上年扩大2万亿元以上。同时,优先支持已纳入国家"十四五"规划纲要、重点专项规划等重点项目,适度超前开展基础设施投资,加大对科技攻关、生态环保、基本民生、现代农业等领域及区域重大战略的支持力度。

　　三是合理安排地方政府专项债券,保障重点项目建设。保持政府总体杠杆率基本稳定,安排新增地方政府专项债券额度3.65万亿元,与上年持平。重点支持在建和能够尽快开工的项目,扩大有效投资。1—6月,各地累计发行新增专项债券3.41万亿元,基本完成发行任务。

　　四是推动财力下沉,支持基层做好"三保"工作。较大幅度增加中央对地方转移支付特别是一般性转移支付规模,向困难地区和欠发达地区倾斜。省级财政也最大限度下沉财力,支持基层落实助企纾困政策和保基本民生、保工资、保运转。

　　五是坚持党政机关过紧日子,推动建设节约型机关。中央部门带头过紧日子,重点保障刚性支出、急需支出,从严控制一般性支出,强化"三公"经费预算管理,努力降低行政运行成本。

　　六是严肃财经纪律,整饬财经秩序。严格执行财经法律法规和管理规定,扎紧制度"笼

子"，坚决维护制度严肃性。

（资料来源：中华人民共和国财政部网站，www.gov.cn/xinwen/2022-08/30/content_5707425.htm）

议一议 面对上述经济现状，我们应该实施什么样的宏观财政政策？

宏观财政政策是政府根据经济、政治形势而制定的财政工作的指导原则，政府经常通过不同的财政政策来控制失业和通货膨胀，以实现经济稳定增长和国际收支平衡。财政政策是国家干预经济的主要政策之一。

一、财政政策的内容

财政政策的主要内容有政府支出和政府收入。

（一）政府支出

政府支出是指整个国家中各级政府支出的总和。按支出方式分为购买性支出和转移性支出。

购买性支出主要是指政府对劳务和商品的购买，如购买军需品、公共项目所需的支出。它是决定国民收入大小的主要因素，其规模直接关系到社会总需求的增减。购买性支出对整个社会总支出水平具有十分重要的调节作用。

政府转移支付是指政府在社会福利、保险、失业补助、养老金等方面的支出。它不能算作国民收入的组成部分，因为它仅仅是通过政府在不同的收入群体和成员间进行转移和重新分配。

（二）政府收入

政府收入主要分为税收和公债。

税收是政府财政收入中最主要的部分，按不同的标准可以进行不同的分类。根据课征对象可以分为财产税、所得税和流转税；根据纳税方式可以分为直接税和间接税；根据收入中被扣除的比例可以分为累退税、累进税和比例税。在现实生活中，税收具有很大的作用，第一，税收能保证财政收入的广泛性，同时，由于税收具有强制性、无偿性和固定性等特点，因此相对稳定可靠，是国家财力的主要来源。第二，税收能够保证公共物品的提供，纠正外部性效应，使资源配置更有效。第三，税收能自动调节总需求，这一点我们在后面会讲到。第四，税收还能调整经济结构，可以通过合理设置税种、确定税率来鼓励或者限制某些部门作用的发挥，实现国家的产业政策。第五，税收能调节收入分配，缓解社会分配不公的矛盾。最后，通过对进出口商品和劳务的征税或者减免税，税收可以有效地保护国家的经济安全和对外贸易，保证国家权益不受损害。

公债是政府财政收入的另一组成部分，是政府对公众的债务，它不同于税收，是政府运用信用筹集财政资金的特殊形式。

实例链接

《个人所得税法》的修改

现行个人所得税法于 2011 年 6 月 30 日公布,自 2011 年 9 月 1 日起施行。2018 年 8 月 31 日,关于修改个人所得税法的决定通过,起征点每月 5 000 元,2018 年 10 月 1 日起实施最新起征点和税率。同时,在税率结构、提高综合所得基本减除费用标准、设立专项附加扣除和增加反避税条款等方面都做了一定的修改和补充,这使得该法更加完善和规范。这一修改后的标准和一系列规定综合考虑了人民群众消费支出水平增长等各方面因素,并体现了一定前瞻性。按此标准并结合税率结构调整测算,取得工资、薪金等综合所得的纳税人,总体上税负都有不同程度下降,特别是中等以下收入群体税负下降明显,有利于增加居民收入、增强消费能力。

二、财政政策的运用

财政政策运用政府开支与税收来调节经济。通过财政支出和税收直接影响消费需求和投资需求,以使总需求与总供给相适应,从而稳定经济,防止经济波动。根据作用的方式,财政政策分为扩张性财政政策和紧缩性财政政策。

扩张性财政政策是指在经济萧条时期,通过财政分配活动来增加或刺激社会总需求,以防止经济衰退所产生的各种副作用的政策措施,包括增加政府支出与减税、增加公共工程支出和购买、增加转移支付力度等措施。

紧缩性财政政策是指在经济高涨时期,通过财政分配活动来减少或抑制社会总需求,以降低经济过热所产生的各种副作用的政策措施,包括减少政府支出与增税、减少公共工程支出和购买、减少转移支付力度等措施。

财政政策的特点是"逆经济风向行事",即在经济高涨时期对其进行抑制,使经济不会过度高涨而引起通货膨胀,在经济萧条时期又对其进行刺激,使经济不会严重萧条而引起失业,从而实现既无失业又无通货膨胀的稳定增长。

想一想 下面哪些属于政府转移支付?

① 农业丰收后政府的价格补贴;
② 退役士兵的补助金;
③ 你父母的养老金;
④ 企业的夏季高温补贴;
⑤ 政府公债利息。

三、内在稳定器

内在稳定器是指一些具有自动调节国民经济功能的财政政策,在经济繁荣时,能够抑制经济进一步扩张,在经济衰退时,能够阻止经济进一步衰退,因此可以自动地稳定经济,又称

"自动稳定器"。它能在宏观经济不稳定情况下自动发挥作用,使宏观经济趋向稳定。财政政策的这种"内在稳定器"效应无须借助外力就可直接产生调控效果,财政政策工具的这种内在的、自动产生的稳定效果,可以随着社会经济的发展,自行发挥调节作用,不需要政府专门采取干预行动。这种内在稳定经济的功能主要通过下述三项制度得以发挥。

(一) 政府税收的自动变化

在经济萧条时期,政府征收的个人所得税和公司利润税自动下降,个人和公司保留的可支配收入增多,从而使消费和投资增加,导致总需求下降,克服危机;而在经济上升时,个人和公司收入增加,政府征收的所得税也自动上升,使个人和公司的消费与投资受到抑制,物价上涨得到控制,经济趋于稳定。

(二) 政府转移支付的自动变化

在经济萧条时,工人失业增加,政府的失业补助及其他福利开支则自动增加,从而维持了失业工人的支出,有利于克服生产过剩;在经济上升时期,失业减少,从而失业救济及其他补助也自动减少,而征收作为失业补助的资金来源的税收却自动增加。

(三) 私人和公司储蓄

一般家庭在短期内收入下降时,原则上是不减少消费,而是动用过去的储蓄;在收入增加时,也不立即增加消费,而是增加储蓄,使消费保持相对的稳定。公司也是如此,在收入减少时,不轻易减少股息,而是减少保留利润;在收入增加时,也不轻易增加股息,而是增加保留利润。

想一想 内在稳定器能否消除经济的波动?为什么?

四、赤字财政政策与公债

赤字财政政策是指通过减税而减少国家的财政收入,增加企业和个人的可支配收入,刺激社会总需求,或通过发行国债扩大政府财政支出的规模,来扩大社会需求的政策。财政赤字是一种客观存在的经济范畴,也是一种世界性的经济现象,它是国家职能的必然产物。纵观世界各国,在经济增长缓慢、市场萎靡的时候,一般都以财政赤字的增加为代价来支持经济持续发展。改革开放以来,为适应经济改革与发展的需要,我国基本上实行的就是这样的赤字财政政策。

国家财政弥补赤字的途径主要是借债和出售政府资产。政府借债又可以分为两类,一类是向中央银行借债,一类是向国内公众借债,这就是所谓的公债。公债作为政府取得收入的一种形式可以通过预算赤字融资使赤字得到弥补。然而,政府发行了公债要还本付息,这些一年未清偿的债务会逐渐累计成巨大的债务存量,这些债务存量所支付的利息又构成政府预算支出中一个十分庞大的部分。

即使如此,凯恩斯认为,财政政策应该为实现充分就业服务,因此,赤字财政政策不仅是必要的,而且也是可能的。因为:第一,债务人是国家,债权人是公众。国家与公众的根本利益是一致的。政府的财政赤字是国家欠公众的债务,也就是自己欠自己的债务。第二,政府的政权是稳定的,这就保证了债务的偿还是有保证的,不会引起信用危机。第三,债务用于发展经济,政府有能力偿还债务,弥补财政赤字。

  实例链接

科学看待我国的财政赤字率

一段时间以来,美、日等发达国家的政府债务问题引起人们的关注,政府债务负担率过高损害了这些国家的可持续发展能力。为了让积极财政政策更好发挥作用,2016年我国提高了财政赤字率,政府债务规模也进一步扩大。于是,有人开始担心中国政府是否也会出现债务问题。这种担心其实没有必要。我国的财政赤字率和政府债务负担率均在安全范围内,不存在负债过高问题。

2016年,我国财政赤字安排为2.18万亿元,财政赤字率为3%。2016年,中央财政国债余额限额为12.59万亿元,地方政府一般债务余额限额为10.71万亿元,即使债务达到上限,债务负担率也仅为32%。如果再考虑到地方专项债务限额为6.48万亿元,将三种债务限额加总后得到的债务限额之和为29.78万亿元,政府综合债务负担率约为41%。目前,较为流行的欧盟财政赤字率和债务负担率警戒线分别为3%和60%。我国财政赤字率3%也只是与警戒线持平,而41%的政府债务负担率和60%的警戒线之间还有较大距离。这说明,我国既有的债务规模是安全的,而且还有较大的发债空间。在实践中,不少国家超越了债务负担率60%的警戒线,财政运行也保持了正常,经济安全未受到大的影响。也就是说,只要政府债务能够正常偿还,较大的债务规模就不会影响财政运行。我国拥有庞大的国有资源,偿债能力远高于一般市场经济国家。

那么,我国为什么要适度提高财政赤字率呢? 因为适度提高财政赤字率能够为供给侧结构性改革提供更加宽松的财政政策环境。一是实施减税的空间更大。减税有助于为企业减负,增强企业竞争力,推动经济发展。二是有利于满足人们对公共产品和服务不断增长的需求。推进供给侧结构性改革意味着一部分资源需要重新配置,下岗分流职工需要得到妥善安置,还要进一步健全社会保障制度,满足人们对公共产品和服务不断增长的需求。财政支出的适度增长和政府债务规模的适度扩大有利于满足上述需求。

(资料来源:人民网,http://theory.people.com.cn/GB/n1/2017/0117/c40531-29028054.html? ivk_sa=1024320u)

任务 11.3 宏观货币政策

掌握货币的需求内容和货币需求函数,了解货币总需求曲线图;了解我国的银行体系,熟悉银行创造货币的过程,掌握货币供求均衡和利率的相互关系;了解宏观货币政策的基本含义和具体运用,知晓货币政策工具的内容,能够运用所学知识对宏观经济现象和案例进行分析。

美国的货币政策

美国 1979 年前后,货币政策发生了巨大的转变,对美国经济产生了严重的副作用。这恐怕是当时美国政府没有料到的事情。

在 20 世纪 70 年代卡特总统上台执政前,福特政府采取扩张性财政政策和货币政策来刺激经济,国民生产总值增长很快,失业率由 9% 下降到 5.6%,但负效应是通货膨胀率迅速上升,从 4.3% 上升到 12.3%。到了 1979 年第三季度,卡特政府所要面临的一个主要问题就是高通货膨胀。因此,采取了紧缩的货币政策,控制货币供给,使货币的增长率一下子从 1979 年第三季度的 13.9% 下降到第四季度的 4.4%。货币供给的下降,引发了两个后果:一是利率迅速从 9.7% 上升到第四季度的 11.8%、1980 年第一季度的 13.4%;二是国民生产总值的增长率变成了负增长,1980 年第二季度增长率为 -9.5%。具体见表 11-1。

表 11-1　　　　　　　　　　1979—1980 年美国货币政策变化

时间		货币增长率	利率	投资/GNP	GNP 增长率
年	季				
1979	2	7.0%	9.4%	18.6%	-0.4%
1979	3	13.9%	9.7%	17.9%	3.6%
1979	4	4.4%	11.8%	17.3%	-0.85%
1980	1	4.2%	13.4%	17.2%	4.0%
1980	2	-6.0%	9.6%	15.8%	-9.5%
1980	3	19.5%	9.2%	14.8%	0.3%
1980	4	11.5%	13.6%	16.1%	5.1%

由于担心经济危机的爆发,卡特政府又迅速采取宽松的货币政策。1980 年第三季度,

货币供给一下又猛增到了19.5%,其结果是通货膨胀再度飞升、投资只是略有回升,国民生产总值增长率由-9.5%回升到5.1%。但是,原本脆弱的美国经济再也经不起忽冷忽热的折腾,1981年以后美国经济陷入了危机之中。有人形容美联储这段时间里的行为就像一个喝醉酒的司机。

(资料来源:马丁·费尔德斯坦,《20世纪80年代美国经济政策》,经济科学出版社2000年版)

议一议 为什么卡特政府的措施对美国经济产生了严重的副作用?

一、货币银行学基本知识

(一) 货币的需求

凯恩斯的一个重要的贡献就是将货币因素放到实际国民收入中去考虑。他认为,货币的需求与供给决定着利率水平。投资又是利率的函数,因此,货币的供求通过利率,间接地影响总支出和实际产出,进而影响国民收入。

1. 货币的需求

货币的需求是人们愿意在手头上保存货币的需求,又称为"流动性偏好",一般是指人们喜欢持有货币的心理因素。一般认为,人们之所以持有货币主要是由以下三类不同的动机所导致的。

(1) 交易动机。由于人们出售要素或者产品获得的货币收入与购买物品的货币支出在时间上通常是分离的,一次获得的收入需要分期支出,因此,厂商和消费者都需要持有一定的货币余额来应付日常的开支。这种为了满足日常开支活动所持有的货币余额,称为货币的交易需求。交易需求与人们的收入呈现同方向的变动。

(2) 谨慎动机。由于未来的不确定因素的存在,人们需要持有一定的货币以应付各种意外情况的发生,从而减少损失,将人们以此目的而持有的货币余额称为谨慎需求。谨慎需求取决于收入的高低、经济的稳定性等因素,通常我们认为谨慎需求与收入也呈正相关关系。

(3) 投机动机。人们由于交易需求与谨慎需求而储存的货币具有交易的性质和作用,而投机性的需求则强调货币作为价值储存的作用,如果说由于交易需求与谨慎需求而在手中保存的货币量的多少取决于收入的大小,那么,出于投机动机而保存在手头上的货币量的多少则取决于利率的高低,二者呈反方向变动。

2. 货币需求函数

货币的需求是由交易需求、谨慎需求和投机需求三者共同决定的,是这三者的总和,其中,交易需求与谨慎需求由收入决定,与国民收入呈正方向变动,因此,我们将这两者结合起来用 L_1 表示,则:

$$L_1 = L_1(Y) = kY$$

Y 表示名义收入, k 表示收入增加时货币需求增加多少。

货币的投机需求则取决于利率并与利率呈反方向变化,货币投机需求我们用 L_2 来表示,则:

$$L_2 = L_2(r) = -hr$$

这里，r 表示利率水平，h 表示货币投机需求的利率系数，负号表示货币投机需求与利率呈反方向变动。货币的投机需求曲线如图11-1所示。

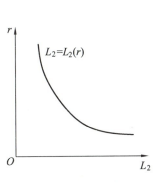

图11-1　货币投机曲线图　　　图11-2　货币总需求曲线图

综合上述内容，我们可以看到，将交易需求、谨慎需求和投机需求结合起来，货币需求函数可以表示为：

$$L = L_1 + L_2 = L_1(Y) + L_2(r) = kY - hr$$

货币总需求曲线如图11-2所示。

> **小故事**
>
> **钱币与烧饼的价值**
>
> 有一位钱币商和一个卖烧饼的小贩被一场洪水困在野外的山岗上，不知道洪水会持续多久。两天后，钱币商身上的食物已经吃完了，只剩下一口袋钱币，而烧饼小贩还有一口袋烧饼。钱币商提出一个建议，用一个钱币换一个烧饼，若是在平时，这真是合算不过的事了，此时烧饼贩子却不同意，认为发财的机会到了，提出要用一口袋金币来换取一口袋烧饼，钱币商同意了！
>
> 一天又一天，洪水还是没有退下去。钱币商吃着从烧饼贩子手里买来的烧饼，而烧饼贩子饿得饥肠辘辘，最后实在忍不住了，他就提出来要用这口袋钱币买回他曾经卖出而如今已为数不多的烧饼。钱币商没有完全答应他的条件，只允许他用五个钱币换一个烧饼。洪水退去后，烧饼全部吃完了，而一袋钱币又回到了钱币商的手里。

（二）货币和货币供给

1. 货币的供应量

在项目2中，我们指出货币是充当一般等价物的特殊商品，货币的基本职能有价值尺度、交换媒介、支付手段、储藏手段。货币流通规律和纸币流通规律规定着流通中的货币流通量。从市场经济的运行角度看，货币定义是不同的，因此其货币流通规律也会出现差异。根据流动性和变现能力我们可以将货币分为：

M_0，通货及其辅币。其流动性最强。

$M_1 = M_0 +$ 活期存款，是最狭窄的货币供应量。

$M_2 = M_1$+所有存款机构的小额定期存款,是中等范围的货币供应量。

$M_3 = M_2$+所有存款机构的大额定期存款+商业银行、储蓄贷款机构的定期存款协议,是最宽范围的货币供应量。

2. 银行体系

中央银行,位于整个银行系统和非银行系统的最高层。中央银行是货币发行银行,是银行的银行,国家的银行,宏观货币政策的制定者和执行者。我国的中央银行是中国人民银行。银行系统主要由各职能银行和商业银行组成,非银行系统由各类基金、保险公司、金融公司、抵押公司等组成。像我国的中国工商银行、中国农业银行以及农村合作信用社等都属于银行系统。具体银行体系如图11-3所示。

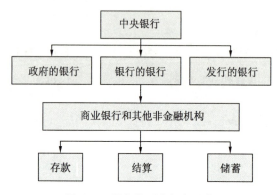

图11-3 银行体系和银行业务

找一找 请上网查找有关美国联邦储备委员会的历史并说明它在美国经济中的作用。

(三)银行货币创造功能

货币供应量取决于流通中现金和商业银行存款的数量。为了确保客户能够随时取款的需要,银行不会把全部存款放出,必须保留一部分准备金。在现代银行制度中,这种准备金在存款中所占的比率是由中央银行规定的,这个比率就是法定准备率。按照法定准备率提留的准备金称作法定准备金。由于商业银行想要获取更多的利润,它们会把超出法定准备金之外的部分存款贷放出去或者用于购买短期债券进行投资。正是这种以较小比率的准备金来支持活期存款的能力,使银行系统得以创造货币。

例如,假定法定准备金率为20%,银行客户将一切货币收入以活期的形式存入银行。在这样的情况下,最初某商业银行(甲)所吸收的存款为100万元,该商业银行可以放款80万元,得到80万元的客户将这笔贷款存入商业银行(乙)又可以使银行得到$80 \times (1-20\%) = 64$万元的放款,得到64万元贷款的客户把这笔钱存入商业银行(丙)又可以使银行得到$64 \times (1-20\%) = 51.2$万元的放款……由此下去可以得到各银行存款的总和是:

$$100+80+64+51.2+\cdots\cdots = 100(0.8+0.8^2+0.8^3+0.8^4+\cdots\cdots+0.8^{n+1})$$

$$= \frac{100}{1-0.8} = 500(万元)$$

如果以R表示最初的存款,D代表存款总额,r代表法定准备金率,则商业银行能够创造的货币量的公式是:

$$D = \frac{R}{r}$$

> **知识链接**
>
> **流动偏好陷阱**
>
> 对利率的预期是人们调节货币和有价证券等比例的重要依据，利率越高，货币的需求量越小。当利率极高时，货币的需求量将趋向于零，人们认为这时的利率不可能再上升，因此会将所有的货币全部换成有价证券。反之，当利率极低时，人们认为这时的利率不可能再下降，或者说有价证券的市场价格不可能再上升而只会跌落，人们就会将所有的有价证券换成货币，即使有人有货币也绝不会去买有价证券，以免有价证券价格下跌时遭受损失。人们不管有多少货币都持有在手中，这种现象被称为"流动偏好陷阱"。这是凯恩斯首先提出来的，所以又被称为"凯恩斯陷阱"，它是指人们持有货币的偏好。人们之所以持有货币，就是因为货币所具有的流动性，货币需求关于利率的系数也称作流动性偏好的利率系数。从这里可以看出，当利率极低时，无论增加多少货币，人们都会将货币留在手中，这时候即使银行增加货币的供应也不会使利率下降。

（四）货币供求均衡和利率决定

西方经济学家们认为，货币的供应量是由增加的货币支出来调节的，其大小与利率无关，因此，在图 11-4 中，货币供给曲线是一条垂直于横轴的直线，它与货币需求曲线 L 相交的点 E 决定了利率水平 r_0，它表示，只有当货币供给等于货币需求时，货币才能达到均衡。如果市场利率低于均衡利率，则说明货币需求超过货币供给，人们感到手中持有的货币太少，这时人们就会卖出有价证券，导致利率上升，直至货币供求相等。相反，如果市场利率高于均衡利率，则说明货币供给超过货币需求，人们感到手中持有的货币太多，这时人们就会用多余的钱买入有价证券，于是利率就会下降，直至货币供求相等。只有当货币供求相等时，利率才不会变动。

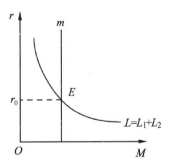

图 11-4 货币供给和需求的均衡

想一想 当货币的需求曲线和供给曲线变动时，利率会如何变动？

二、宏观货币政策

货币政策是指中央银行为影响经济活动所采取的措施，尤指通过控制货币供给以及调控利率等各项措施，以达到影响投资和整个经济目标的经济政策。

（一）货币政策的内容与传导机制

货币政策一般分为扩张性和紧缩性两种类型。扩张性货币政策是通过增加货币供给来带动总需求的增长。紧缩性货币政策是通过减少货币供给来抑制总需求的增长。它们的直接目标就是利率，最终目标是总需求的变动，这和财政政策的目标是一致的。货币政策与财政政策不同的是，财政政策直接影响社会总需求的规模，中间不需要任何变量，而货币政策则是通过中央银行货币供应量的变化来调节利率进而间接地调节总需求，因此货币政策是间接发挥作用的。

货币政策的传导功能主要通过以下传导机制发挥作用：货币量→利率→投资→总需求→国民收入，即货币供应量的变化引起利率的变化，进而导致投资的变化和社会总需求的变化，最后引起国民收入的变化。

（二）货币政策的工具

宏观货币工具包括一般性货币政策工具和选择性货币政策工具。其中法定准备金率、再贴现政策和公开市场业务这三大政策主要用于调节货币总量。

1. 一般性货币政策工具

（1）法定准备金率。法定准备金率是指中央银行以法律形式规定的商业银行将其吸收存款的一部分上缴中央银行作为准备金的比率。中央银行可以通过改变法定准备金率来调节货币供给量。在经济高涨或通货膨胀时，中央银行可以提高法定准备金率，这样既减少商业银行和其他金融机构用于贷款的资金，又使商业银行创造的货币减少，从而收缩银根，减少货币供给，减少投资，抑制总需求；在经济衰退或失业率较高时，中央银行通过降低法定准备金率以增加货币供给，增加投资，刺激总需求。

（2）再贴现率。商业银行在资金不足时，也可以把未到期的商业票据卖给中央银行从而取得资金，一般称此为再贴现，中央银行给商业银行的贷款利率称为再贴现率。中央银行减低再贴现率可以使商业银行得到更多的资金；反之，中央银行提高再贴现率将使商业银行的资金短缺，就会减少对客户的贷款或收回贷款。

（3）公开市场业务。中央银行在公开市场即金融市场上买进或卖出有价证券，运用公开市场业务，可通过对货币供应量的调节来调节利率，并通过利率的变动来调节总需求。在经济繁荣时，中央银行卖出有价证券，会使银行系统基础货币减少，导致货币供应量多倍减少和利率上升，这样私人的投资和消费支出就会下降，通货膨胀就会缓解。在经济衰退时做法相反。

议一议 根据我国目前的经济形势，谈谈应该采取什么样的货币政策。

2. 选择性货币政策工具

（1）道义劝告。中央银行运用自己在金融体系中的特殊地位和威望，通过对银行及其他金融机构的劝告，影响其贷款和投资方向，以达到控制信用的目的。如在衰退时期，鼓励银行扩大贷款；在通货膨胀时期，劝阻银行不要任意扩大信用，也往往收到一定效果。但道义劝告没有可靠的法律地位，因而并不是强有力的控制措施。

（2）行政干预。不少国家规定，中央银行有权对商业银行规定最高贷款限额，以控制信贷规模,或者对商业银行存贷款的最高利率进行限制。

(3) 金融检查。中央银行有权随时对商业银行的业务活动进行金融监督与检查,这种检查包括检查经营业务范围、大额贷款的安全状况、银行的资本比率和流动资产比率等。

(三) 货币政策的运用

在不同的经济形势下,中央银行要运用不同的货币政策来调节经济,其主要特点仍然是"逆经济风向行事"。

在经济萧条时期,总需求小于总供给,就要运用扩张性货币政策。其中包括在公开市场上买进有价证券、降低贴现率并放松贴现条件、降低准备金率等。这些政策可以增加货币供应量,降低利息率,刺激总需求。

在经济繁荣时期,总需求大于总供给,为了抑制总需求,就要运用紧缩性货币政策。其中包括在公开市场上卖出有价证券、提高贴现率并严格贴现条件、提高准备金率等。这些政策可以减少货币供应量,提高利息率,抑制总需求。

实例链接

下调金融机构存款准备金率,支持实体经济发展

为支持实体经济发展,降低社会融资实际成本,中国人民银行决定于2020年1月6日下调金融机构存款准备金率0.5个百分点。

首先,此次降准是全面降准,体现了逆周期调节,释放长期资金约8 000多亿元,有效增加金融机构支持实体经济的稳定资金来源,降低金融机构支持实体经济的资金成本,直接支持实体经济。此次降准保持流动性合理充裕,有利于实现货币信贷、社会融资规模增长同经济发展相适应,为高质量发展和供给侧结构性改革营造适宜的货币金融环境,并且用市场化改革办法疏通货币政策传导,有利于激发市场主体活力,进一步发挥市场在资源配置中的决定性作用,支持实体经济发展。

其次,此次降准有利于缓解小微、民营企业融资难融资贵问题。降准增加了金融机构的资金来源,大银行要下沉服务重心,中小银行要更加聚焦主责主业,都要积极运用降准资金加大对小微、民营企业的支持力度。在此次全面降准中,仅在省级行政区域内经营的城市商业银行、服务县域的农村商业银行、农村合作银行、农村信用合作社和村镇银行等中小银行获得长期资金1 200多亿元,有利于增强立足当地、回归本源的中小银行服务小微、民营企业的资金实力。同时,此次降准降低银行资金成本每年约150亿元,通过银行传导可降低社会融资实际成本,特别是降低小微、民营企业融资成本。

最后,降准并不意味着稳健货币政策取向发生改变。此次降准与春节前的现金投放形成对冲,银行体系流动性总量仍将保持基本稳定,保持灵活适度,并非大水漫灌,体现了科学稳健把握货币政策逆周期调节力度,稳健货币政策取向没有改变。

(资料来源:至诚财经,http://www.zhicheng.com/gncj/n/312720.html)

三、供给管理政策

(一) 收入政策

收入政策是通过限制工资收入增长率从而限制物价上涨率的政策,也叫作工资和物价管理政策。实施收入政策的目的就是制止通货膨胀。收入政策有以下三种形式:一是工资与物价指导线。根据劳动生产率和其他因素的变动,规定工资和物价上涨的限度,其中主要是规定工资增长率。企业和劳动者都根据这一指导线来确定工资增长率,企业也必须据此确定产品的价格变动幅度,如果违反,则以税收形式以示惩戒。二是工资与物价的冻结,即政府采用法律和行政手段禁止在一定时期内提高工资与物价,这些措施一般是在特殊时期采用,在严重通货膨胀时也被采用。三是税收刺激政策,即以税收来控制增长。

(二) 指数化政策

指数化政策是指定期地根据通货膨胀率来调整各种收入的名义价值,以使其实际价值保持不变。指数化政策主要包括工资指数化和税收指数化,即根据物价指数自动调整工资和个人收入调节税等。

(三) 人力资源政策

人力资源政策是一种旨在改善劳动市场结构,以减少失业的政策。人力资源政策主要有三个方面:一是人力资本投资。由政府或有关机构向劳动者投资,以提高劳动者的文化技术水平与身体素质,适应劳动力市场的需要。二是完善劳动市场。政府应该不断完善和增加各类就业介绍机构,为劳动的供求双方提供迅速、准确而完全的信息,使劳动者找到满意的工作,企业也能得到其所需的员工。三是协助劳动者进行流动。劳动者在地区、行业和部门之间的流动,有利于劳动的合理配置与劳动者人尽其才,也能减少由于劳动力的地区结构和劳动力的流动困难等原因而造成的失业。对劳动者流动的协助包括提供充分的信息、必要的物质帮助与鼓励。

(四) 经济增长政策

经济增长政策体现在四个方面:一是增加劳动力的数量和质量。增加劳动力数量的方法包括提高人口出生率、鼓励移民入境等;提高劳动力质量的方法是增加人力资本投资。二是资本积累。资本的积累主要来源于储蓄,可以通过减少税收、提高利率等途径来鼓励人们储蓄。三是技术进步。技术进步在现代经济增长中起着越来越重要的作用。因此,促进技术进步应该成为经济政策的重点。四是计划和平衡增长。现代经济中各部门之间的协调增长是经济本身所要求的,国家的计划与协调应通过间接的方式来实现。

实例链接

我国经济已由高速增长阶段转向高质量发展阶段

党的十九大报告中明确指出:"我国经济已由高速增长阶段转向高质量发展阶段。"中央经济工作会议强调:"中国特色社会主义进入了新时代,我国经济发展也进入了新时代,基本特征就是我国经济已由高速增长阶段转向高质量发展阶段。"

中国经济过去30多年的年均增长率接近10%,GDP的世界占比由2.7%迅速提高到目前的近15%,创造了世界经济史上的"中国奇迹"。国际金融危机爆发后,世界经济格局不断发生深刻变化,中国经济发展的内在支撑条件和外部需求环境都已今非昔比,这就要求经济增长速度"换挡",实现经济由高速增长向高质量发展的转变。

导致这种转变的原因有如下几个:一是世界经济复苏一波三折,前景不明,外需对中国经济的拉动作用明显弱化;二是我国传统人口红利逐渐减少,资源环境约束正在加强,我国的经济增长结构正在发生历史性变化,要素的边际供给增量已难以支撑传统的经济高速发展路子;三是国际创新驱动竞争更为激烈。当前,第三次工业革命正迎面走来,主要发达国家纷纷加快发展战略性新兴产业,力图抢占未来科技创新和产业发展的制高点,这些新挑战倒逼着我国的经济发展方式要加快向创新驱动型转换。四是我国市场需求结构升级加快,高质量产品供给不足。上述内外条件所发生的深刻变化,使得我国原有主要依靠要素投入、外需拉动、投资拉动、规模扩张的增长模式难以为继,迫切需要转变发展方式、优化经济结构、转换增长动力,要求中国经济必须向追求高质量和高效益增长的模式转变。

(资料来源:《学习时报》2018年1月31日第1版)

项目 12

开放经济

学习目标

了解开展国际贸易的重要性和必然性。
掌握国际贸易的基本概念。
理解国际贸易的基础理论知识。
了解对外贸易政策措施。
知悉世界贸易组织的基本原则。
了解区域经济一体化的组织形式。
能够进行外汇汇率的相关计算和应用。
了解国际收支平衡表的相关内容。

任务 12.1　国际贸易基础知识

学习任务

理解开展国际贸易的必要性,掌握国际贸易的基本概念,了解绝对成本理论和相对成本理论,掌握要素禀赋理论等相关国际贸易理论。

经济现象

每个美国家庭都离不开"中国制造"

"如果对中国商品加征关税,将对美国人产生从头到脚的影响。"美国纽约《每日新闻》报日前一篇报道指出。美国零售行业领导者协会近日在一封公开信中,也表达了类似观点。信中说,超过41%的服装、72%的鞋类和84%的旅行用品都是在中国生产的,"对这些产品征收关税将是对每个美国人征税"。

美国人日常生活最离不开的,其实是一些看似不起眼却离不开的小电子产品。众所周知,苹果手机的一大耗材就是充电数据线。在苹果商店,一根长1米的数据线售价为19美元,而在美国电商亚马逊的网站上,功能、长度相同,排在第一名的产品,来自中国生产的安克,售价只有7.99美元,亚马逊上用户评分最高星级为5星,有3 363位用户为它打出了4.5分的高分。2016年年底,安克在美国3 000多家沃尔玛实现开架销售,在宜家、百思买等知名品牌连锁店也有货架。很多美国民众认为,一旦对中国商品加征关税,这些来自中国、与大家生活息息相关的电子产品价格将上涨,"美国政府这样做,最后埋单的是美国普通消费者"。

美国鞋类经销商和零售商协会的统计数据显示,2017年全年,美国从全球进口了23.8亿双鞋,价值251.4亿美元,美国本土制造的鞋仅有2 500万双。其中,从中国进口的鞋类数量最多,达17亿双,价值140亿美元。该协会称,如果关税提高,一双价值67美元的中国产靴子将涨价30美元,一双售价160美元的耐克运动鞋价格将跃升至200美元甚至更高。

美国从中国进口大量质优价廉的商品,不仅有助于其维持较低的通胀率,还提高了美国民众特别是中低收入家庭的实际购买力。美中贸易全国委员会联合英国牛津经济研究院提供的2015年数据表明:美中经贸关系可帮助美国典型家庭(年收入5.65万美元)一年节省850美元。出口到美国的中国商品使美国物价水平降低1%~1.5%。

(资料来源:新华网,https://baijiahao.baidu.com/s?id=1596682453463847610&wfr=spider&for=pc)

想一想 你的生活中有没有用到过外国的产品?具体有哪些呢?

国际贸易是指世界各国(地区)之间在商品、服务和生产要素方面的交换活动。它是各个国家(地区)在国际分工的基础上相互联系的主要形式,反映了世界各个国家(地区)在经济上的相互依赖关系。这种交换活动,如果从一个国家(地区)的角度来看,称为该国(地区)的对外贸易,从世界范围看,世界各国(地区)对外贸易的总和构成了国际贸易,也称世界贸易。

一、开展国际贸易的原因

(一) 从国际层面上看

(1) 国际贸易可以在全球范围内优化资源的配置。
(2) 国际贸易可以推动国际分工,促进全球产业结构和全球分工体系的形成,提高整体的劳动生产率。
(3) 国际贸易可以促进生产贸易全球化,推动金融资本全球化,从而促进全球经济一体化。

(二) 从国家层面上看

(1) 参与国际贸易可以促进各国经济发展,增加就业。
(2) 参与国际贸易可以发挥各国的比较优势,提高国家的竞争能力。
(3) 参与国际贸易可以促进大国经济进一步发展,同时也有助于发展中国家抓住机遇,提升综合国力,缩小与发达国家之间的差距。

(三) 从企业层面上看

参与国际贸易有助于企业扩大市场规模,实现规模经济,增加盈利,提高国际竞争力。

参与国际贸易有助于推动企业国际化,提高国际化水平。

参与国际贸易有助于帮助企业获取资源、技术及先进的管理经验。

(四) 从消费者层面看

国际贸易可以为消费者提供更加物美价廉更加多元化的选择,能够降低消费者的生活成本,提高消费者福利。

议一议 目前,随着国际政治经济状况的变化,出现了一种经济逆全球化的趋势,你认为这会对国际贸易产生什么影响?

二、国际贸易基本概念

(一) 国际贸易与对外贸易

国际贸易也称世界贸易,是指国际间的商品、技术和服务的交换活动。国际贸易是国际经济关系的基本形式,是世界经济发展的重要因素,它由各国或地区的对外贸易构成,是世界各国对外贸易的总称。

对外贸易是指以一个国家或地区为主与其他国家或地区之间的商品、技术和服务的交换。

(二) 进口贸易与出口贸易

出口与进口是一国对外贸易的两个组成部分。

出口贸易是指一个国家或地区向其他国家或地区输出本国的商品、技术和服务的活动。

进口贸易是指一个国家或地区从其他国家或地区输入商品、技术和服务的活动。

(三) 贸易差额

贸易差额是一国(地区)在一定时期内(如一年、半年、一季度、一月)出口额与进口额之间的差额。

当出口额与进口额相等时,称为贸易平衡;当出口额大于进口额时,称为贸易顺差或贸易出超,也称贸易盈余;当进口额大于出口额时,称为贸易逆差或贸易入超,也称贸易赤字。

实例链接

中国2021年实现创记录的贸易顺差

根据中国海关总署最新发布的数据,2021年中国贸易顺差达6 764.3亿美元,是自1950年有记录以来的最高值。2020年中国贸易顺差为5 239.9亿美元。

中国海关总署数据显示，2021年，中国外贸出口和进口分别增长了29.9%和30.1%，而2020年，这两个数字分别为增长3.6%和下降1.1%。

2021年12月单月，由于出口保持强劲，而进口大幅放缓，中国的贸易顺差也创下历史新高，达944.6亿美元(2021年11月为717.2亿美元)，这也是1994年起进行月度统计以来的最高值。从出口看，尽管与11月22%的增长相比有所放缓，但与2020年12月相比，出口增长20.9%，超过了预期增幅。进口同比增长19.5%，低于经济学家预测的26.3%，与11月31.7%的增幅相比大幅下降。

(资料来源：中华人民共和国商务部网站，http：// yu.mofcom.gov.cn/article/jmxw/202201/20220103237585.shtml)

(四) 国际贸易额与国际贸易量

国际贸易额也叫国际贸易值，是指以货币来表示的一定时期内各国的对外贸易总值，通常都用美元来表示。一般把各国(地区)的出口额汇总起来作为国际贸易额。

国际贸易量是指为了剔除价格变动的影响，能准确反映国际贸易的实际数量而确立的一个指标。在计算时，是以固定年份为基期而确定的价格指数去除报告期的国际贸易额，得到的就是相当于按不变价格计算(剔除价格变动的影响)的国际贸易额，该数值就叫报告期的国际贸易量。

(五) 有形贸易与无形贸易

按商品的形式，可将国际贸易划分为有形贸易和无形贸易。有形贸易和无形贸易是密切联系的。

有形贸易是指实物商品的交换活动。

无形贸易是指非实物形态的服务和技术的交换活动，主要包括运输、保险、金融、旅游、信息以及技术等方面的交换。

(六) 对外贸易依存度

对外贸易依存度又称为对外贸易系数(传统的对外贸易系数)，是指一国的进出口总额占该国国民生产总值或国内生产总值的比重。对外贸易依存度反映一国对国际市场的依赖程度，是衡量一国对外开放程度的重要指标。一般来说，对外贸易依存度越高，表明该国经济发展对外贸的依赖程度越大，同时也表明对外贸易在该国国民经济中的地位越重要。影响一国对外贸易依存度的因素主要有：国内市场的发展程度、国家的经济发展战略、市场规模、加工贸易的层次、汇率的变化等。

 实例链接

我国经济发展对外贸依存度持续下降

2018年10月，海关总署新闻发言人在介绍2018年前三季度进出口情况时指出，十八大以来，我国经济发展更加注重内生动力，国内需求特别是消费需求对经济的拉动不断上升,对外部需求的依赖持续下降,具体体现为外贸依存度下降。有一些相关数据供参考。2012年我国外贸依存度是45.2%,其中出口依存度为23.9%,进口依存度为21.2%。2017年,我国外贸依存度降为33.6%,今年上半年我国外贸依存度是33.7%,其中出口依存度为17.9%,进口依存度为15.8%。当前中国经济正由过去的主要依靠投资、出口拉动转向现在主要依靠消费、服务业支撑,外贸依存度正在下降。

(资料来源:中国网财经,finance.china.com.cn/news/20181012/4780555.shtml)

三、国际贸易的相关理论

(一) 绝对成本理论

绝对成本理论的提出者是英国古典经济学家亚当·斯密,其代表作是《国富论》。绝对成本理论提出,如果每个国家都按照其绝对有利的生产条件(即生产成本的绝对高低)进行分工和交换,将会使各国的资源、劳动力和资本得到最有效的利用,将会大大提高劳动生产率,增加物质财富。因此,一国应该把本国生产的某种商品的生产成本与外国生产同种商品的生产成本进行比较,以便决定是自己生产还是从外国进口。如果一国生产某种商品的生产成本绝对低于他国,那么该国生产这种商品的产业就是具有绝对优势的产业;反之,就是不具有绝对优势的产业。每个国家都应该出口其绝对优势产业的产品,进口其绝对劣势的商品。

绝对成本学说揭示了国际分工、自由贸易的必要性,亚当·斯密通过对重商主义的批判,创立了以自由贸易为核心的绝对成本理论,为英国新兴资产阶级提出自由贸易政策主张奠定了理论基础,在一定程度上具有科学性。但是并不是所有国家都有自己的绝对优势,各国的绝对优势也不是固定不变的,而且某一种社会资源不可能被用来生产任意一种商品,所以,按照他的标准,自由贸易只会发生在世界上少数几个发达国家之间,发达国家和发展中国家之间的贸易现象绝对成本理论就无法加以解释,这是绝对成本理论最主要的缺陷。

(二) 相对成本理论

相对成本理论,也称为比较优势理论、比较成本理论,是由英国古典经济学家大卫·李嘉图提出的,其代表作是《政治经济学及赋税原理》。

相对成本理论的主要观点包括:

(1) 每个国家都应该按照"两利相权取其重,两弊相衡取其轻"的原则进行分工,各自专门从事成本相对来说比较便宜的产品和劳务的生产。

(2) 两国生产并出口各自占有比较优势的产品和劳务,双方的福利水平都会得到提高。

(3) 通过自由贸易,世界资源得到充分合理的利用,世界的产出将达到最大。

相对成本理论的提出为自由贸易政策提供了理论依据,推动了当时英国资本积累和生产力的发展。相比于绝对成本理论,相对成本理论在更广的范围内推动了国际分工和国际贸易的开展,无论是生产力水平高还是生产力水平低的国家,都可以按照比较优势的原则加入国际分工体系,所以它促进了社会生产力的发展和社会财富的增加。但它没有进一步解释比较优势形成的原因。

(三) 要素禀赋论

要素禀赋论是由瑞典经济学家赫克歇尔和他的学生俄林提出的,故又称为赫克歇尔-俄林理论、H-O理论。所谓要素禀赋是指一国所拥有的并能用于生产的各种生产要素(包括土地、劳动力、资本和企业家才能)的数量。

要素禀赋论的主要观点可以概括为:

(1) 国际贸易产生的直接原因是价格的绝对差异。

(2) 价格的绝对差异是由于成本的绝对差异。

(3) 成本的绝对差异主要是由于:第一,生产要素的供给不同;第二,不同产品在生产过程中所使用的要素的比例不同。

(4) 国际贸易的流向应该是:劳动力资源丰富的国家应该集中生产劳动密集型产品,出口到劳动力资源相对缺乏的国家去;技术先进的国家应该集中生产技术密集型产品,出口到技术相对落后的国家去;资源丰富的国家应该集中生产资源密集型产品,出口到资源相对缺乏的国家去;资金充裕的国家应该集中生产资金密集型产品,出口到资金相对缺乏的国家去。

要素禀赋论解释了李嘉图比较优势产生的来源,建立了完整的一般均衡分析框架,为各国在国际分工中优化产业结构提供了依据。但是,要素禀赋理论也存在着局限性,一是该理论的假设前提有悖于现实,二是"靠山吃山、靠水吃水"的贸易思想不利于一国总体经济结构的调整。

 实例链接

一带一路

"一带一路"(英文:The Belt and Road,缩写 B&R)是"丝绸之路经济带"和"21世纪海上丝绸之路"的简称。它是在充分依靠中国与有关国家既有的双多边机制,借助既有的、行之有效的区域合作平台的基础上提出的,旨在借用古代丝绸之路的历史符号,高举和平发展的旗帜,积极发展与沿线国家的经济合作伙伴关系,共同打造政治互信、经济融合、文化包容的利益共同体、命运共同体和责任共同体。

2022年3月1日,在国新办新闻发布会上商务部部长助理表示,2021年,"一带一路"经贸合作克服疫情等困难,不断走深走实,为全球开放合作、世界经济复苏注入了新动能。

一、贸易畅通迈上新台阶。2021年,中国与沿线国家货物贸易额11.6万亿元,创8年来新高,同比增长23.6%,占中国外贸总额的比重达29.7%。跨境电商等外贸新业态快速发展,一批海外仓建成并投入运营。首个海外仓供需对接的海外智慧物流平台"海外仓服务在线"正式上线。中欧班列全年开行1.5万列,运送146万标箱,同比分别增长22%和29%。陆海新通道建设加快,中国与新加坡签署了合作规划,共同举办了2021陆海新通道国际合作论坛。

二、投资合作取得新进展。2021年全年中国对沿线国家直接投资1384.5亿元,同比增长 7.9%，占对外投资总额的比重达 14.8%。沿线国家企业对中国直接投资首次超百亿美元，达 112.5 亿美元，折合人民币 742.8 亿元。"一带一路"项目建设稳步推进，中国企业在沿线国家承包工程完成营业额 5 785.7 亿元，占对外承包工程总额的 57.9%。一批"小而美"的减贫、卫生、教育、体育等民生领域援助项目落地见效，援非洲疾控中心等项目顺利实施。

三、机制平台得到新提升。中国与相关国家新建 8 个贸易畅通工作组和双边投资合作工作组，与塞内加尔签署电子商务合作备忘录，与匈牙利、俄罗斯等签署绿色发展、数字经济领域投资合作备忘录，合作机制日益完善，沟通渠道更加丰富。同时，中国成功举办进博会、广交会、服贸会、中国-东盟博览会、中国-非洲经贸博览会等展会，促进了与共建国家的经贸合作。

（资料来源：新浪网，https://news.sina.cn/2022-03-07/detail-imcwipih7137174.d.html）

（四）保护贸易理论

1. 重商主义理论

重商主义认为货币是一国财富的根本，是富强的象征，一切经济活动的目的就是积累财富，获取财富的途径则是对外贸易顺差。因而，该理论主张国家干预经济活动，鼓励本国商品输出，限制国外商品输入，"多卖少买"，追求顺差，使货币流入国内，以增加国家财富和增强国力。

2. 幼稚产业保护理论

幼稚产业保护理论强调每个国家都有其发展的特殊道路，并且从历史学的角度，把各国的经济发展分为五个阶段：原始未开化时期、畜牧时期、农业时期、农工业时期、农工商业时期。各国在不同的发展阶段，应采取不同的贸易政策，在经济发展的前三个阶段必须实行自由贸易；当处于农工业时期时，必须将贸易政策转变为保护主义；而经济进入发展的最高阶段，即农工商业时期时，则应再次实行自由贸易政策。只有这样才可能有利于经济的发展，否则将不利于相对落后国家的经济发展。

3. 超保护贸易理论

超保护贸易理论认为贸易顺差有益而贸易逆差有害。贸易顺差可为一国带来黄金，扩大支付手段，降低利率，刺激物价上涨，扩大投资，从而有利于缓和国内危机和增加就业。而贸易逆差则会造成黄金外流，物价下降，导致国内经济趋于萧条，失业人数增加。该理论主张国家积极干预经济活动，采取各种手段和各种措施，减少进口，扩大出口，造成对外贸易顺差，促进国内经济发展。

 实例链接

"本国优先"政策导致经济逆全球化趋势愈演愈烈

2016 年英国公投脱欧拉开逆全球化序幕；2017 年特朗普就任美国总统，其名言是"美国优先"，上台后力推保护贸易主义，经济逆全球化趋势进一步明朗。进而德国、法国、意大利和巴西等国的政治局势都不同程度转向保守与民粹,"意大利优先""巴西高于一切"等民族主义抬头。

全球经济一体化最早始于第二次世界大战以后世界贸易组织的成立,各种多边合作协议在贸易、经济和金融等不同层面促进了全球的要素流动和资源配置。到了20世纪80年代,里根的新自由主义经济政策进一步开启全球经济一体化,从1980年到2016年,全球贸易对GDP的贡献率从18.8%增长到了28.5%。

但是,从全球产业链的利益分配机制来看,经济全球化架构下,居于产业链顶端的国家获得大部分的产业利润,与此同时,经济全球化也是资本的盛宴。1980年到2015年,美国最富有的1%人群收入占比从10.7%上升到20.2%,50%低收入群体的收入占比从19.5%下降到12.5%;在美国财富差距扩大的同时,代际流动性在下降,美国梦在现实中变得越来越遥远。全球收入增长数据也呈现类似的变化趋势,1980年至2016年,欧美前1%的富有群体收入增长约200%;新兴国家劳动者收入增长约100%,与此同时,欧美后90%收入的群体平均收入只增长50%。劳动回报不足给发达国家"沉默的大多数"带来不平等感,资本和新兴国家劳动力客观上瓜分了本来可以由他们赚取的收入,从而导致了他们的相对贫困,这些发达国家的中产和底层劳动者对全球经济一体化的态度趋于保守并逐渐演变成政治上的本国优先主义。与此同时,以中国为主的新兴经济体崛起分享了全球经济一体化的福利。随着经济的逐渐开放,中国、印度等国家加入全球制造的产业链,并以劳动力成本优势挤压了欧美制造业工人的收入增长。在开放的市场交易模式下,中国找到了一条内生增长道路,中国实际利用外商直接投资2017年增长到1 310.15亿美元;到2021年,中国GDP增长到17万亿美元。而同期的欧盟,尤其是欧元区在经济一体化的演变过程中问题重重,其货币政策和财政政策在"一体化"过程中的不一致导致各成员国政策失衡。在这种趋势下,由"本国优先"政策导致的经济逆全球化趋势愈演愈烈。

(资料来源:林采宜、王耀辉,《经济逆全球化的原因和影响》,《中国经贸》2019年第2期)

任务12.2 对外贸易政策和经济一体化

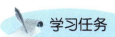

学习任务

理解对外贸易政策措施,掌握关税的种类及非关税壁垒,了解非关税壁垒的运用,了解世界贸易组织和区域经济一体化。

"入世"20年，中国与世界是"典型的双赢"

2021年是中国加入世贸组织20年周年，站在历史新的起点回溯过往，不难发现，中国"入世"所带来的成就极具里程碑意义。

关键词一：规则

中国加入世贸组织就相当于融入世界，而且由于WTO有许多规则，"一旦加入其中，与我们有贸易关系的国家也受这些规则制约，从而可以降低我们对外贸易的成本"。这样的确定环境避免了中国再被一些发达国家成员"漫天要价""无理阻挠"。

开放带来了竞争，而有规则的竞争激活了市场。"如果我们没有加入世贸组织，就是自己和自己打篮球，虽然也是锻炼身体，但国际交流就比较少。加入以后，和别人比赛就有一个共同的规则，同时还能促进双方对于先进技术的交流。"

关键词二：开放

加入世贸组织后，中国以更开放的姿态欢迎更多高品质国际商品和服务进入中国市场。"入世"20年来，中国对全球经济增长的年均贡献率接近30%，关税总水平从15.3%降至7.4%，远低于"入世"承诺的10%，更低于其他主要新兴经济体；在华设立的外资企业从20万家增至百万余家；对外直接投资年度流量全球排名从加入世贸组织之初的第26位上升至2019年的第2位……目前，中国已经发展成为全球第二大经济体、第一大货物贸易国、第一大外资吸收国。

关键词三：履行承诺

2021年10月28日，时任商务部副部长兼国际贸易谈判副代表的相关负责人表示，中国已完全履行"入世"时做出的承诺，WTO几任总干事及大部分WTO成员都对此给予充分肯定和普遍认可。

"完全履行承诺"意味着什么？

首先，这意味着对外贸易不仅仅是操作层面上实行对外开放，而是制度层面上完成了和世界融合的过程；其次，这种"完全"恰恰说明中国当时的谈判是成功的，是"没有吃亏的"，而且谈判的结果是符合中国特色和中国模式的；最后，也证明了中国"入世"以来不仅仅享受了权利，同时也承担了相应的责任和义务。

关键词四：双赢

国内经济增长速度快，人民生活水平改善显著，幸福感和获得感大大提升，这些都反映出中国作为发展中国家在加入世贸组织后，取得了很大的成功。与此同时，这样的"中国模式"对世界产生了不可小觑的影响，很多专家和官员都曾给中国"入世"答卷打出高分。

世界银行数据显示，中国在加入世贸组织后GDP高速增长，与此同时，美国和欧洲的发达国家的GDP也呈现增长趋势。此外，中国也带动了一批新兴经济体的增长。"怎么会不承认双赢，这就是最典型的双赢。"

（资料来源：央视网，http://news.cctv.com/2021/12/10/ARTI5PevSlctWalNDrVlzw5r211210.shtml）

议一议 结合身边的实际,讨论一下融入国际贸易给你带来什么好处?

一、对外贸易政策措施

对外贸易政策是各国政府从本国利益出发,对本国对外贸易活动采取的政策措施。一国可以采取干预对外贸易活动的政策,也可以采取不干预对外贸易活动的政策。当一国采取干预对外贸易活动的政策时,其贸易政策措施主要可以分为关税措施和非关税措施这两大类。这些政策措施不仅会对本国产生影响,而且还会对贸易伙伴乃至整个世界产生影响。

(一)关税

1. 关税的概念

关税是指进出口商品在经过一国关境时,由政府设置的海关向进出口国所征收的税收。关税是世界各国普遍征收的一个税种,对于贸易发达国家而言,关税往往是国家税收乃至国家财政收入的主要来源。

知识链接

关境 ≠ 国境

在一般情况下,关境的范围等于国境。

但是关境也可能大于国境。如关税同盟的成员国之间货物进出国境不征收关税,只对来自和运往非同盟国的货物在进出共同关境时征收关税,因而对于每个成员国来说,其关境大于国境,如欧盟。

此外关境也可能小于国境。若在国内设立自由港、自由贸易区等特定区域,因进出这些特定区域的货物都是免税的,因而该国的关境小于国境。

我国的关境范围是除享有单独关境地位的地区以外的中华人民共和国的全部领域,包括领水、领陆和领空。目前我国的单独关境有香港、澳门和台澎金马单独关税区。在单独关境内,各自实行单独的海关制度。因此,我国关境小于国境。我们一般所称的"进出境"除特指外均指进出我国关境。

2. 关税的种类

(1)根据商品的流向,关税分为进口税、出口税和转口税。

进口税是指海关在外国货物进口时所课征的关税。现今世界各国的关税,主要是征收进口税。征收进口税的目的在于保护本国市场和增加财政收入。

出口税是指海关在本国货物出口时所课征的关税。为了降低出口货物的成本,提高本国货物在国际市场上的竞争能力,世界各国一般少征或不征出口税。

转口税,又称过境税、通过税,它是对外国货物通过本国国境或关境时征收的一种关税。

(2)根据计税标准,关税分为从价税、从量税、复合税、选择税和滑准税。

从量税是以货物的计量单位(重量、长度、面积、容积、数量等)作为征税标准,以每一计量单位应纳的关税金额作为税率。

从价税是以货物的价格作为征税标准而征收的关税。从价税的税率表现为货物价格的百分值。经海关审定作为计征关税依据的价格称为完税价格。以完税价格乘以税则中规定的税率,就可得出应纳的税额。

复合税又称混合税,是对某一进出口货物或物品既征收从价税,又征收从量税。

在税则的同一税目中,有从价和从量两种税率,征税时由海关选择其中一种计征的称为选择税。海关一般选择税额较高的一种。

滑准税又称滑动税,是在税则中预先按产品的价格高低分档制定若干不同的税率,然后根据进出口商品价格的变动而增减进出口税率的一种关税。商品价格上涨,采用较低税率,商品价格下跌则采用较高税率,其目的是使该种商品的国内市场价格保持稳定,免受或少受国际市场价格波动的影响。我国从2005年5月份开始对关税配额外的棉花进口征收滑准税。

 实例链接

特朗普宣布对2 000亿美元中国货物加征25%关税

2019年5月6日,美国总统特朗普在推特上发文宣布,美国时间周五将会把第二批2 000亿美元自华进口货物额外加征关税税率从10%提升到25%,并警告会对另外3 250亿美元的中国货物同样开始征收25%的关税。

特朗普表示,过去10个月来,中国高达500亿美元的高科技商品已向美国支付25%关税,其他2 000亿美元商品也被征收了10%的关税,这些关税是美国巨大经济成果的一部分,美国时间周五将会把这些已经被征收了10%惩罚性关税的商品的税率提高到25%。

特朗普还预告,中国仍有3 250亿美元出口到美国的其余商品尚未被课征关税,不久后也将被课征25%惩罚性关税。他表示,这些支付给美国的关税对商品成本影响不大,主要是由中国承担。

特朗普补充道,与中国的贸易战协商虽然还在继续,但进展缓慢。中国试图重新谈判,特朗普态度坚决地说:"不!"

原本暂时停火的中美贸易战,经过多轮的贸易磋商后不仅没有进展,战况反而仍将继续并且升级。美国对2 000亿美元的中国货物加征25%的关税,无疑使得中美乃至全球的经济贸易形势陷入了更加黑暗的阴影当中。

(资料来源:与非网,https://eefocus.com/article/437170.html)

(二) 非关税壁垒

1. 非关税壁垒的概念

非关税壁垒又称非关税措施,是指除关税以外的限制进口的各种措施,是与关税相对的一个概念。

2. 非关税壁垒的具体措施

(1) 进口配额制。进口配额制是指一国政府在一定时期对某种商品的进口数量或金额事先加以规定,在限额内可以进口,超过限额则不准进口,或者征收较高关税或罚款。

(2)进口许可证制。进口许可证制是指商品的进口事先由进口商向国家有关部门提出申请,主管部门在审查批准并发给进口许可证后,才可进口,没有许可证,一律不准进口。

此外,还有"自动"出口配额制、进口押金制、外汇管制、最低限价、海关估价、歧视性的政府采购、国内税、技术性贸易壁垒、绿色贸易壁垒等诸多措施。

 找一找 非关税壁垒的种类在国际贸易中越来越繁多和复杂,请同学们上网寻找有关非贸易壁垒的措施并加以总结。

近些年,随着关税的大幅度下降,世贸组织各成员方越来越多地将非关税贸易壁垒作为主要的贸易保护措施。和关税措施相比,非关税措施有三个特点:

(1)非关税措施比关税措施具有更大的灵活性和针对性。关税的制定,往往要通过一定的立法程序,要调整或更改税率,也需要一定的法律程序和手续。而非关税措施的制定与实施,则通常采用行政程序,制定起来比较快速,程序比较简单,能随时针对某国和某种商品采取或更换相应的限制进口的措施,从而较快地达到限制进口的目的。

(2)非关税措施的保护作用比关税更为强烈和直接。关税措施是通过提高商品成本和价格,进而削弱其竞争能力,因而其保护作用具有间接性,而一些非关税措施如进口配额,超过配额就直接禁止进口,这样就能快速和直接地达到关税措施难以达到的目的。

(3)非关税措施比关税更具有隐蔽性和歧视性。关税措施,包括税率的确定和征收办法都是透明的,出口商可以比较容易地获得有关信息。同时,关税措施的歧视性比较小,它往往要受到双边关系和国际多边贸易协定的制约。但一些非关税措施则往往透明度差,隐蔽性强,而且有较强的针对性,容易对不同的国家实施差别待遇。

> **知识链接**
>
> **倾销与反倾销**
>
> 倾销,是指一个国家或地区的出口经营者以低于国内市场正常价格或平均价格甚至低于成本价格向另一国市场销售其产品的行为,目的在于击败竞争对手,夺取市场,并因此给进口国相同或类似产品的生产商及产业带来损害。
>
> 反倾销,是指一国(进口国)针对他国对本国的倾销行为所采取的对抗措施。反倾销措施包括临时反倾销措施、价格承诺和征收反倾销税。其目的在于抵制倾销,保护国内产业的健康发展。

(三)鼓励出口政策

1. 出口信贷

出口信贷是指一国政府为鼓励本国商品的出口,加强国际竞争能力,由本国银行对外国进口商、本国出口商或者外国进口银行提供优惠贷款的一种融资方式。其主要形式包括卖方信贷、买方信贷。

2. 出口信贷国家担保制

出口信贷国家担保制是指国家设立专门机构出面对本国出口商或者商业银行向外国进

口商或者银行提供的信贷进行担保,它包括担保项目与金额、担保对象、担保期限和费用等内容。

3. 出品补贴政策

出口补贴政策具体是指政府对该国的出口厂商或潜在的出口厂商所给予的资助,旨在降低本国厂商的出口成本,鼓励扩大本国产品的出口。补贴的方法,既可以是直接的现金支付,也可以是间接的资助。

直接补贴的办法包括价格补贴和收入补贴。政府按照商品出口的数量或价值给予补贴是一种价格补贴。间接补贴的办法包括低息贷款、出口退税、免费或低费为本国出口产品提供服务等。

实例链接

美国对中国中策橡胶集团有限公司的反倾销

2015年7月14日,美国国际贸易委员会对原产于中国的乘用车和轻型卡车轮胎反倾销反补贴调查做出实质性损害终裁。国内轮胎行业龙头企业中策橡胶集团有限公司作为应诉企业之一,积极应对,最终因为国企身份未能获得分别税率,在以后向美国市场出口这两类产品时将被迫承担107.07%的高额"双反"税率。该惩罚性关税将延续至少5年。

据中策橡胶董事长沈金荣介绍,中策橡胶生产的乘用车和轻型卡车轮胎有近14%出口到美国市场,仅2014年出口额就在1亿美元以上。根据本次终裁结果,中策橡胶涉案产品将不得不放弃美国市场。

自2014年6月3日,美国商务部对我国输美乘用车及轻卡车轮胎启动反倾销反补贴调查以来,中策橡胶就积极参与应诉相关工作。据了解,本次案件中策橡胶花在行业无损害抗辩方面的费用就达到50多万元人民币,单独税率调查方面则达到10多万美元。

针对此次案件终裁结果,中策橡胶仍将积极应对,积极参加年度行政复审,在产品研发、提升科技含量、提高产品附加值上面狠下工夫,争取早日重返美国市场,进一步打开欧盟市场;配合国家的"一带一路"倡议,积极开拓"一带一路"沿线国家市场,主动调整国际产业布局,最大程度规避贸易摩擦风险,促进企业健康稳定发展。

(资料来源:太平洋汽车网,https://www.pcauto.com.cn/drivers/677/6776333.html?_kstrace_=t_12_6776333_cms_9_wz-cms_)

二、世界贸易组织

世界贸易组织(WTO)简称世贸组织,总部设在瑞士日内瓦,成立于1995年1月1日,其前身是成立于1947年的关税与贸易总协定(GATT)。世界贸易组织是当代最重要的国际经济组织之一,是世界贸易体制的组织基础和法律基础,还是众多贸易协定的管理者、各成员贸易立法的监督者,以及为贸易提供解决争端和进行谈判的场所。

截至2020年5月,世界贸易组织共有164个成员国。我国于2001年12月11日正式加入世界贸易组织,这标志着我国全面融入世界贸易体系,使我国对外贸易进入了一个新的时代。

(一) 世界贸易组织的宗旨

(1) 提高生活水平,保证充分就业和大幅度、稳步提高实际收入和有效需求,扩大货物和服务的生产和贸易。

(2) 积极努力确保发展中国家,尤其是不发达国家在国际贸易增长中的份额与其经济发展需要相称。

(二) 世界贸易组织的基本原则

1. 非歧视原则

非歧视原则是指在世界贸易组织的管辖领域内,各成员应公平、公正、平等地一视同仁地对待其他成员。

非歧视原则应用在国际贸易关系中包含三个层次:最惠国待遇、国民待遇和互惠待遇。

最惠国待遇是指缔约方一方现在和将来给予任何第三方的优惠、特权和豁免,也都要给予其他缔约方,也称"无歧视待遇"。国民待遇是指一国给予外国公民、企业、船舶在民事方面以本国公民、企业、船舶所享有的同等待遇。互惠待遇,是指各国基于平等互利的原则,互相给予对方国民某种权利、利益或优惠,如相互税收优惠、互免入境签证、免收签证费等。

2. 自由贸易原则

在世界贸易组织框架下,自由贸易原则是指通过多边贸易谈判,实质性削减关税和减少其他贸易壁垒,扩大成员方之间的货物和服务贸易。

自由贸易原则包含五个要点:

(1) 以共同规则为基础。成员方根据世界贸易组织的协议,有规则地实行贸易自由化。

(2) 以多边谈判为手段。成员方通过参加多边贸易谈判,并根据在谈判中做出的承诺,逐步推进贸易自由化。

(3) 以争端解决为保障。世界贸易组织的争端解决机制具有强制性,如某成员被诉违反承诺,并经争端解决机制裁决败诉,该成员方就应执行有关裁决,否则,世界贸易组织可以授权申诉方采取贸易报复措施。

(4) 以贸易救济措施为"安全阀"。成员方可通过援用有关例外条款或采取保障措施等贸易救济措施,消除或减轻贸易自由化带来的负面影响。

(5) 以过渡期方式体现差别待遇。世界贸易组织承认不同成员之间经济发展水平的差异,通常允许发展中成员履行义务有更长的过渡期。

3. 公平竞争原则

公平竞争原则是指各成员方应避免采取扭曲市场竞争的措施,纠正不公平贸易行为,在货物贸易、服务贸易和与贸易有关的知识产权领域,创造和维护公开、公平、公正的市场环境。

4. 透明度原则

透明度原则是指成员方应公布所制定和实施的贸易措施及其变化情况,不公布的不得实施,同时还应将这些贸易措施及其变化情况通知世界贸易组织。成员方所参加的有关影响国际贸易政策的国际协议,也在公布和通知之列。

> **知识链接**
>
> 《区域全面经济伙伴关系协定》
>
> 　　《区域全面经济伙伴关系协定》,简称 RCEP。该协定于 2012 年由东盟 10 国发起,邀请中国、日本、韩国、澳大利亚、新西兰、印度共同参加,旨在通过削减关税及非关税壁垒,建立统一市场的自由贸易协定。该协定于 2020 年 11 月 15 日,由除印度外的 15 国共同签署,并于 2022 年 1 月 1 日正式生效实施。这标志着当前世界上人口最多、经贸规模最大、最具发展潜力的自由贸易区正式启航。

(三) 世界贸易组织的机构设置

1. 最高权力机构

世贸组织的最高权利机构是部长级会议,由所有成员方主管经贸的部长、副部长级官员或其全权代表组成,部长级会议每两年举行一次。

2. 常设机构

世贸组织的常设机构包括总理事会、专门委员会、秘书处和总干事。

三、区域经济一体化

(一) 区域经济一体化的含义和发展

　　区域经济一体化是当今国际经济关系中最引人注目的趋势之一,该术语被经济学家广为接受,但对于什么是经济一体化,其定义却众说纷纭,其中最具代表性的是美国经济学家巴拉萨在 1961 年所提出的。他说,我们建议把经济一体化定义为既是一个过程,又是一种状态。就过程而言,它包括旨在消除各国经济单位之间差别待遇的种种措施,就状态而言,则表现为各国间各种形式差别待遇的消失。进入 20 世纪 90 年代,经济学界对经济一体化的内涵基本形成共识,即两个或者两个以上的国家或者地区,通过协商并缔结积极条约或协议,实施统一的经济政策和措施,消除产品、要素、金融等市场的人为分割和限制,以国际分工为基础来提高经济效率和获得更大经济效果,把各国或各地区的经济融和起来,形成一个区域性经济联合体的过程。

　　区域经济一体化的基本特征表现为各成员国之间在经济政策上实现一定程度的统一,通过区域性合作,实现共建、共享、共有的多赢效应。经济一体化自 20 世纪 90 年代以来已经形成了一股强劲的浪潮,这个浪潮不仅反映了经济全球化深入发展的新特点,而且反映了世界多极化曲折发展的新趋势。

(二) 区域经济一体化的组织形式

　　区域经济一体化组织是以一定的组织形式存在的,各国之间具体情况不同,不同区域组织之间其经济一体化的形式也有所不同。根据贸易壁垒取消的程度,我们可以将区域经济组织划分为以下几种组织形式。

1. 优惠贸易安排

这是区域经济一体化中最低级、最松散的组织形式,成员之间通过贸易条约或协议,规定了在相互贸易中对全部或者部分产品的关税优惠,对来自非成员国的进口商品,各成员国仍按照自己的关税政策实行进口限制。

2. 自由贸易区

签订自由贸易协议的成员国相互之间彻底取消了产品贸易中的关税和数量限制,产品在各成员之间可以自由流动。但各成员仍保持各自对非成员进口品的限制措施。例如北美自由贸易区就是如此。

3. 关税同盟

各成员之间彻底取消了产品贸易中的关税和数量限制,产品在各成员之间可以自由流动。同时,各成员之间还规定了对来自非成员国的进口商品采取统一的限制政策。关税同盟具有超国家性质,是实现全面经济一体化的基础。

4. 共同市场

各成员之间不仅在产品贸易上废除了关税和数量限制,并对非成员产品进口征收共同关税。生产要素也可以在各成员之间自由流动。

5. 经济联盟

各成员之间除了产品与生产要素可以进行自由流动及建立共同对外关税之外,各成员还将实施更多的统一的经济政策和社会政策,例如,欧盟就属于此类经济一体化组织。

6. 完全经济一体化

这是经济一体化的最高级的组织形式。区域内各成员国在经济联盟的基础上,全面实行统一的经济政策和社会政策,使各成员在经济上形成单一的经济实体,而该实体的超国家机构拥有全部的经济政策制定权和管理权。世界上现在还没有此类经济一体化组织,只有欧盟在为实现这一目标而努力。

任务 12.3　汇率制度及国际收支平衡表

掌握汇率的相关基本概念;掌握外汇汇率的相关应用及计算;理解影响汇率的因素;了解汇率制度;了解国际收支平衡的基本概念和实现国际收支平衡的现实意义。

人民币国际化迎来历史性的一刻!

2015 年 12 月 1 日,代表 188 个成员国的国际货币基金组织(IMF)执行董事会在华盛顿宣布,经投票决定,人民币满足了可广泛使用的标准,IMF 将人民币纳入特别提款权(SDR)的货币篮子。这一决定将从 2016 年 10 月 1 日起生效。这也是继美元、欧元、英镑、日元之后,IMF 篮子货币的第五个成员。

IMF 表示,人民币将在 SDR 货币篮子中占据 10.92% 的比重。经调整后,美元的比重将占 41.73%,欧元为 30.93%。日元和英镑将分别占 8.33% 及 8.09%。

距离上一轮评估历时整整五年,IMF 终于批准人民币进入 SDR。IMF 总裁拉加德在发布会上表示:"人民币进入 SDR 将是中国经济融入全球金融体系的重要里程碑,这也是对于中国政府在过去几年在货币和金融体系改革方面所取得的进步的认可。"

尽管加入 SDR 的标志性意义大于实质意义,尽管 IMF 创建并分配给成员国的 SDR 仅合 2 800 亿美元(约占同期全球储备货币资产的 2.5%),但对中国来说,加入 SDR 的意义不可谓不重大:这是国际社会对人民币国际化成果的阶段性肯定。

在为好消息鼓舞之余,我们也要清楚地认识到,加入 SDR 并非人民币国际化的终极目标,甚至人民币国际化本身也不是目标,刻意追求人民币国际化无异于缘木求鱼。人民币的国际化,是我国综合国力的体现,是一个长期过程,目的是通过人民币国际化,建立和完善我国的各项金融制度,提高在国际金融市场的话语权,更好地为国内经济发展服务。

(资料来源:新浪网,https://finance.sina.com.cn/china/20151201/035623894551.shtml)

找一找 查找资料,了解人民币入篮对我们的具体影响。

一、外汇和汇率

(一) 外汇

外汇(Foreign Exchange)指的是外国可兑换货币,或者是以外国可兑换货币表示的金融资产。外汇必须同时满足两个条件:其一是以外国货币表示,其二是可自由兑换。

(二) 汇率

汇率(Exchange Rate)实质上是指买卖外汇的价格,也就是两国货币量交换的比例关系。当以一种或所有其他货币表示的某种货币的价格下降时,称为贬值;而以另一种货币表示的一种价格的上升称为升值。

(三) 汇率的标价方法

(1) 直接标价法(Direct Quotation),又称为应付标价法,即以一定单位(1 个外币单位或 100 等)的外国货币为标准,折算成若干单位的本国货币来表示。

(2) 间接标价法(Indirect Quotation),又称为应收标价法,即以一定单位(1 个本币单位或 100、10 000 等)的本国货币为标准,折算成若干单位的外国货币来表示。

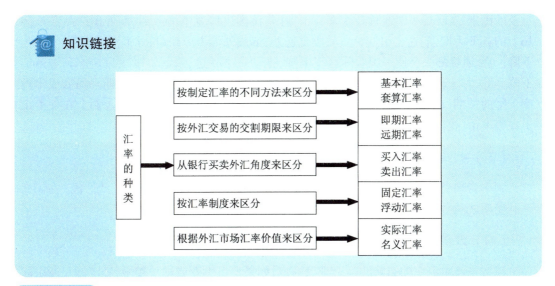

做一做 已知 US$1 = HK$7.86,£1 = US$1.63,计算港元对英镑的汇率。

（四）汇率变动对经济的影响

汇率变动对经济的影响最直接的是对进出口贸易的影响。一般情况下,汇率贬值会使以外币表示的本国的产品和劳务的价格下降,以本币表示的外国商品和劳务的价格上升,从而有利于增加出口,减少进口;相反,汇率升值,则会增加进口,减少出口。

汇率贬值还会影响国际收支中的资本项目。一般而言,贬值对长期资本流动影响较小,因为这种资本流动主要取决于利润和风险状况;但对短期资本流动则会有较大影响,因为汇率贬值会使金融资产的相对价值下跌,从而引起资金外流。

找一找 2010年以来,人民币汇率是如何变动的?

二、影响汇率变动的主要因素

市场汇率的变化取决于外汇的供求变化。当一国货币在外汇市场的供给超过对该国货币的需求时,该国货币的对外汇率就下跌;反之则上升。汇率的变动实际上反映了一国的国际收支与经济状况。影响汇率的因素十分复杂,既有经济因素,又有非经济因素,概括起来主要如下。

（一）国际收支状况

一国的国际收支可以反映该国对外汇的供求关系。国际收支逆差引起该国对外汇的需求量增加,从而使外汇汇率上升,本币汇率下降;反之,国际收支顺差引起该国对外汇的需求量减少,从而使外汇汇率下降,本币汇率上升。

（二）通货膨胀

物价上涨一般会导致汇率下降。根据购买力平价理论,通货膨胀是影响汇率变动的最重要的因素。① 若一国通货膨胀率高于他国，该国出口竞争力减弱，而外国产品在该国市场上的竞争力增强，这会引起该贸易收支逆差，造成外汇供应缺口，外汇汇率上升，本币汇率下降。② 通货膨胀会使一国实际利率下降，推动资本外逃，引起资本项目逆差和本币汇率下降。③ 由于通货膨胀是一个持续的物价上涨过程，人们的通货膨胀预期会演变成本币汇率下降的预期，在这种预期心理下，为了避免本币贬值可能带来的损失，人们会在外汇市场上抛售本币，抢购外汇。这种投机行为会引起本币汇率进一步下降。

（三）利率

利率变动引起国际间短期资本流动，从而影响国际利率的差异，抵消了汇率。在未来的不利变动之后金融资产所有者仍有利可图时，资本的国际流动才会产生。

（四）经济增长

经济增长对汇率的影响实际上难以确定，如果出口不变或增长较慢，经济增长所引起的进口增加，会使国际收支恶化，汇率贬值。如果经济是出口导向型的，经济增长带动出口增加，就会使国际收支改善，汇率升值。而且，经济增长也有利于其货币升值。从实际情况来看，经济增长对汇率的影响要进行具体分析。

（五）财政赤字

财政赤字对汇率的影响也不易确定。一般来说，财政赤字增加会加剧通货膨胀，从而使汇率贬值。但财政赤字又会使利率上升，使汇率升值。哪一种作用大，仍要做具体分析。

（六）外汇储备

外汇储备的增加可以增强一国中央银行干预外汇市场、维持汇率的能力。但这种作用只在短期内有效，而且作用有限。

此外，影响汇率的因素还有投机性、政治性及其他偶然性因素。正因为影响汇率的因素的复杂性，所以远期汇率不易预测。

知识链接

购买力平价理论

购买力平价理论认为，人们对外国货币的需求是由于用它可以购买外国的商品和劳务，外国人需要其本国货币也是因为用它可以购买其国内的商品和劳务。因此，本国货币与外国货币相交换，就等于本国与外国购买力的交换。所以，用本国货币表示的外国货币的价格也就是汇率，决定于两种货币的购买力比率。由于购买力实际上是一般物价水平的倒数，因此两国之间的货币汇率可由两国物价水平之比表示。从表现形式上来看，购买力平价有两种定义，即绝对购买力平价和相对购买力平价。

绝对购买力平价是指本国货币与外国货币之间的均衡汇率等于本国与外国货币购买力或物价水平之间的比率。绝对购买力平价理论认为：一国货币的价值及对它的需求是由单位货币在国内所能买到的商品和劳务的量决定的,即由它的购买力决定的,因此两国货币之间的汇率可以表示为两国货币的购买力之比。而购买力的大小是通过物价水平体现出来的。根据这一关系式,本国物价上涨将意味着本国货币相对外国货币的贬值。相对购买力平价理论弥补了绝对购买力平价理论一些不足的方面。它的主要观点可以简单地表述为:两国货币的汇率水平将根据两国通胀率的差异而进行相应的调整。它表明两国间的相对通货膨胀决定两种货币间的均衡汇率。从总体上看,购买力平价理论较为合理地解释了汇率的决定基础,该学说在基础分析中被广泛地应用于预测汇率走势的数学模型。

议一议 为应对新冠大流行后的全球经济衰退,美国实施了量化宽松的货币政策,这将对人民币对美元的汇率产生什么影响?

三、汇率制度及其演变

汇率制度是指一国货币当局对本国汇率变动的基本方式所做的安排和规定。按照汇率变动的幅度,汇率制度可分为两种类型:固定汇率制和浮动汇率制。

(一) 固定汇率制

固定汇率制是指汇率的制定以货币的含金量为基础,形成汇率之间的固定比值。货币当局把本国货币对其他货币的汇率加以基本固定,将波动幅度限制在一定的范围之内,保证汇率的稳定。

固定汇率制包括金本位制和布雷顿森林体系下通行的汇率制度。

第一次世界大战前,西方国家实行金本位制。在这种制度下,金币有规定的含金量。黄金作为世界货币,在各国间可以自由地输入和输出。两个金本位制国家货币单位的含金量之比叫作铸币平价,决定了两国货币之间的比率。第一次世界大战爆发后,西方国家金本位制陷于瓦解,在1926—1933年大危机的冲击下,西方各国的金本位制终告崩溃。

第二次世界大战后,西方各国在美国的布雷顿森林召开会议,建立了以美元为中心,以固定汇率制为基础的国际货币体系,即布雷顿森林体系。按规定,1盎司黄金的官价为35美元,其他国家的货币与美元保持固定汇率,汇率波动的上下限幅度不得超过1%。

实施固定汇率制有利于一国经济的稳定,也有利于维护国际金融体系与国际交往的稳定,减少国际贸易与国际投资的风险。但是,实行固定汇率制要求一国的中央银行有足够的外汇或黄金储备,如果条件不具备,必然出现外汇黑市,其汇率要远高于官方汇率,这样反而会不利于经济发展和外汇管理。

(二) 浮动汇率制

进入20世纪60年代以来,美国在频繁的经济危机和货币危机的冲击下,经济实力下降,经济增长放缓,国际收支逆差不断扩大,美元的地位不断削弱。1973年,布雷顿森林体系终于崩溃,西方主要工业国先后实行浮动汇率制,少数发展中国家也实行浮动汇率制。

浮动汇率制是指一国中央银行不再规定本国货币与他国货币的官方汇率,而是由自由市场的供求关系自发决定的制度,按照国家是否干预外汇市场,可分为自由浮动汇率制(又称"清洁浮动汇率制")和管理浮动汇率制(又称"肮脏浮动汇率制")。

自由浮动汇率制指中央银行对外汇市场不采取任何干预措施,汇率由市场力量自发决定。管理浮动汇率制指中央银行为了控制或减缓市场汇率的波动,对外汇市场进行各种形式的干预活动,主要是根据外汇市场的情况售出或购入外汇,以通过对供求的干预来影响汇率。

实行浮动汇率制有利于通过汇率的波动来调节经济,也有利于促进国际贸易,尤其是在中央银行的外汇和黄金储备不足以维持固定汇率的情况下,实行浮动汇率对经济较为有利,同时也能取缔非法的外汇黑市交易。但浮动汇率制不利于国内经济和国际经济关系的稳定,会加剧经济的波动。

找一找 现阶段我国实行怎样的外汇管理制度?

实例链接

我国外汇储备连续 17 年稳居世界第一

近年来,我国外汇储备规模保持在 3 万亿美元以上,截止到 2022 年 5 月底超过了 3.1 万亿美元,连续 17 年稳居世界第一,是维护国家经济金融安全重要的"稳定器"和"压舱石"。

党的十八大以来,国际收支基本平衡、更加稳健,体现了我国加快构建新发展格局的积极进展。具体看,我国内外部经济发展更加均衡,经常账户顺差和国内生产总值之比保持在合理区间。跨境贸易和投融资更加活跃,跨境收支规模较快增长,人民币汇率弹性增强,更好地发挥了调节国际收支的自动稳定器作用。

资本项目开放稳步推进,已实现较高可兑换水平。直接投资已经实现了基本可兑换,跨境融资由市场主体在宏观审慎管理框架下自主开展,跨境证券投资实现多渠道、多层次的双向开放,境内居民配置境外资产的渠道进一步拓宽,人民币资产吸引力显著增强,境外投资者投资中国的证券超过了 2 万亿美元,人民币在国际货币基金组织特别提款权货币篮子中的权重进一步提高。

跨境贸易和投融资更加便利,深入推进"放管服"改革成效显著。具体看,真实合规的经常项目交易得到充分保障,跨境投融资等资本项目手续不断简化,科技赋能数字外管进展明显,企业、个人等市场主体多样化的外汇需求得到更好满足。

统一开放、竞争有序、监管有效的外汇市场也在不断健全,为高效配置外汇资源和管理汇率风险创造了良好条件。外汇市场可交易货币超过 40 种,交易品种涵盖国际主流外汇交易产品,十八大以来交易量增长了 3 倍,2021 年交易量达到了 36.9 万亿美元。

(资料来源:中国政府网,http://www.gov.cn/xinwen/2022-06/23/content_5697393.htm)

四、国际收支平衡表

(一) 国际收支

国际收支从广义上来说是指某一特定时期一个国家与其他国家之间进行的各种经济交易的系统记录。国际收支平衡则是指一国国际收支净额即净出口与净资本流出的差额为零,即:

$$国际收支净额 = 净出口 - 净资本流出$$

如果其货币的流入大于流出,国际收支是正值,反之则为负值。

从国际收支平衡的定义可以看出,当一国国际收入等于国际支出时,称为国际收支平衡。一国国际收支的状况主要取决于该国进出口贸易和资本流入流出状况,而反映这种状况的就是国际收支平衡表。

(二) 国际收支平衡表

国际收支平衡表是一个国家一定时期的国际收支系统的记录,是国际收支核算的重要工具。国际收支平衡表可综合反映一国的国际收支状况、收支结构及储备资产的增减变动情况,为制定对外经济政策、分析影响国际收支平衡的基本经济因素、采取相应的调控措施提供依据。国际收支平衡表由经常项目、资本与金融项目、储备与相关项目、净差错与遗漏四部分组成。

1. 经常项目

经常项目主要反映一国与他国之间实际资源的转移,是国际收支中最重要的项目。经常项目包括货物国际收支平衡表项目表(贸易)、服务(无形贸易)、收益和单方面转移(经常转移)四个项目。经常项目顺差表示该国为净贷款人,经常项目逆差表示该国为净借款人。

2. 资本与金融项目

资本与金融项目反映的是国际资本流动,包括长期或短期的资本流出和资本流入,是国际收支平衡表的第二大类项目。它包括资本转移和非生产、非金融资产的收买或出售,前者主要是投资捐赠和债务注销,后者主要是土地和无形资产(专利、版权、商标等)的收买或出售。金融账户包括直接投资、证券投资(间接投资)和其他投资(包括国际信贷、预付款等)。

3. 储备与相关项目

储备与相关项目包括外汇、黄金和分配的特别提款权(SDR)。特别提款权是以国际货币基金组织为中心,利用国际金融合作的形式而创设的新的国际储备资产。SDR 是国际货币基金组织(IMF)按各会员国缴纳的份额,分配给会员国的一种记账单位,1970 年正式由 IMF 发行,各会员国分配到的 SDR 可作为储备资产,用于弥补国际收支逆差,也可用于偿还 IMF 的贷款。SDR 又被称为"纸黄金"。

4. 净差错与遗漏

为使国际收支平衡表的借方总额与贷方总额相等,编表人员人为地在平衡表中设立该项目,来抵消净国际收支平衡表总纲表的借方余额或净的贷方余额。

通过国际收支平衡表,一国能够了解国际收支不平衡产生的原因,以便采取相应的措施扭转这种不平衡。通过对国际收支平衡表结构的分析，还能揭示各项目在国际收支中的地位和作用，进而在结构变化中发现问题，为指导对外经济活动提供依据。

(三) 实现国际收支平衡的意义

实现国际收支平衡的意义在于使国内经济实现处于均衡状态下的自主性国际收支平衡，也就是达到所谓的国际收支均衡，即国内实现充分就业、物价稳定，国外实现国际收支平衡的状态。这是一国达到福利最大化的综合政策目标。